Steuer Check-up 2026

Die in der Broschur erläuterten Gesetzesänderungen aus dem

- Steueränderungsgesetz 2025 (StÄndG 2025),
- Gesetz zur steuerlichen Förderung von Arbeitnehmerinnen und Arbeitnehmern im Rentenalter (Aktivrentengesetz)
- Gesetz zur Anpassung des Mindeststeuergesetzes und zur Umsetzung weiterer Maßnahmen (Mindeststeuer-Anpassungsgesetz)
- Gesetz zur Umsetzung der Richtlinie (EU) 2023/2226 („DAC 8")
- Achten Gesetz zur Änderung des Kraftfahrzeugsteuergesetzes
- Dritten Gesetz zur Änderung des Energie- und Stromsteuergesetzes
- Gesetz zur Modernisierung und Digitalisierung der Schwarzarbeitsbekämpfung

basieren auf den Gesetzesfassungen, wie sie der Bundestag in seinen Sitzungswochen v. 3.11.-5.12.2025 verabschiedet hat. Bei Redaktionsschluss war die Zustimmung durch den Bundesrat zu diesen Gesetzen noch nicht erfolgt. Diese wurde kurz vor Drucklegung der Broschur jeweils am 19.12.2025 erteilt. Die für das endgültige Inkrafttreten der Gesetze erforderlichen Verkündungen im Bundesgesetzblatt standen bei Drucklegung noch aus.

Die Ausführungen zur Siebten Verordnung zur Änderung steuerlicher Verordnungen (7. Mantel-VO) basieren auf dem Regierungsentwurf v. 5.11.2025, die Inhalte zur Mindeststeuer-Bericht-Verordnung (MinStBV) auf dem Regierungsentwurf v. 30.10.2025. Diesen hat der Bundesrat ebenfalls am 19.12.2025 seine Zustimmung erteilt. Die Verkündungen im Bundesgesetzblatt standen bei Drucklegung noch aus.

EY

Shape the future
with confidence

Steuer Check-up 2026

Autoren

Daniel Käshammer
Steuerberater, Partner

Dr. Andreas S. Bolik
Steuerberater, Partner

Verona Franke
Rechtsanwältin, Steuerberaterin

Sophia Schuhmann
Steuerberaterin

Haufe

Vorwort

Nach den Neuwahlen im März 2025 waren die Erwartungen an den Steuergesetzgeber hoch. Mit dem steuerlichen Investitionssofortprogramm wurden einige Punkte des Koalitionsvertrags recht zügig umgesetzt. So wurde (bereits mit Wirkung ab Mitte 2025) eine degressive AfA befristet (wieder) eingeführt und eine stufenweise Senkung des Körperschaftsteuersatzes ab 2028 beschlossen. Der ganz große Steuerreformwurf blieb jedoch aus. Im Dezember passierte neben dem Aktivrentengesetz auch das Steueränderungsgesetz 2025, u.a. mit erhöhten Entfernungspauschalen, den Bundestag.

In Sachen E-Mobilität wurde der für die sog. Viertel-Regelung (im Rahmen der pauschalen 1 %-Regelung oder im Bereich der Fahrtenbuchmethode) maßgebliche Bruttolistenpreis auf 100.000 EUR angehoben. In dem Zusammenhang dürften auch die neuen Ausführungen des BMF zur lohnsteuerlichen Behandlung von Ladestrom von Bedeutung sein.

Auch wenn auf globaler Ebene derzeit noch nicht alle Länder die globale Mindeststeuer umgesetzt haben, erfolgten auf nationaler Ebene bereits die ersten gesetzgeberischen Anpassungen der komplexen Mindeststeuerregelungen. In diesem Kontext wurde die Lizenzschranke abgeschafft.

Daneben wartete die Finanzverwaltung u.a. mit ihrem überarbeiteten Anwendungsschreiben zur in Folge der ATAD-Umsetzung angepassten Zinsschrankenregelung auf. Die Frage der Verfassungsmäßigkeit steht weiter beim BVerfG aus. Geurteilt haben die Verfassungsrichter zur sog. Mindestgewinnbesteuerung, deren Ausgestaltung sie auch bei sog. Definitiveffekten für verfassungsgemäß halten.

Bei der Grundsteuer wies der BFH in drei Verfahren verfassungsrechtliche Zweifel am Bundesmodell zurück. Abzuwarten bleibt, ob das BVerfG über Verfassungsbeschwerden Gelegenheit erhält, sich dazu zu positionieren.

Der vorliegende Steuer Check-up 2026 möchte einen Überblick über in 2025 erfolgte wichtige Änderungen, Verlautbarungen der Finanzverwaltung und finanzgerichtliche Entscheidungen liefern, auch wenn er weder einen Anspruch auf Vollständigkeit erheben noch eine sorgfältige Beratung im Einzelfall ersetzen kann. Wie immer ist er eine echte Teamleistung – Danke an alle direkt und indirekt Mitwirkenden!

Bewahren Sie steuerlich den Überblick mit dem Steuer-Check-up 2026!

Freiburg, Stuttgart, Eschborn — Die Autoren

Inhalt

Steuerrückblick **13**

1 **Das betrifft alle Steuerpflichtigen** **13**

1.1 Absenkung der Einkommensteuertarife und Erhöhung des Kindergelds/-freibetrags 13

1.2 Erhöhter Abzug von Kinderbetreuungskosten 14

1.3 Angepasste Voraussetzungen bei Unterhaltszahlungen 14

1.4 Maßnahmen aufgrund des Ukraine-Kriegs 16

1.5 Verfassungsmäßigkeit des Solidaritätszuschlags 17

1.6 Wegfall der Fünftelungsregelung im Lohnsteuerabzug 18

1.7 Grundsteuer 18

1.8 Anwendungsschreiben zur Behandlung von Kryptowerten 20

2 **Das betrifft Unternehmen** **22**

2.1 Steuerbilanzrecht 22

2.1.1 E-Bilanz: Erweiterte Übermittlungspflichten und aktualisierte Taxonomien 22

2.1.2 Sonderabschreibung: Degressive AfA 23

2.1.3 Sonderabschreibung: E-Fahrzeuge 24

2.1.4 Kürzere Restnutzungsdauer bei Gebäuden 24

2.1.5 Übertragung von Pensionsverpflichtungen 25

2.1.6 Wertpapiergebundene Pensionszusagen 26

2.1.7 Rücklage bei Übernahme einer Pensionszusage 27

2.1.8 Höhe des Rechnungszinsfußes bei Pensionsrückstellungen 29

2.1.9 § 6b-Rücklage: Gewinnzuschlag 30

2.1.10 § 6b-Rücklage: Folgen einer fehlerhaften Bildung 30

2.2 Einkommensteuer 31

2.2.1 Anwendungsschreiben zur Zinsschranke 31

2.2.2 Betriebsausgabenabzug bei Zinsswap-Geschäften 33

2.3 Lohnsteuer 34

2.3.1 Dienstwagenbesteuerung für E-Fahrzeuge 34

2.3.2 Behandlung von Ladestrom 35

2.3.3 Grenzüberschreitender Arbeitslohn 37

2.3.4 Erste Tätigkeitsstätte bei Leiharbeitnehmern 38

2.4 Gewerbesteuer 39

2.4.1 Hinzurechnung: Sponsoring- und Werbeaufwendungen 39

2.4.2 Hinzurechnung bei Außenwerbung 40
2.4.3 Erweiterte Grundstückskürzung: Strenge zeitliche Voraussetzungen 42
2.4.4 Erweiterte Grundstückskürzung: Drei-Objekt-Grenze 42
2.4.5 Erweiterte Grundstückskürzung: Betriebsvorrichtungen 43
2.4.6 Ausländische Quellensteuern im gewerbesteuerlichen Organkreis 45
2.4.7 Zuteilung und Zerlegung der Gewerbesteuer 46
2.5 Umwandlungssteuerrecht 47
2.5.1 Neuer Umwandlungssteuererlass 47
2.5.2 Kein Verlustrücktrag bei Verschmelzung 48
2.5.3 Formwechsel und Sperrfristverstöße 49
2.5.4 Frist für Buchwertanträge bei bestimmten Umwandlungen 51
2.5.5 Steuerneutraler Formwechsel trotz stiller Lasten 52
2.6 Internationales Steuerrecht 53
2.6.1 Multilaterales Instrument (MLI) 53
2.6.2 DBA Lettland 53
2.6.3 DBA Belarus 54
2.6.4 DBA Russland 54
2.6.5 Überarbeitete „Greylist" der EU 55
2.6.6 Quellenbesteuerung von Dividenden auf Bruttobasis sowie im Verlustfall 55
2.6.7 Ausländische Dividenden und Mutter-Tochter-Richtlinie 57
2.6.8 EuGH-Vorlage: Definitive Erhebung der Kapitalertragsteuer im Drittstaatenfall? 57
2.6.9 KESt-Entlastung: Neues Merkblatt zu § 50d Abs. 3 EStG 59
2.6.10 Voraussetzungen einer abkommensrechtlichen Betriebsstätte 62
2.6.11 Überführung von Wirtschaftsgütern in ausländische Betriebsstätten 63
2.6.12 Abschaffung der Lizenzschranke 64
2.6.13 Verrechnungspreisdokumentation – Neue Transaktionsmatrix 65
2.7 Mindeststeuer 67
2.7.1 Mindeststeuer-Anpassungsgesetz 67
2.7.2 Neue Mindeststeuer-Bericht-Verordnung 69
2.7.3 Mindeststeuerbericht: elektronische Übermittlung 70
2.8 Außensteuerrecht 71
2.8.1 Britische „Remittance basis taxation" 71

2.8.2 Wegzugsbesteuerung: Rückwirkung für Altfälle 71
2.8.3 Neue Mindestbeteiligungsgrenze für Einkünfte mit Kapitalanlagecharakter 72
2.8.4 Switch-Over-Klausel – Gesellschaftsbezogene Auslegung und EuGH-Vorlage 73
2.8.5 Ausnahme von Zurechnungsbesteuerung für Drittstaaten-Stiftungen 75
2.9 Umsatzsteuer 76
2.9.1 E-Rechnung 76
2.9.2 Überarbeitetes BMF-Schreiben zu Bewirtungsbelegen 78
2.9.3 (Neue) Steuerbefreiung für Kleinunternehmer 79
2.9.4 Wechsel vom bzw. zum Kleinunternehmer 81
2.9.5 Organschaft 82
2.9.6 Änderungen bei der Vorsteueraufteilung 82
2.9.7 Geschäftsveräußerung im Ganzen 83
2.9.8 Tauschähnliche Umsätze bei Entsorgungsleistungen 84
2.9.9 Behandlung von Tankkartensystemen 84
2.9.10 Unrichtiger Umsatzsteuerausweis bei übernommenen Verträgen 86
2.9.11 Vorsteuervergütungsverfahren bei Anzahlungsrechnungen 86
2.9.12 Mitvermietung von Betriebsvorrichtungen 87
2.9.13 Direktverbrauch von erzeugter Energie 88
2.9.14 Aufteilung Gesamtentgelt mit unterschiedlichen Steuersätzen 89
2.9.15 Abfrage von Umsatzsteuer-Identifikationsnummern 90
2.9.16 Nachweis für Ausfuhren 91
2.9.17 Gesetzesänderungen im UStAE 91
2.9.18 Umsatzsteuer bei Online-Veranstaltungen 92
2.9.19 Behandlung von Bildungsleistungen 93
2.9.20 Verrechnungspreisanpassungen im Konzern 95
2.9.21 Behandlung von Umsätzen über App-Stores 97
2.10 Forschungszulage 98
2.11 Grunderwerbsteuer 100
2.11.1 Signing/Closing: Zweifel an der Rechtmäßigkeit doppelter GrESt-Festsetzung 100
2.11.2 Verlängerung der Beteiligungskette 103
2.11.3 Grunderwerbsteuerliche Konzernklausel 104

2.11.4 Verlängerung der grunderwerbsteuerlichen Nachbehaltensfristen 107
2.11.5 Rückabwicklung von Erwerbsvorgängen 108
2.12 Verfahrensrecht/Abgabenordnung 109
2.12.1 Grenzüberschreitende Prüfungszusammenarbeit 109
2.12.2 Internationale Verständigungsverfahren 111
2.12.3 Keine Mehrfachgebühr bei verbindlicher Auskunft 112
2.12.4 Betriebsprüfung: Vorlage von E-Mails 113
2.12.5 Betriebsprüfung: Schätzmethoden 115

3 Das betrifft Personengesellschaften 116
3.1 Berücksichtigung von Betriebsausgaben im Teileinkünfteverfahren 116
3.2 Korrespondierende Bilanzierung bei Betriebsaufgabe 117
3.3 Übertragung der § 6b EStG-Rücklage und Kapitalkonto nach § 15a EStG 118
3.4 Außenhaftung des Kommanditisten 119
3.5 Steuerfreie Sanierungserträge 120
3.6 Doppelstöckige PersG I: Gewerbesteuer bei Veräußerung einer Unterbeteiligung 121
3.7 Doppelstöckige PersG II: Weitere Folgen einer Anteilsveräußerung 122
3.8 (Keine) Abfärbung gewerblicher Beteiligungseinkünfte 123
3.9 Thesaurierungsbegünstigung 124
3.10 Geschäftsleitende Holding-KG als Organträgerin 126
3.11 Personengesellschaften und CbCR: globale Mindeststeuer 127

4 Das betrifft Kapitalgesellschaften 128
4.1 Mindestgewinnbesteuerung bei Definitiveffekten 128
4.2 AdV bei auf § 8c KStG gestützten Bescheiden 130
4.3 § 8c KStG und Verlustausgleich des Vorjahres 130
4.4 § 8c KStG in Organschaftsfällen 131
4.5 Sanierungsklausel des § 8c Abs. 1a KStG 132
4.6 Ausnahmen von der Zinsschranke 134
4.7 Gewinnminderungen aus Darlehensgewährung: Maßgebliche Beteiligungsquote 135
4.8 Körperschaftsteuerliche Organschaft: Beteiligung von atypisch stillen Gesellschaftern 136
4.9 Wirtschaftliche Neugründung einer Kapitalgesellschaft 138

4.10 Tantiemezahlungen an den Minderheitsaktionär einer AG 139
4.11 Disquotale Gesellschaftereinlagen und Schenkungsteuer 140
4.12 Gesonderte und einheitliche Feststellung bei KGaA 141

5 Das betrifft Vermieter und Kapitalanleger 142
5.1 Immobilien und Kaufpreisaufteilung: AfA-Bemessung 142
5.2 Fortführung AfA-Bemessungsgrundlage 143
5.3 Sonderabschreibung für den Mietwohnungsneubau: Neues Anwendungsschreiben 144
5.4 Sonderabschreibung für Mietwohnungsneubau: Ersatzneubau gilt nicht als Neubau 145
5.5 Instandsetzung und Modernisierung von Gebäuden 146
5.6 Zahlungen in Erhaltungsrücklage einer Wohnungseigentümergemeinschaft 148
5.7 Anwendungsfragen zur Abgeltungsteuer 149
5.8 Antrag auf Günstigerprüfung 151
5.9 Berechnung der Vorabpauschale 152
5.10 BEAR-Zertifikate und Gold-Warrants 152
5.11 Forderungsverzicht gegen Besserungsschein 154

6 Erben und Schenken 155
6.1 Schenkungsteuer bei niedrig verzinsten Darlehen 155
6.2 Begünstigung von Betriebsvermögen 156
6.3 Anteilsübertragung zur Sicherung der Unternehmensnachfolge 157
6.4 Bewertung von Anteilen nicht börsennotierter Kapitalgesellschaften 157
6.5 Optionale Vollverschonung: Antrag im Änderungsbescheid 159
6.6 Widerrufene Schenkungen und Steuervergünstigungen 160
6.7 Pauschalabfindung eines ehevertraglichen Verzichts 161
6.8 Ausländische Stiftungen 162
6.8.1 Folgen einer Sitzverlegung 162
6.8.2 Familienstiftungen und Steuerklassenprivileg 163

7 Gemeinnützigkeit/Öffentliche Hand 164
7.1 Beteiligungen der öffentlichen Hand an Personengesellschaften 164
7.2 Verpachtungs-Betriebe gewerblicher Art 165
7.3 Zusammenfassung von Betrieben gewerblicher Art 165
7.4 Gemeinnützigkeit vor dem EuGH 166

Steuerausblick 168

1 **Das betrifft alle Steuerpflichtigen** 168
1.1 Einkommensteuertarif und Kindergeld/-freibetrag 168
1.2 Ehrenamtspauschale und Übungsleiterfreibetrag 168
1.3 Anpassung der Höchstbeträge für Parteispenden 169
1.4 Bekanntgabe von Verwaltungsakten durch Bereitstellung zum Datenabruf 169
1.5 Kfz-Steuerbefreiung für Elektroautos 170

2 **Das betrifft Unternehmen** 171
2.1 Steuerbilanzrecht 171
2.1.1 Eigenbetrieblich genutzte Grundstücke von untergeordnetem Wert 171
2.1.2 Unterlagen zur Steuererklärung 172
2.2 Verbesserungen bei der Forschungszulage 172
2.2.1 Erhöhte Bemessungsgrundlage 172
2.2.2 Neuer pauschaler Aufschlag auf Gemeinkosten 173
2.2.3 Eigenleistungen und Tätigkeitsvergütungen 174
2.3 Änderungen im Investmentsteuerrecht 174
2.4 Internationales Steuerrecht 176
2.4.1 Multilaterales Instrument 176
2.4.2 DBA Niederlande und DBA Schweiz 177
2.4.3 DBA Schweiz: Konsultationsvereinbarung zu leitenden Angestellten 178
2.5 Außensteuerrecht 179
2.5.1 Einkünfte mit Kapitalanlagecharakter 179
2.5.2 Gemischte Einkünfte 179
2.5.3 Änderung für Spezial-Investmentfonds 180
2.5.4 Neue Zurechnungsbesteuerung für ausländische Familienstiftungen und Trusts 180
2.5.5 Inländische Betriebsstätten ausländischer Versicherungsunternehmen 182
2.6 Lohnsteuer 183
2.6.1 Vorsorgepauschale im Lohnsteuerabzugsverfahren 183
2.6.2 Zweites Betriebsrentenstärkungsgesetz 184
2.6.3 Pauschalierung von Arbeitslohn aus Betriebsveranstaltungen 185
2.6.4 Zu übermittelnde Daten bei Lohnsteueraußenprüfungen 186

2.7 Umsatzsteuer 186
2.7.1 Vorsteuervergütung für im Ausland ansässige Unternehmer 186
2.7.2 Reduzierung der Umsatzsteuer für Restaurant- und Verpflegungsleistungen 187
2.7.3 Sonderregelung bei der Nutzung der zentralen Zollabwicklung – CCI 188
2.7.4 Abschaffung der 150-Euro-Zollfreigrenze 188
2.8 Entfristung der Energie- und Stromsteuerentlastung für Unternehmen des produzierenden Gewerbes 189
2.9 Verfahrensrecht 190
2.9.1 Datenübermittlung beim Kapitalertragsteuerabzug 190
2.9.2 Meldepflichten bei Kryptowerten 191

3 Das betrifft Kapital- und Personengesellschaften 193
3.1 Stufenweise Senkung des Körperschaftsteuersatzes ab 2028 193
3.2 Auswirkungen der Steuersatzsenkung auf latente Steuern 193
3.3 Anpassung der Thesaurierungsbegünstigung 195

4 Das betrifft Arbeitnehmer 195
4.1 Steuerfreie Aktivrente 195
4.2 Anhebung der Entfernungspauschale und Entfristung der Mobilitätsprämie 196
4.3 Ausländische Wohnung bei doppelter Haushaltsführung 197
4.4 Gewerkschaftsbeiträge als Werbungskosten 198

5 Gemeinnützigkeit / Öffentliche Hand 198
5.1 Einnahmengrenze bei der Verpflichtung zur zeitnahen Mittelverwendung 198
5.2 E-Sport als neuer gemeinnütziger Zweck 199
5.3 Unschädliche Errichtung und Betrieb von EE-Anlagen durch gemeinnützige Körperschaften 200
5.4 Erhöhung der Besteuerungsgrenze für steuerpflichtige wirtschaftliche Geschäftsbetriebe steuerbegünstigter Körperschaften 200

Stichwortverzeichnis 203

Steuerrückblick

1 Das betrifft alle Steuerpflichtigen

1.1 Absenkung der Einkommensteuertarife und Erhöhung des Kindergelds/-freibetrags

Mit dem Steuerfortentwicklungsgesetz v. 23.12.2024 (BGBl. 2024 I Nr. 449) wurden für die Jahre 2025 und 2026 die Einkommensteuertarife (weiter) gesenkt und das Kindergeld erhöht.

Es erfolgte eine Erhöhung des in den Einkommensteuertarif integrierten **Grundfreibetrags** um 312 EUR auf **12.096 EUR** im Jahr **2025** und ab 2026 um weitere 252 EUR auf 12.348 EUR. Der steuerliche **Kinderfreibetrag** erhöht sich für den **VZ 2025** auf **3.336 EUR** (bzw. 6.672 EUR bei Zusammenveranlagung) und ab dem VZ 2026 auf 3.414 EUR (bzw. 6.828 EUR bei Zusammenveranlagung).

Auch die Tarifeckwerte für die Veranlagungszeiträume 2025 und ab 2026 (mit Ausnahme des Eckwerts der sog. „Reichensteuer") wurden weiter nach rechts verschoben und die Freigrenzen beim **Solidaritätszuschlag** (SolZ) gem. § 3 Abs. 3 Nr. 2 SolZG für die VZ 2025 und 2026 angehoben.

Danach ergibt sich insgesamt für die VZ 2024 bis VZ 2026 folgendes Bild:

	VZ 2024	VZ 2025	VZ 2026
Grundfreibetrag			
Einzelveranlagung	11.784 EUR	12.096 EUR	12.348 EUR
Zusammenveranlagung	23.568 EUR	24.192 EUR	24.696 EUR
Kinderfreibetrag			
Einzelveranlagung	3.306 EUR	3.336 EUR	3.414 EUR
Zusammenveranlagung	6.612 EUR	6.672 EUR	6.828 EUR
Freigrenze SolZ			
Einzelveranlagung	18.130 EUR	19.950 EUR	20.350 EUR
Zusammenveranlagung	36.260 EUR	39.900 EUR	40.700 EUR

Darüber hinaus wurde das **Kindergeld** mit Wirkung zum 1.1.2025 um 5 EUR auf 255 EUR pro Kind im Monat sowie mit Wirkung zum 1.1.2026 um weitere 4 EUR auf 259 EUR pro Kind und Monat angehoben. Ab 2026 ist im neuen § 66 **Abs. 3** EStG nun verankert, dass Kindergeld und Kinderfreibetrag weiter zeitgleich steigen.

Hinweis

Mit der Anpassung des Grundfreibetrags hat sich automatisch auch der **Unterhaltshöchstbetrag** für VZ 2025 auf 12.096 EUR erhöht, da dieser gesetzlich direkt an den Grundfreibetrag gekoppelt ist (§ 33a Abs. 1 Satz 1 EStG).

1.2 Erhöhter Abzug von Kinderbetreuungskosten

Kosten für die Betreuung von Kindern im Alter bis einschließlich 14 Jahre (darüber hinaus nur unter bestimmten weiteren Voraussetzungen) können unter den Voraussetzungen des § 10 Abs. 1 Nr. 5 EStG als Sonderausgaben abgezogen werden. Bis VZ 2024 war der Abzug in Höhe von zwei Dritteln der Aufwendungen, höchstens 4.000 EUR möglich. Mit dem Jahressteuergesetz 2024 v. 2.12.2024 (BGBl. 2024 I Nr. 387) wurde mit Wirkung ab dem VZ 2025 der abzugsfähige Betrag auf 80 % der Aufwendungen, höchstens **4.800 EUR** erhöht (§ 10 Abs. 1 Nr. 5 Satz 1 EStG).

Hinweis

Nicht zu den abzugsfähigen Aufwendungen gehören Aufwendungen für Unterricht, die Vermittlung besonderer Fähigkeiten sowie für sportliche und andere Freizeitbetätigungen (§ 10 Abs. 1 Nr. 5 Satz 2 EStG). Vgl. auch das Urteil v. 23.1.2025 (III R 33/24 (III R 50/17), BStBl 2025 II S. 516), in dem der BFH die Abziehbarkeit von Kosten für die **Ferienfreizeit** eines Kindes als Kinderbetreuungskosten verneint. Im Vordergrund stand laut BFH die Aktivität des Kindes und nicht dessen erforderliche Betreuung. Im Urteilsfall waren dem Vater für sein jüngeres Kind Kosten für eine einwöchige Reise während der Sommerferien entstanden. Die im Gesamtpreis enthaltenen Betreuungskosten waren nur von untergeordneter Bedeutung.

1.3 Angepasste Voraussetzungen bei Unterhaltszahlungen

Mit dem Jahressteuergesetz 2024 v. 2.12.2024 (BGBl 2024 I Nr. 387) wurde die **Banküberweisung** als Voraussetzung für die steuerliche Berücksichtigung von Unterhaltszahlungen als außergewöhnliche Belastungen mit Wirkung ab dem VZ 2025 gesetzlich normiert (§ 33a Abs. 1 Satz 12 EStG). Zuvor waren auch andere Zahlungswege zugelassen (z.B. Mitnahme von Bargeld bei Familienheimfahrten).

Ausnahmen von der Banküberweisung können laut Gesetzesbegründung nur nach allgemeinen Billigkeitsgrundsätzen bei Vorliegen besonderer Verhältnisse (z.B. Krieg) im Wohnsitzstaat der unterhaltenen Person aufgrund einer darauf beruhenden Verwaltungsregelung gewährt werden.

Die Finanzverwaltung hat nun mit zwei BMF-Schreiben v. 15.10.2025 (BStBl 2025 I S. 1772 und S. 1779) ihre bisherigen Anwendungsschreiben zu § 33a Abs. 1 EStG aktualisiert.

Im neuen Schreiben „**Allgemeine Hinweise** zur Berücksichtigung von Unterhaltsaufwendungen nach § 33a Abs. 1 EStG" (BStBl 2025 I S. 1772) werden im Wesentlichen die bisherigen Inhalte aus dem früheren Schreiben v. 6.4.2022 (BStBl 2022 I S. 617), u.a. zu dem begünstigten Personenkreis, der Bedürftigkeit des Unterhaltsempfängers, den begünstigten Unterhaltsaufwendungen und den Nachweiserfordernissen, fortgeführt und aktualisiert. Dabei wird die bisherige Möglichkeit der Bargeldzahlungen gestrichen und durch den Begriff „Geldzuwendungen" ersetzt (Rz. 37). In Fällen der Zugehörigkeit der unterhaltsberechtigten Person zum Haushalt des Steuerpflichtigen kann lt. BMF regelmäßig ohne weiteren Nachweis der tatsächlichen Aufwendungen davon ausgegangen werden, dass dem Steuerpflichtigen Unterhaltsaufwendungen (Sachzuwendungen in Form von Unterkunft, Verpflegung und Hausrat) in Höhe des maßgeblichen Höchstbetrags erwachsen (vgl. Rz. 1 unter Verweis auf R 33a.1 Abs. 1 Satz 5 EStR).

Im neuen Schreiben zur **Berücksichtigung des Ausland-Unterhalts** (BStBl 2025 I S. 1779) macht das BMF u.a. Aussagen zu Überweisungen auf **abgekürztem Zahlungsweg** (s. Rz. 16). Grundsätzlich erfüllen Überweisungen auf ein nicht auf den Namen der unterhaltenen Person lautendes Konto nicht die Voraussetzungen nach § 33a Abs. 1 Satz 12 EStG. Eine Ausnahme gilt laut BMF für Zahlungen des Steuerpflichtigen, die zur Erfüllung einer Verbindlichkeit der unterhaltenen Person für typische Unterhaltsaufwendungen in deren Namen direkt auf das Bankkonto eines Dritten überwiesen werden (sog. abgekürzter Zahlungsweg). Diese Zahlungen gelten als Zahlungen an die unterhaltene Person und erfüllen damit die Voraussetzungen von § 33a Abs. 1 Satz 12 EStG, wenn das Bestehen der Verbindlichkeit vom Steuerpflichtigen in hinreichender Form (z.B. durch Vorlage des Mietvertrags) nachgewiesen werden kann.

Außerdem gibt das BMF Hinweise zu **Zahlungen über Zahlungsdienstleister** auf das Konto des Unterhaltsempfängers i.S. des § 33a Abs. 1 Satz 12 EStG. Zahlungen über Zahlungsdiensleister an eine „digitale Geldbörse" (E-Wallet) der unterhaltenen Person (z.B. Versenden von Geld an eine Mobilfunknummer oder E-Mail-

Adresse) – ohne eindeutige Zuordnung zu einem Bankkonto – sind regelmäßig nicht begünstigt, da die Identität des Empfängers in diesen Fällen nicht ausreichend nachgewiesen werden kann (s. Rz. 19).

Werden mehrere in einem Haushalt lebende Personen unterhalten, sind die Gesamtaufwendungen einheitlich nach der Anzahl der Personen aufzuteilen, unabhängig davon, ob sie zu den zum Abzug berechtigenden Unterhaltsempfängern gehören. Beiträge für eine **Basiskranken- und Pflegeversicherung** sind als zweckgebundene Zahlungen der jeweiligen Person vorab zuzuweisen (vgl. Rz. 20f).

Hinweis

Die neuen Schreiben v. 15.10.2025 sind grundsätzlich ab dem VZ 2025 anzuwenden und ersetzen die beiden bisherigen Schreiben v. 6.4.2022 (BStBl 2022 I S. 617 und BStBl 2022 I S. 623).

1.4 Maßnahmen aufgrund des Ukraine-Kriegs

Im Zusammenhang mit dem Ukraine-Krieg verlängerte das BMF mit Schreiben v. 4.12.2024 (BStBl 2024 I S. 1545) den zeitlichen Anwendungsbereich verschiedener Billigkeitsmaßnahmen (vgl. die BMF-Schreiben v. 17.3.2022, v. 7.6.2022 und v. 13.3.2023) grundsätzlich bis Ende 2025. Umfasst sind davon u.a. Spendenerleichterungen sowie Steuerbegünstigungen für Beihilfen des Arbeitgebers an vom Krieg geschädigte Arbeitnehmer und unentgeltliche Leistungen zur Reparatur kriegsbeschädigter Infrastruktur.

Ebenfalls bis Ende 2025 wurden die Maßnahmen hinsichtlich der Unterbringung von Kriegsflüchtlingen durch steuerbefreite Körperschaften (s. BMF-Schreiben v. 31.3.2022) mit BMF-Schreiben v. 3.12.2024 (BStBl 2024 I S. 1548) verlängert.

Hinweis

Eine nochmalige Verlängerung bestimmter Maßnahmen bis Ende 2026 erfolgte durch die BMF-Schreiben v. 4.12.2025 und v. 5.12.2025. Die bestehenden Billigkeitsmaßnahmen hinsichtlich der Unterbringung von Flüchtlingen im Zusammenhang mit der Gewährung der erweiterten **gewerbesteuerlichen Grundstückskürzung** (§ 9 Nr. 1 Satz 2 ff. GewStG) wurden mit Gleichlautenden Ländererlassen v. 24.11.2025 bis Ende 2026 verlängert. Weitere (mögliche) Verlautbarungen sollten geprüft werden.

1.5 Verfassungsmäßigkeit des Solidaritätszuschlags

Nach dem Auslaufen des Solidarpaktes II zum Jahresende 2019 wurde der Solidaritätszuschlag zunächst für das Jahr 2020 unverändert weitererhoben, ab dem Jahr 2021 erfolgte durch das Gesetz zur Rückführung des Solidaritätszuschlags 1995 v. 10.12.2019 (BGBl 2019 I S. 2115) eine teilweise (gestaffelte) Rückführung der Erhebung des Soli. Laut BVerfG ist sowohl die in 2020 noch unveränderte Weitererhebung als auch die ab 2021 nur noch teilweise Erhebung (weiter unverändert für Kapitalgesellschaften und auf Kapitalerträge sowie bei Einkommensteuerpflichtigen gestaffelt nach Einkommensgrenzen für Besserverdienende) verfassungsgemäß (BVerfG, Urteil v. 26.3.2025, 2 BvR 1505/20).

Zwar dürften Ergänzungsabgaben nur zweckgebunden (aufgabenbezogen) erhoben werden. Sofern der Zweck wegfällt, sei die Ergänzungsabgabe aufzuheben oder ihre Voraussetzungen anzupassen. Bei dieser Beurteilung gesteht das BVerfG dem Gesetzgeber jedoch einen weiten **Einschätzungs- und Gestaltungsspielraum** zu. Daher sei lediglich zu prüfen, ob ein evidenter Wegfall des finanziellen Mehrbedarfs durch die Wiedervereinigung vorliege. Dies sei einem Gutachten und mehreren Experten zu Folge aber nicht zweifelsfrei zu belegen. Dabei betonte das Gericht auch, dass die Erhebung der Ergänzungsabgabe von Verfassungs wegen weder von vornherein zu befristen noch auf Notlagen beschränkt sei. Unerheblich war für das BVerfG auch das Auslaufen des Solidarpakts II. Bei diesem handele es sich lediglich um die konkrete Ausgestaltung der Unterstützung der neuen Bundesländer. Der Wegfall dieser Ausgestaltung begründe nicht gleichzeitig den Wegfall des grundsätzlichen Bedarfs. Auch eine verfassungsrechtlich zu beanstandende Benachteiligung von Besserverdienenden sah das BVerfG nicht. Die **soziale Staffelung** sei mit Blick auf das Sozialstaatsprinzip und die unterschiedliche wirtschaftliche Leistungsfähigkeit der Steuerpflichtigen nicht zu beanstanden.

Hinweis

Vorerst wird der Solidaritätszuschlag weiterhin von **Kapitalgesellschaften** und etwa zehn Prozent der **Einkommensteuerpflichtigen** erhoben. Daneben fällt er weiter auf **Kapitalerträge** an. Für VZ vor 2020 bejahte der BFH bereits die Verfassungsmäßigkeit des Solidaritätszuschlags (vgl. BFH, Urteil v. 20.02.2024, IX R 27/23, BStBl 2024 II S. 444). In Reaktion auf die Urteile des BVerfG und BFH hob das BMF seine bisherige Anweisung zur Anbringung eines **Vorläufigkeitsvermerks** hinsichtlich der Frage der Verfassungsmäßigkeit des Solidaritätszuschlags auf (BMF, Schreiben v. 26.5.2025, BStBl 2025 I S. 1178).

1.6 Wegfall der Fünftelungsregelung im Lohnsteuerabzug

Nach § 34 Abs. 1 EStG können bestimmte zusammengeballte Einkünfte nach der sog. Fünftelungsregelung ermäßigt besteuert werden. Diese Tarifermäßigung galt bis VZ 2024 für (die Voraussetzungen erfüllende) zusammengeballte besondere Arbeitslöhne (z.B. Abfindungen, Vergütungen für mehrjährige Tätigkeiten) bereits bei der Berechnung der Lohnsteuer im Lohnsteuerabzugsverfahren (§ 39b Abs. 3 Sätze 9 und 10 EStG). Mit dem Wachstumschancengesetz v. 27.3.2024 (BGBl 2024 I Nr. 108) wurde die Lohnsteuer-Tarifermäßigung ersatzlos gestrichen. Daraus resultierend wurde u.a. auch der Pflichtveranlagungstatbestand nach § 46 Abs. 2 Nr. 5 EStG abgeschafft.

In der Lohnsteuerbescheinigung sind die für die (weiterhin geltende) Tarifermäßigung des § 34 Abs. 1 EStG in Frage kommenden Arbeitslöhne weiterhin gesondert auszuweisen. Arbeitnehmer, die im Jahr 2025 derlei Arbeitslöhne erhalten haben, sollten die Tarifermäßigung im Rahmen ihrer Einkommensteuerveranlagung prüfen und geltend machen.

Hinweis

Mit dem Wachstumschancengesetz wurde die Antragsveranlagung für Arbeitnehmer **ohne Wohnsitz oder gewöhnlichen Aufenthalt im Inland** ausgedehnt (§ 50 Abs. 2 Satz 2 Nr. 4d EStG). Ihnen wird ebenfalls die Möglichkeit eröffnet, die ermäßigte Besteuerung im Wege ihrer persönlichen Steuererklärung geltend zu machen, wenn sie Entschädigungen bzw. Vergütungen für mehrjährige Tätigkeiten von ihrem inländischen Arbeitgeber bezogen haben.

1.7 Grundsteuer

Bei der Grundsteuerreform zum 1.1.2022 wählten einige Bundesländer aufgrund der Länderöffnungsklausel anstatt des Bundesmodells eigene (abweichende) Landesgesetze. Auf Basis der zum Stichtag 1.1.2022 neu vorgenommenen Bewertung durch die Grundsteuerwertbescheide wird die „neue“ Grundsteuer seit 1.1.2025 durch die Gemeinden erhoben.

In 2024 äußerte sich der BFH im Rahmen des vorläufigen Rechtsschutzes zum **Bewertungsverfahren nach dem Bundesmodell**. Dabei gewährte er insoweit AdV der Grundsteuerwertbescheide, als dem Steuerpflichtigen der Nachweis eines niedrigeren gemeinen Werts zu ermöglichen ist (BFH, Beschlüsse v. 27.5.2024, II B 78/23, AdV und II B 79/23, AdV).

Hinweis

Auf die AdV-Beschlüsse reagierte zunächst die Finanzverwaltung mit koordinierten Ländererlassen v. 24.6.2024 (BStBl 2024 I S. 1073). Durch das Jahressteuergesetz 2024 v. 2.12.2024 (BGBl 2024 I Nr. 387) wurde in § 220 Abs. 2 BewG normiert, dass ein niedrigerer gemeiner Wert bei entsprechendem Nachweis einer erheblichen Abweichung zum ermittelten bewertungsrechtlichen Grundsteuerwert (auszugehen, wenn der Grundsteuerwert den nachgewiesenen gemeinen Wert um mindestens 40 % übersteigt) als Grundsteuerwert anzusetzen ist.

Mit am 10.12.2025 verkündeten Entscheidungen in den jeweils das Bundesmodell betreffenden Verfahren II R 3/25, II R 31/24 und II R 25/24 hielt der BFH das Gundsteuerreformgesetz (Bundesmodell) für formell und materiell verfassungsgemäß (vgl. die auf der homepage des BFH verfügbare Pressemitteilung v. 10.12.2025). Insbesondere gesteht der BFH dem Gesetzgeber einen großen Gestaltungsspielraum zu, bei der Ausgestaltung der Bewertungsvorschriften für Zwecke der Grundsteuer Generalisierungen, Pauschalierungen und Typisierungen vorzunehmen. Dabei dürfe die Praktikabilität in solchen Massenverfahren auch zu Lasten der Ermittlungsgenauigkeit in den Vordergrund gestellt werden. Die Heranziehung von **pauschalierten Nettokaltmieten** und der vom Gutachterausschuss **festgelegten Bodenrichtwerte** sind folglich laut BFH zulässig, auch wenn individuelle und objektbezogene Besonderheiten dabei nicht berücksichtigt werden können. Auch den verfassungsrechtlichen Bedenken wegen der unterschiedlichen Qualität und Arbeitsweise der Gutachterausschüsse bei der Ermittlung der Bodenrichtwerte erteilte der BFH eine Absage, da es dafür hinreichende und substantiierte Bedenken geben müsse, damit diese gerichtlich überprüft werden könnten. Mangels verfassungsrechtlicher Zweifel legte der BFH daher die betroffenen Normen nicht dem BVerfG vor.

Hinweis

Dennoch bleibt abzuwarten, ob das BVerfG die Möglichkeit erhält, sich zur Frage der Verfassungsmäßigkeit des Verfahrens zur Ermittlung des Grundsteuerwerts zu positionieren. Entsprechende Verfassungsbeschwerden gegen die Entscheidungen wurden bereits angekündigt. Zum Zeitpunkt der Drucklegung lagen die vollständig abgefassten Urteile in allen drei Verfahren noch nicht vor. Diese sollen voraussichtlich Anfang 2026 auf der Homepage des BFH abrufbar sein. Weiter beim BFH anhängig sind auch Verfahren zu verschiedenen Ländermodellen (Übersicht ebenfalls auf der homepage des BFH verfügbar). Mündliche Verhandlungen zum „Ländermodell Baden-Württemberg" plant der BFH für April 2026. Die weiteren Entwicklungen (auch hinsichtlich der Beurteilung der Hebesätze) sollten daher weiter beobachtet und Rechtsschutzmöglichkeiten geprüft werden.

1.8 Anwendungsschreiben zur Behandlung von Kryptowerten

Das BMF ersetzte mit BMF-Schreiben v. 6.3.2025 (BStBl 2025 I S. 658) sein bisheriges Anwendungsschreiben zur Behandlung von Kryptowerten v. 10.5.2022 (BStBl 2022 I S. 668). Neu aufgenommen wurden insbesondere Regelungen zu **Aufzeichnungs- und Erklärungspflichten** (u.a. Anforderungen an von Steuerpflichtigen zu erbringende Nachweise, Anforderungen an die Dokumentation von Handelsvorgängen mit Kryptowerten, Rn. 87 ff.). Dabei werden die Mitwirkungs- und Aufzeichnungspflichten allgemein erläutert und anschließend gesondert für das Betriebs- und Privatvermögen dargestellt.

Hinweis

Laut dem BMF-Schreiben müssen alle Krypto-Transaktionen einzeln detailliert und nachvollziehbar dokumentiert werden. Finanzämter können hierfür etwa **Transaktionsübersichten**, CSV-Dateien und von Softwareanbietern generierte Steuerreports anfordern. Die Einstellungen, nach denen die Reports generiert wurden, können vom Finanzamt ebenfalls angefordert werden. Die Nachweispflicht liegt dabei laut BMF vollständig beim Steuerpflichtigen, der sich fehlende Dokumentationen auch in Fällen der Insolvenz einer Handelsplattform oder eines Hackerangriffs zurechnen lassen muss.

Neu ist u.a. auch eine **Erläuterung zu dezentralen Finanzmärkten** (DeFi), wobei das BMF betont, dass die dort geschlossenen „Smart Contracts" keine Verträge im rechtlichen Sinne sind. Auch begrifflich gibt es Anpassungen: Das neue BMF-Schreiben spricht nunmehr, wie international üblich, von „Kryptowerten" statt von „virtuellen Währungen und sonstigen Token". Zudem wurde konkretisiert, dass NFT (Non-Fungible Token) und die Lohnzahlung in Kryptowerten ausdrücklich vom Anwendungsbereich des Schreibens ausgenommen sind. Weiterhin ergänzte und präzisierte das BMF bisher schon im alten BMF-Schreiben vorhandene Regelungen, u.a.

- zum Claiming von Kryptowerten
- zur Ermittlung von Kurswerten
- zur Besteuerung von Mining- und Staking-Einnahmen
- zur Bewertung und Verwendungsreihenfolge bei der Veräußerung von Kryptowerten.

Hinweis

Zur Verwendungsreihenfolge für Zwecke der Wertermittlung im Rahmen der Besteuerung als Veräußerungsgeschäft sah das FG Nürnberg in seinem Urteil v. 22.1.2025 (3 K 760/22) auch die LiFo-Methode für zulässig an. Dies steht im Gegensatz zu den Regelungen im BMF-Schreiben v. 10.5.2022 (neu gefasst durch BMF-Schreiben v. 6.3.2025, Rz. 61), das auf die Anwendung der FiFo-Methode verweist.

Das neue BMF-Schreiben gilt grundsätzlich ab seiner Veröffentlichung im Bundessteuerblatt (s. BStBl Teil I Nr. 8 vom 8.4.2025) für alle offenen Fälle und ersetzt das bisherige Schreiben vom 10.5.2022. Für die Vergangenheit gibt es eine Übergangsregelung: Kursbestimmungen nach den bisherigen Vorgaben sowie abweichende Aufzeichnungen außerhalb der GoBD-Regelungen werden für VZ bis einschließlich 2024 nicht beanstandet.

Hinweis

Die ursprünglich diskutierte Verlängerung der **Haltefrist** auf zehn Jahre für **gestakte Coins** wurde nicht eingearbeitet, sodass in diesem Punkt die bisherige Handhabung seitens der Finanzverwaltung unverändert bleiben sollte.

2 Das betrifft Unternehmen

2.1 Steuerbilanzrecht

2.1.1 E-Bilanz: Erweiterte Übermittlungspflichten und aktualisierte Taxonomien

Mit dem Jahressteuergesetz 2024 v. 2.12.2024 (BGBl. 2024 I S. 387) wurde u.a. eine zusätzliche Übermittlungspflicht von **unverdichteten Kontennachweisen** in § 5b Abs. 1 EStG eingefügt. Diese wurden auch in die neuen Taxonomien 6.9 für die Übermittlung der E-Bilanz eingearbeitet (BMF, Schreiben v. 10.6.2025, BStBl 2025 I S. 1450). Danach ist grundsätzlich für jede (werthaltig) übermittelte Position der Bilanz und GuV ein Kontennachweis zu übermitteln, unabhängig davon, ob die Position als Mussfeld ausgezeichnet ist (ausgenommen Oberpositionen, zu denen werthaltige Unterpositionen vorliegen). Ein unverdichteter Kontennachweis umfasst dabei laut BMF zumindest alle Sachkonten der Buchführung (**Hauptbuch**), die am Ende des Wirtschaftsjahres einen Saldo aufweisen (nicht dagegen Nebenbücher oder einzelne Geschäftsvorfälle). Eine Verdichtung der Kontennachweise, beispielsweise die Zusammenfassung von Fahrzeugen als „Fuhrpark“, ist unzulässig. Laut BMF könne nur im Einzelfall eine Zusammenführung in Betracht kommen.

Die neuen Taxonomien sind für Wirtschaftsjahre, die nach dem 31.12.2025 beginnen, anzuwenden, wobei eine Anwendung für Bilanzen für das Wirtschaftsjahr 2025 und 2025/2026 nicht beanstandet wird. Damit schiebt das BMF den gesetzlichen **Anwendungszeitraum** (für nach dem 31.12.2024 beginnende Wirtschaftsjahre, § 52 Abs. 11 Satz 2 EStG) um ein Jahr hinaus. Zur Vermeidung von Härtefällen für die Übermittlung von E-Bilanzen mit der Taxonomie 6.9 will die Finanzverwaltung es dann nicht beanstanden, wenn eine Übermittlung der Kontennachweise wegen einer Umstellung der Software oder bestimmter Praxisverfahren nicht möglich ist. Innerhalb der E-Bilanz ist in diesem Fall eine entsprechende Begründung zu erfassen und die Nachweise sind auf anderem Wege an das Finanzamt zu übermitteln.

Hinweis

Mit dem Jahressteuergesetz 2024 wurde auch die **verpflichtende Übermittlung des Anlagenspiegels** (zusammen mit anderen verpflichtend zu übermittelnden Anhängen wie Lage- und Prüfberichten) für nach dem 31.12.2027 beginnende Wirtschaftsjahre gesetzlich vorgesehen (§ 52 Abs. 11 Satz 3 EStG). Bezüglich des Anlagespiegels weist das aktuelle BMF-Schreiben allerdings darauf hin, dass dieser entsprechend des BMF-Schreibens v. 24.5.2016 für nach dem 31.12.2016 beginnende Wirtschaftsjahre weiterhin als Mussfeld ausgestaltet und daher verpflichtend zu übermitteln ist.

2.1.2 Sonderabschreibung: Degressive AfA

Für nach dem 30.6.2025 und vor dem 1.1.2028 angeschaffte oder hergestellte abnutzbare **bewegliche Wirtschaftsgüter des Anlagevermögens** (u. a. Betriebsvorrichtungen, Fahrzeuge, Betriebs- und Geschäftsausstattung) wurde durch das Gesetz für ein steuerliches Investitionssofortprogramm zur Stärkung des Wirtschaftsstandorts Deutschland (Investitionssofortprogramm) v. 14.7.2025 (BGBl. 2025 I Nr. 161) zeitlich begrenzt eine degressive AfA (wieder) eingeführt. Für diese Wirtschaftsgüter können damit Abschreibungen in fallenden (statt linearen) Jahresbeträgen vorgenommen werden. Der Prozentsatz darf höchstens das Dreifache des jeweiligen linearen AfA-Satzes betragen und 30 % nicht überschreiten (§ 7 Abs. 2 Satz 1 EStG).

Hinweis

Die degressive AfA ist damit grundsätzlich für Wirtschaftsgüter mit einer **Nutzungsdauer ab vier Jahren** aufwärts vorteilhaft, da bei einer kürzeren Nutzungsdauer der lineare Abschreibungssatz höher ist. Absetzungen für außergewöhnliche technische oder wirtschaftliche Abnutzung dürfen nicht vorgenommen werden, wenn die degressive AfA genutzt wird (§ 7 Abs. 2 Satz 4 EStG).

Für Wirtschaftsgüter, die nach dem 31.12.2019 und vor dem 1.1.2023 oder nach dem 31.3.2024 und vor dem 1.1.2025 angeschafft worden sind, gilt § 7 Abs. 2 EStG weiterhin in der Fassung vom 27.3.2024. Somit gilt für den erstgenannten Zeitraum weiterhin ein (alter degressiver) Höchstsatz von 25 % bzw. das Zweieinhalbfache des linearen Abschreibungssatzes. Für den zweitgenannten Zeitraum gilt weiterhin ein Höchstsatz von 20 % bzw. das Zweifache des linearen Abschreibungssatzes.

Hinweis

Mit dem steuerlichen Investitionssofortprogramm erfolgte auch die Senkung des Körperschaftsteuersatzes ab VZ 2028. Vgl. dazu sowie zu den schon jetzt zu beachtenden Auswirkungen auf latente Steuern Kapitel Ausblick Tz. 3.

2.1.3 Sonderabschreibung: E-Fahrzeuge

Ebenfalls durch das Investitionssofortprogramm v. 14.7.2025 (BGBl. 2025 I Nr. 161) wurde für rein elektrisch betriebene Fahrzeuge i.S. des § 9 Abs. 2 KraftStG ein Wahlrecht für eine arithmetisch-degressive Abschreibung mit **fallenden, fest vorgegebenen Staffelsätzen** (§ 7 Abs. 2a EStG) eingeführt. Die Regelung umfasst laut Gesetzesbegründung neben Pkw insbesondere auch Elektronutzfahrzeuge, Lastkraftwagen und Busse. Sie kann für Fahrzeuge in Anspruch genommen werden, die nach dem 30.6.2025 und vor dem 1.1.2028 angeschafft oder hergestellt wurden. Im Jahr der Anschaffung sind 75 % der Anschaffungskosten abziehbar.

Hinweis

Diese erhöhte Abschreibung im ersten Jahr gilt auch bei unterjähriger Anschaffung, § 7 Abs. 2a Satz 3 EStG (Nichtbeachtung der in § 7 Abs. 1 Satz 4 EStG normierten nur anteiligen Berücksichtigung). In den Folgejahren können 10 %, 5 %, 5 %, 3 % und 2 % der ursprünglichen Anschaffungskosten geltend gemacht werden. Das E-Fahrzeug ist somit nach sechs Jahren vollständig abgeschrieben. Die arithmetisch-degressive AfA für Elektrofahrzeuge darf nur angewendet werden, wenn keine Sonderabschreibungen in Anspruch genommen wurden.

2.1.4 Kürzere Restnutzungsdauer bei Gebäuden

Abweichend von den der AfA zugrunde zu legenden typisierten Restnutzungsdauern von Gebäuden kann für die AfA-Bemessung auf die kürzere tatsächliche Nutzungsdauer abgestellt werden (§ 7 Abs. 4 Satz 2 EStG). An den erforderlichen Nachweis stellte das BMF bisher sehr hohe Anforderungen an das Gutachten und die Person des Gutachters bzw. Sachverständigen (vgl. BMF, Schreiben v. 22.2.2023, BStBl 2023 I S. 332). Dieser strengen Sichtweise widersprach der BFH (Urteil v. 23.1.2024, IX R 14/23). Laut BFH könne sich ein Steuerpflichtiger grundsätzlich jeder sachverständigen Methode bedienen, die im Einzelfall zur Führung des erforderlichen Nachweises geeignet erscheint. Mit Schreiben v. 1.12.2025 hebt das BMF nun sein Schreiben aus 2023 auf. Das o.g. Urteil beabsichtigt das BMF, im BStBl. Teil II zu veröffentlichen (vgl. Mitteilung des BMF v. 3.12.2025).

Hinweis

Abzuwarten bleibt jedoch, ob nicht noch eine gesetzliche Reaktion auf die BFH-Rechtsprechung erfolgt. Im Rahmen der 7. Mantel-Verordnung war im Referentenentwurf noch eine entsprechende Änderung in der EStDV vorgesehen, die aber letztlich (bisher) nicht umgesetzt wurde.

2.1.5 Übertragung von Pensionsverpflichtungen

Für nach dem 28.11.2013 endende Wirtschaftsjahre ist ein Aufwand aus Schuldübernahmen, Schuldbeitritten und Erfüllungsübernahmen über 15 Jahre zu verteilen (§ 4f EStG i.d.F. des AIFM-Steuer-Anpassungsgesetzes v. 18.12.2013, BGBl. 2013 I S. 4318), bis dato jedoch ohne Verteilung in voller Höhe abzugsfähig. Der BFH äußerte sich mit Urteil v. 20.3.2025 (IV R 27/22, BStBl 2025 II S. 697) zur **zeitlichen Anwendung der Abzugsbeschränkung**, und zwar insbesondere zu der Frage, ob das Rechtsgeschäft, das die Verpflichtungsübernahme begründet, oder aber der (ggf. erst nachträglich) entstehende Aufwand entscheidend für die zeitliche Anwendbarkeit des § 4f EStG ist.

Laut BFH ist die Vorschrift laut § 52 Abs. 8 Satz 1 EStG erstmals auf Schuldbeitritte anzuwenden, die in einem nach dem 28.11.2013 endenden Wirtschaftsjahr erfolgen. Der Umstand, dass der Aufwand aus einer **nachträglichen Erhöhung des Entgelts** für den Schuldbeitritt entsteht, der in einem Wirtschaftsjahr nach dem 28.11.2013 anfällt, habe keinen Einfluss auf dieses Ergebnis. Der BFH stellt darüber hinaus fest, dass die §§ 4f und 5 Abs. 7 EStG trotz inhaltlichen Zusammenhangs nicht zwingend zu korrespondierenden Ergebnissen führen müssen.

Hinweis

Ob es sich bei den Aufwendungen um betrieblich oder gesellschaftsrechtlich veranlasste Aufwendungen handelte, konnte der BFH nicht abschließend beurteilen und verwies insoweit zurück an die Vorinstanz (FG Münster, Urteil v. 19.9.2022, 11 K 2928/19 F). Er stellte dennoch fest, dass Entgelte, die ein Unternehmen aufgrund eines Vertrags über einen entgeltlichen Schuldbeitritt zu bestehenden Pensionsverpflichtungen zu zahlen hat, grundsätzlich als betrieblich veranlasste Aufwendungen anzusehen seien. Denn **zivilrechtliche Vereinbarungen** in gegenseitigen Verträgen sind **steuerlich** regelmäßig **anzuerkennen**, sofern ein natürlicher Interessengegensatz zwischen den Vertragsparteien besteht. Bei Vertragsbeziehungen zwischen konzernangehörigen Gesellschaften fehle es hingegen an einem natürlichen Interessengegensatz, wodurch eine konkrete Überprüfung im Rahmen einer Gesamtwürdigung der Umstände des Einzelfalls erforderlich sei. Dabei komme es laut BFH bei der Gesamtbetrachtung nicht allein auf den geschlossenen Beitrittsvertrag und der darin enthaltenen Entgeltanpassungsklausel an. Vielmehr seien in diesem Kontext auch der enge zeitliche und sachliche Zusammenhang der geschlossenen Darlehensabreden mit der Finanzierung des Schuldbeitritts einzubeziehen. Eine solche Gesamtwürdigung beider Vertragsverhältnisse zwischen den beteiligten Konzerngesellschaften hat das FG Münster im Rahmen der Beurteilung der Fremdüblichkeit in der erneuten Verhandlung und Entscheidung vorzunehmen. Im Zuge seiner Zurückweisung gab der BFH dem FG auch mit, dass die im Streitjahr erfolgte Entgelterhöhung kein rückwirkendes Ereignis i.S. des § 175 Abs. 1 Satz 1 Nr. 2 AO darstellt.

2.1.6 Wertpapiergebundene Pensionszusagen

Laut BFH darf auch bei wertpapiergebundenen Versorgungszusagen, die **keine garantierte Mindestleistung** enthalten, eine Pensionsrückstellung nach § 6a EStG gebildet werden (BFH, Beschluss v. 4.9.2024, XI R 25/21, BFH/NV 2025 S. 417). Hier widersprach der BFH dem BMF, das in solchen Fällen eine Bildung grundsätzlich verneint (vgl. BMF, Schreiben v. 17.12.2002, BStBl 2002 I S. 1397: mangels Garantie kein Rechtsanspruch gem. § 6a Abs. 1 Nr. 1 EStG, Ungewissheit der Wertentwicklung der Wertpapiere und damit auch der Pensionsleistung bis zum Eintritt des Versorgungsfalls). Das dem Revisionsverfahren beigetretene BMF argumentierte zudem, dass Zusagen, die sich ihrer Höhe nach allein an der Wertentwicklung der zugrunde liegenden Wertpapiere orientieren, keinem Versorgungszweck dienen, sondern allein der Vermögensbildung, und auch deshalb keine Pensionsrückstellung nach § 6a EStG angesetzt werden dürfe. Dem widersprach der BFH. Da die **Zusagen** u.a. **für das Alter** erteilt wurden und deshalb **biometrische Risiken absicherten**, bestehe ein ausreichender Versorgungszweck i.S. des § 6a EStG. Eine Pensionsverpflichtung i.S. von § 6a Abs. 1 Nr. 1 EStG erfordere es nicht, dass der aus der Versorgungszusage folgende Rechtsanspruch bereits im Zeitpunkt der Zusage eine bestimmte (Mindest)Versorgung garantiert. Die in § 6a

Abs. 1 Nr. 2 Fall 1 EStG angesprochene **„Gewinnabhängigkeit“** der Pensionsleistungen bezieht sich für den BFH allein auf gewinnabhängige Bezüge, also nur auf zukünftige Tantiemen und Boni des Arbeitgebers. Ebenfalls bestehe ein Rechtsanspruch i. S. des § 6a EStG, wenn und soweit der Umfang der Verpflichtung unter der gem. § 158 BGB aufschiebenden Bedingung steht, dass sich die Höhe der zugesagten Leistungen nach dem bis zum Versorgungsbeginn ungewissen Wert der Fondsanteile bzw. Rückdeckungsversicherung richtet. Für den BFH steht insoweit eine aufschiebende Bedingung i. S. von § 158 BGB einem rechtsverbindlichen Anspruch auf Pensionsleistung nicht entgegen.

Hinweis

Im Streitfall war über die Altersrente zudem eine Hinterbliebenenrente vorgesehen. Insoweit bestätigt der BFH seine Rechtsprechung zur **„steuerlichen Teilanerkennung“** (vgl. BFH, Urteil v. 28.2.2024, I R 29/21, BStBl 2024 II S. 713). Danach sei jedes abtrennbare Leistungsversprechen hinsichtlich der Erfüllung der gesetzlichen Voraussetzungen gesondert in den Blick zu nehmen und jeweils eigenständig zu bewerten.

Hinsichtlich der **Höhe der Pensionsrückstellung** unterschied der BFH zwischen Beiträgen des Arbeitgebers und Beiträgen des Arbeitnehmers im Wege der Entgeltumwandlung. Für die Arbeitnehmerbeiträge verweis der BFH auch auf die unterschiedliche Bewertung (Arbeitnehmer vs. Gesellschafter-Geschäftsführer, vgl. dazu auch BFH, Urteil v. 27.5.2020, XI R 9/19, BStBl 2020 II S. 802, Rz 34 ff.)

Hinweis

Abzuwarten bleibt, wie die Finanzverwaltung auf den BFH-Beschluss reagiert.

2.1.7 Rücklage bei Übernahme einer Pensionszusage

Bei Übernahme einer Pensionszusage eines Arbeitnehmers durch den neuen Arbeitgeber unter Übernahme von Vermögenswerten normiert § 5 Abs. 7 Satz 4 EStG eine (besondere) Bewertung der übernommenen Pensionsverpflichtung. Laut BFH steht diese aber nicht der Anwendung des Satzes 5 (Möglichkeit einer gewinnmindernden Rücklagenbildung aus dem Übertragungsgewinn) entgegen, sodass eine Rücklage auch in diesen Fällen gebildet werden kann (BFH, Urteil v. 23.10.2024, XI R 24/21, BStBl 2025 II S. 281). Der BFH widersprach damit dem (auch dem Verfahren beigetretenen) BMF.

Hinweis

Das BMF argumentierte, dass der Wortlaut des § 5 Abs. 7 Satz 5 EStG einer Rücklagenbildung im Anwendungsbereich des § 5 Abs. 7 Satz 4 EStG entgegenstehe. Die Vorschrift erlaube die Rücklagenbildung ausschließlich in den in § 5 Abs. 7 Satz 1 bis 3 EStG genannten Fällen, während die Übertragung von Pensionsverpflichtungen eines Arbeitnehmers unter **gleichzeitiger Übernahme von Vermögenswerten** abschließend in § 5 Abs. 7 Satz 4 EStG geregelt sei, auf den Satz 5 nicht verweise. Die darin enthaltene besondere Bewertungsvorschrift (besondere Wertermittlung nach dem Teilwertsplittingverfahren) schließe daher die Anwendung des Satzes 5 und damit die Möglichkeit der Rücklagenbildung in solchen Fällen aus.

Der BFH begründet seine Entscheidung damit, dass § 5 Abs. 7 Satz 4 EStG keine eigenständige Regelung zur Rücklagenbildung enthalte. Die Vorschrift regele ausschließlich Bewertungsfragen bei der Übertragung von Pensionsverpflichtungen gem. § 5 Abs. 7 Satz 1 EStG, ohne eine eigenständige Fallgruppe bzw. einen eigenständigen Tatbestand zu schaffen. Daher bleibe § 5 Abs. 7 Satz 5 EStG auch in diesen Konstellationen (des Satzes 4) anwendbar. Eine abweichende Behandlung der Übernahme von Pensionsverpflichtungen gegenüber anderen Verpflichtungsübernahmen würde laut BFH zu systemwidrigen Ergebnissen führen – daran ändere nichts, dass § 4f Abs. 1 Satz 3 Halbsatz 2 EStG den sofortigen Abzug eines aus der Übernahme einer entsprechenden Pensionszusage ergebenden Aufwands erlaube. Der Gesetzgeber habe mit den Vorschriften des § 5 Abs. 7 EStG und § 4f EStG ersichtlich auch den Zweck verfolgt, die **Portabilität von Versorgungszusagen** nicht zu erschweren. Zudem habe der Gesetzgeber keine Korrespondenz zwischen § 4f Abs. 1 Satz 3 Halbsatz 2 EStG und § 5 Abs. 7 Satz 5 EStG geregelt.

Hinweis

Im Gegensatz zu den Rechtsfolgen einer Übernahme einer einzelnen Verpflichtung eines Arbeitnehmers unterliegen gesetzlich übergehende Pensionsverpflichtungen nach § 613a BGB (Betriebsübergang) grundsätzlich der allgemeinen Bewertung nach § 5 Abs. 7 Satz 1 EStG.

2.1.8 Höhe des Rechnungszinsfußes bei Pensionsrückstellungen

Für die Höhe des steuerlich zu berücksichtigenden Pensionsaufwandes ist u. a. auch die Höhe des gesetzlich in § 6a EStG normierten Rechnungszinsfußes von derzeit 6 % maßgeblich. Nachdem das BVerfG nun einen BFH-Beschluss über die Nichtzulassung einer Revision aufhob (BVerfG, Beschluss v. 21.2.2025, 1 BvR 2267/23), muss der BFH über die Zulassung der Revision neu entscheiden. In dem Verfahren gegen das Urteil des FG Düsseldorf v. 30.11.2021 (6 K 2321/17 K,G) steht u. a. auch die Frage der Verfassungsmäßigkeit des Rechnungszinsfußes in Streit.

Hinweis

Die Nichtzulassungsbeschwerde wurde auf die grundsätzliche Bedeutung der Rechtsfrage gestützt, ob der **„starre" Rechnungszinsfuß von 6 %** in § 6a Abs. 3 Satz 3 EStG gegen den verfassungsrechtlichen Gleichbehandlungsgrundsatz gem. Art. 3 Abs. 1 GG verstoße. In einem früheren Verfahren hatte das BVerfG eine Richtervorlage des FG Köln zur Verfassungswidrigkeit des Abzinsungssatzes für Pensionsrückstellungen gem. § 6a Abs. 3 Satz 3 EStG im Hinblick auf die unsubstantiierte Darlegung des Verstoßes gegen Art. 3 Abs. 1 GG abgewiesen (BVerfG, Beschluss v. 28.7.2023, 2 BvL 22/17). Mit der nun folgenden (erneuten) Prüfung der Nichtzulassungsbeschwerde durch den BFH (XI B 19/25) bleibt abzuwarten, ob sich der BFH und ggf. das BVerfG u. a. nun zur Frage der Abzinsung nach § 6a EStG positionieren können.

2.1.9 § 6b-Rücklage: Gewinnzuschlag

Durch eine § 6b-Rücklage können bei Vorliegen der gesetzlichen Voraussetzungen stille Reserven auf bestimmte neu angeschaffte oder hergestellte Wirtschaftsgüter übertragen werden. Unterbleibt die Reinvestition innerhalb der gesetzlichen Frist, ist die Rücklage jedoch gewinnerhöhend aufzulösen und um einen Gewinnzuschlag von 6 % des Rücklagenbetrags für jedes volle Wirtschaftsjahr ihres Bestehens zu erhöhen. Gegen die **pauschale Höhe dieses Zuschlags** bestehen laut BFH auch im strukturellen Niedrigzinsumfeld keine verfassungsrechtlichen Bedenken (BFH, Urteil v. 20.3.2025, VI R 20/23, BFH/NV 2025 S. 1229). Bei § 6b EStG handele es sich um eine Lenkungsnorm mit Subventionscharakter. Der Zuschlag soll den während des Reinvestitionszeitraums eingetretenen Steuerstundungsvorteil rückgängig machen sowie Mitnahmeeffekte aus einer missbräuchlichen Inanspruchnahme des Wahlrechts verhindern. Der Gesetzgeber dürfe daher den Zuschlag typisiert auf 6 % festlegen, ohne eine individuelle Betrachtung vornehmen zu müssen.

Hinweis

Eine Übertragung der Grundsätze der BVerfG-Rechtsprechung zur Vollverzinsung nach § 233a i.V.m. § 238 Abs. 1 Satz 1 AO (Beschluss v. 8.7.2021, 1 BvR 2237/14, 1 BvR 2422/17, BFH/NV 2021 S. 1455) lehnt der BFH mangels Vergleichbarkeit ab, weil das Entstehen des Gewinnzuschlags nicht unausweichlich gesetzlich typisiert ist, sondern allein vom Verhalten des Steuerpflichtigen abhängt: Dieser kann die Rücklage bilden und reinvestieren oder – unter Hinnahme des Zuschlags – von der Reinvestition Abstand nehmen.

2.1.10 § 6b-Rücklage: Folgen einer fehlerhaften Bildung

Bei einer zu Unrecht gebildeten § 6b-Rücklage greifen laut BFH die Grundsätze des formellen Bilanzenzusammenhangs (BFH, Urteil v. 2.7.2025, XI R 27/22, BFH/NV 2025 S. 1654). Nach dem **formellen Bilanzenzusammenhang** sind Bilanzierungsfehler grundsätzlich zeitlich rückwirkend an der Fehlerquelle zu berichtigen. Liegt die entsprechende Bilanz bereits einer rechtskräftigen Veranlagung zu Grunde, ist die Berichtigung in der Schlussbilanz des ersten Wirtschaftsjahres vorzunehmen, für das die Veranlagung nach allgemeinen Grundsätzen berichtigt oder geändert werden kann.

Der BFH bestätigt dabei seine bisherige Sichtweise, dass es sich bei der Rücklage um einen **eigenständigen Bilanzposten** handelt, und widersprach damit der Vorinstanz (FG Düsseldorf, Urteil v. 3.5.2022, 6 K 3388/16 K,F). Die Vorinstanz sah die Rücklage nur als Saldoposten im (unveränderten) steuerlichen Eigenkapital an und verneinte daher einen Bilanzierungsfehler und den formellen Bilanzenzusammenhang. Laut FG hätte eine gewinnwirksame Auflösung erst bei Erfüllen der Auflösungstatbestände des § 6b Abs. 3 EStG (etwa Ablauf der Reinvestitionsfrist) erfolgen müssen.

Hinweis

Beim EuGH ist unter C-410/25 eine Klage der Europäischen Kommission gegen Deutschland zur Frage anhängig, ob die Voraussetzung des Inlandsbezugs der veräußerten Wirtschaftsgüter (§ 6b Abs. 4 Satz 1 Nr. 2 EStG) für die Inanspruchnahme des § 6b EStG gegen die Kapitalverkehrsfreiheit verstößt.

2.2 Einkommensteuer

2.2.1 Anwendungsschreiben zur Zinsschranke

Mit dem Kreditzweitmarktförderungsgesetz v. 22.12.2023 (BGBl. 2023 I Nr. 411) wurde die Zinsschranke des § 4h EStG bzw. § 8a KStG an die Vorgaben der Anti-Tax-Avoidance-Directive (ATAD) angepasst, u.a. wurde die Definition der Zinsaufwendungen und korrespondierend auch der Zinserträge erweitert. Damit erlangt die Abgrenzung der Zinsschrankenzinsen zu den gewerbesteuerlich hinzuzurechnenden Finanzierungsaufwendungen mehr Bedeutung. Weitere Änderungen betreffen u.a. die Konzernklausel und den Eigenkapital-Escape. Mit BMF-Schreiben v. 24.3.2025 (BStBl 2025 I S. 683) überarbeitete das BMF sein Anwendungsschreiben.

Hinweis

Für Zwecke des § 4h EStG ist das BMF-Schreiben v. 24.3.2025 erstmalig für Wirtschaftsjahre anzuwenden, die nach dem 14.12.2023 beginnen und nicht vor dem 1.1.2024 enden. Für Zwecke des § 8a KStG ist das Schreiben ab dem VZ 2024 anzuwenden. Das alte BMF-Schreiben zur Zinsschranke vom 4.7.2008 ist damit für alle früheren Zeitpunkte weiterhin anzuwenden.

Aufwendungen aus der Abschreibung/Ausbuchung von den in den Herstellungskosten eines Vermögensgegenstands aktivierten Zinsen (kapitalisierte Zinsen; bspw. Bauzeitzinsen) gelten nun als Zinsen i.S. der Zinsschranke, da diese bereits von den Regelbeispielen der ATAD erfasst werden. Dies gilt jedoch erst für solche Zinsaufwendungen, die in einem Wirtschaftsjahr aktiviert wurden, das nach dem 14.12.2023 begonnen und nicht vor dem 1.1.2024 geendet hat (Rn. 16).

Hinweis

Dieser vom BMF vorgesehene **Bestandsschutz** ist gerade aus Sicht der Immobilienwirtschaft zu begrüßen, da die Herstellungsvorgänge zum Teil mehrere Jahrzehnte zurückliegen und ansonsten eine aufwendige (und teilweise evtl. auch faktisch unmögliche) Rekonstruktion der ursprünglichen Herstellungskostenbestandteile erforderlich gewesen wäre.

Bzgl. **Wechselkurseffekten** führt das BMF aus, dass nur Wechselkursgewinne und -verluste, die sich auf Zinsen und auf Kapitalbeschaffungskosten beziehen, zu Zinsschrankenzinsen führen. Wechselkurseffekte, die sich auf den Vermögensstamm beziehen, gelten nicht als Zinsaufwendungen und Zinserträge i.S. der Zinsschranke (Rn. 17 i.V.m. 28).

Der nicht abschließende Katalog an Beispielen für Zinsschrankenzinsen in Rn. 18 wurde u.a. um Aufwendungen aus der Auflösung eines **aktiven Rechnungsabgrenzungspostens** beim **unechten Factoring/der unechten Forfaitierung** erweitert (dazu auch Rn. 33 f.). Zudem sollen laut BMF Forderungen und Verbindlichkeiten, die wirtschaftlich einen Zinsanteil enthalten, zu Zinsen i.S. der Zinsschranke führen (Rn. 30). Im Beispiel einer endfälligen Forderung wird die Differenz aus Nennwert und Barwert als Bemessungsgrundlage für den Zinsanteil herangezogen.

Die Regelung zur sog. **echten Forfaitierung** bzw. zum echten Factoring (Forderungskäufer übernimmt Risiko der Zahlungsunfähigkeit des Schuldners) wird unverändert fortgeführt. Auch die **Billigkeitsregelung** (Antrag auf Behandlung des echten Forfaitierung bzw. der echten Factoring als Überlassung von Fremdkapital) bleibt bestehen.

Auch das Ausscheiden einer Organgesellschaft aus dem Organkreis gilt weiterhin als Aufgabe eines Teilbetriebs i.S. des § 4h Abs. 5 EStG und soll laut Auffassung der Finanzverwaltung damit zu einem anteiligen Untergang nicht verbrauchter EBITDA- und Zinsvorträge führen (Rn. 56).

Hinweis

Unklar bleibt weiterhin die Auslegung des Begriffs der **Nettozinsaufwendungen** für die Anwendbarkeit der Freigrenze in § 4h Abs. 2 Satz 1 Buchst. a EStG. Auf eine Klarstellung, inwiefern die Freigrenze Anwendung finden kann, wenn die Nettozinsaufwendungen des laufenden Wirtschaftsjahres unter 3 Mio. EUR liegen und nur durch den Zinsvortrag die Freigrenze überschritten wird, wurde verzichtet (Rn. 55). Auch in 2025 erfolgte keine Entscheidung des BVerfG zur Zinsschranke. Das Verfahren unter 2 BvL 1/16 zur Frage der Verfassungsgemäßheit der Zinsschranke (§ 4h EStG, 8a KStG) ist damit weiter anhängig. Betroffene Veranlagungen sollten auch vor diesem verfassungsrechtlichen Hintergrund weiter offen gehalten werden.

2.2.2 Betriebsausgabenabzug bei Zinsswap-Geschäften

Insbesondere bei vorgelagerten Zinsswap-Aufwendungen stellt sich bei der Beurteilung der steuerlichen Abzugsfähigkeit grundsätzlich die Frage der betrieblichen Veranlassung. Der BFH fordert für eine betriebliche Veranlassung eine hinreichend enge **Verknüpfung** zwischen dem **zinssichernden Swap** und dem abzusichernden **betrieblichen Zinsänderungsrisiko**. Dafür spreche regelmäßig, wenn beide Geschäfte zeitnah abgeschlossen werden, Laufzeiten (wenigstens annähernd) und Inhalte korrespondieren, demselben Zweck dienen und sich der im Swap vereinbarte Nominalbetrag fortlaufend an die Restschuld des Darlehens anpasst (BFH, Urteil v. 10.4.2025, VI R 11/22, BStBl 2025 II S. 730).

Hinweis

Ähnliche Grundsätze hat der BFH bereits bei der Beurteilung von Swap-Aufwendungen i.R.d. **gewerbesteuerlichen Hinzurechnung** herangezogen und auf eine wirtschaftliche Einheit zwischen Swap-Vertrag und Darlehen abgestellt. Zur Frage von Swap-Aufwendungen i.R.d. Zinsschranke ist das Verfahren insoweit bis zur Entscheidung des BVerfG über die Zinsschranke (unter 2 BvL 1/16 anhängig) ausgesetzt. Im BMF-Schreiben v. 24.3.2025 (vgl. Kapitel Rückblick Tz. 2.2.1) werden sie als Zinsen i.S. der Zinsschranke angesehen.

Eine betriebliche Veranlassung kann laut BFH jedoch ausnahmsweise auch bei **zeitlichem Auseinanderfallen der Geschäfte** gegeben sein, wenn Swap und nachfolgender Kredit auf einem belastbaren einheitlichen Finanzierungskonzept beruhen (etwa zur Vorabsicherung eines bestimmten Zinssatzes für ein später benötigtes Darlehen), wobei naturgemäß keine vollständige inhaltliche Synchronisierung möglich ist. Im konkreten Fall ließ der BFH offen, ob ein solches Finanzierungskonzept vorlag, da die Aufwendungen erst später durch eine Einlage in der betrieblichen Buchhaltung erfasst wurden. Für Betriebsausgaben wäre jedoch eine Behandlung „von vornherein" als betriebliches Geschäft zwingend gewesen. Laufende Swap-Zahlungen sind zeitnah in der Finanzbuchhaltung als betrieblicher Aufwand bzw. Ertrag zu erfassen; eine zunächst private Zahlung mit späterer Einlagenverbuchung genüge hierfür nicht.

Hinweis

Bei Währungskurssicherungsgeschäften (Währungsswaps) können im Einzelfall bei der Ermittlung des Veräußerungsgewinns die Ergebnisse zu berücksichtigen sein, wenn und soweit das Sicherungsgeschäft ausschließlich auf die Minimierung des Währungsrisikos aus dem konkret erwarteten Veräußerungserlös ausgerichtet ist (vgl. BFH, Urteil v. 10.04.2019, I R 20/16, BStBl 2020 II S. 674).

Als Betriebsausgaben abzugsfähige Zinsswap-Aufwendungen können auch unter die Abzugsbeschränkung für Verluste aus Termingeschäften gem. § 15 Abs. 4 Satz 3 bis 5 EStG fallen.

2.3 Lohnsteuer

2.3.1 Dienstwagenbesteuerung für E-Fahrzeuge

Bei der privaten Nutzung eines betrieblichen Kraftfahrzeugs, welches keine CO2-Emissionen ausstößt (reine Elektrofahrzeuge, inkl. Brennstoffzellenfahrzeuge), ist für die **Berechnung des geldwerten Vorteils** bei der Anwendung der 1 %-Regelung (§ 6 Abs. 1 Nr. 4 Satz 2 Nr. 3 EStG) nur ein Viertel der Bemessungsgrundlage (Bruttolistenpreis) und bei Anwendung der Fahrtenbuchregelung (§ 6 Abs. 1 Nr. 4 Satz 3 Nr. 3 EStG) nur ein Viertel der Anschaffungskosten oder vergleichbarer Aufwendungen anzusetzen. Dies setzte bislang voraus, dass der Bruttolistenpreis des Fahrzeugs nicht mehr als 70.000 EUR beträgt (§ 6 Abs. 1 Nr. 4 Satz 2 Nr. 3 EStG). Bei der Überlassung eines betrieblichen Kraftfahrzeuges an einen Arbeitnehmer

(Dienstwagen) finden diese Regelungen entsprechende Anwendung (§ 8 Abs. 2 Satz 2, 3 und 5 EStG).

Mit dem Gesetz für ein steuerliches Investitionssofortprogramm zur Stärkung des Wirtschaftsstandorts Deutschland (Investitionssofortprogramm) v. 14.7.2025 (BGBl. 2025 I Nr. 161) wurde der für die Viertelregelung maßgebliche **Bruttolistenpreis** von bisher 70.000 EUR auf **100.000 EUR** angehoben.

Hinweis

Die neue Bruttopreisgrenze gilt für **nach dem 30.6.2025** und vor dem 1.1.2031 **angeschaffte Elektrofahrzeuge** inkl. Brennstoffzellenfahrzeuge (§ 6 Abs. 1 Nr. 4 Satz 2 Nr. 3 und Satz 3 Nr. 3 i.V.m. § 52 Abs. 12 Satz 5 EStG). Für Fahrzeuge, die bis zum 30.6.2025 angeschafft wurden, gilt weiter der alte Höchstbetrag von 70.000 EUR (§ 6 Abs. 1 Nr. 4 Satz 2 Nr. 3 und Satz 3 Nr. 3 i.V.m. § 52 Abs. 12 Satz 4 EStG).

Bei Übersteigen der maßgebenden Bruttolistenpreisgrenze wird bei der pauschalen Methode die Hälfte der Bemessungsgrundlage (Bruttolistenpreis) und bei Anwendung der Fahrtenbuchregelung (§ 6 Abs. 1 Nr. 4 Satz 2 Nr. 4 und 5 EStG) nur 50 % der Anschaffungskosten oder vergleichbarer Aufwendungen angesetzt (§ 6 Abs. 1 Nr. 4 Satz 3 Nr. 4 und 5 EStG).

2.3.2 Behandlung von Ladestrom

Bei überlassenen E-Dienstwagen sind die Aufwendungen für das Aufladen grundsätzlich von der pauschalen 1 %-Regelung abgedeckt (in der Praxis regelmäßig durch die Nutzung spezieller Tankkarten). Lädt der Arbeitnehmer daneben auf eigene Kosten den Dienstwagen, kann er sich diese Stromkosten vom Arbeitgeber im Wege des **Auslagenersatzes** grundsätzlich steuerfrei erstatten lassen (§ 3 Nr. 50 EStG).

Hier ließ das BMF bisher eine **monatliche Pauschalierung** zu: Bei reinen E-Dienstwagen betrug diese zuletzt bei Bestehen einer zusätzlichen Lademöglichkeit beim Arbeitgeber monatlich 30 EUR (bei Hybridwagen 15 EUR) bzw. bei Fehlen einer Lademöglichkeit beim Arbeitgeber monatlich 70 EUR (bei Hybridwagen 35 EUR). Diese Pauschalen waren ursprünglich auch bis Ende 2030 vorgesehen (vgl. Rn. 24 des BMF-Schreibens v. 29.9.2020, BStBl 2020 I S. 972).

Mit BMF-Schreiben v. 11.11.2025 (BStBl 2025 I S. 1929) schafft das BMF diese Pauschalen ab und ersetzt diese durch eine **gestufte Regelung** (ermittelte Strommenge x zugrunde zu legender Strompreis).

Ermittlung Strommenge:

Die Strommenge aus der Nutzung einer **häuslichen Ladevorrichtung** ist mittels eines gesonderten stationären oder mobilen (z. B. wallbox- oder fahrzeuginternen) Stromzählers nachzuweisen (vgl. Rn. 27 neu).

Ermittlung des zugrunde zu legenden Strompreises:

Grundsätzlich sind die tatsächlichen Kosten maßgebend (i. d. R. der individuelle (feste) Strompreis aus dem Vertrag des Arbeitnehmers mit dem Stromanbieter), Rn. 28 neu. Zur Vereinfachung kann laut BMF auf die nachgewiesene Strommenge eine **Strompreispauschale** angewendet werden, die sich aus dem vom Statistischen Bundesamt halbjährlich veröffentlichten Gesamtstrompreis für private Haushalte (Statistik-Code 61243-0001, Durchschnittspreise einschließlich Steuern, Abgaben und Umlagen) ergibt, Rn. 30 neu.

Hinweis

Dabei ist laut BMF auf den für das **1. Halbjahr des Vorjahres** veröffentlichten Wert abzustellen, der dann für das gesamte Kalenderjahr greift (vgl. Rn. 30 neu). Das Wahlrecht zwischen den tatsächlichen Stromkosten und der Strompreispauschale muss laut BMF für das Kalenderjahr einheitlich ausgeübt werden (Jahrespauschale).

Weitere Ausführungen enthält das neue Schreiben u. a. auch zu der Konstellation, in der Strom aus einer eigenen **Photovoltaik-Anlage des Arbeitnehmers** gespeist wird (vgl. Rn. 29 neu). Ein **zusätzlicher Auslagenersatz** der anhand von Belegen nachgewiesenen tatsächlichen Kosten für den von einem Dritten (z. B. öffentliche Ladesäule) bezogenen Ladestrom ist zulässig (vgl. Rn. 31 neu).

Hinweis

Für den Wegfall der bisherigen Pauschalen sieht das BMF-Schreiben keine Übergangsregelung vor und ist damit ab dem 1.1.2026 zu beachten. Unternehmen sollten ihre Systeme und Richtlinien entsprechend anpassen.

Vorteile des Arbeitnehmers aus der unentgeltlichen oder verbilligten Überlassung von Strom durch betriebliche Ladeeinrichtungen des Arbeitgebers (oder Konzernunternehmens) sind grundsätzlich **steuerfrei** (vgl. § 3 Nr. 46 EStG). Über diese Norm können insbesondere **Ladevorteile für eigene E-Autos des Arbeitnehmers** steuerfrei vom Arbeitgeber gewährt werden. U. a. ist dafür jedoch das Erfüllen des sog. Zusätzlichkeitserfordernisses („zusätzlich zum ohnehin geschuldeten Arbeitslohn“) erforderlich.

Hinweis

Die Steuerfreiheit greift laut neuem BMF-Schreiben auch bei **von** einem **Dritten** nur für Zwecke des Arbeitgeberunternehmens oder des verbundenen Unternehmens betriebene Ladevorrichtungen (vgl. Rn. 18 neu) sowie unter bestimmten Voraussetzungen, wenn die Ladevorrichtung auch weiteren Nutzern derselben Liegenschaft (nicht aber fremden Dritten) zur Verfügung steht (vgl. Rn. 19 neu). Mit Ausnahme des Wegfalls der Pauschalen (s.o.) ist das neue BMF-Schreiben grundsätzlich in allen offenen Fällen anzuwenden.

2.3.3 Grenzüberschreitender Arbeitslohn

Das (ohne Verbändeanhörung) mit BMF-Schreiben v. 12.12.2023 (BStBl 2023 I S. 2179) umfangreich überarbeitete Anwendungsschreiben zur Behandlung des Arbeitslohns im Rahmen von Doppelbesteuerungsabkommen wird nach Kritik aus Praxis und Verbänden nochmals überarbeitet. Ein Entwurf wurde am 21.8.2025 vorgelegt.

Der Entwurf sieht zumindest einige Erleichterungen vor, etwa bei der für die Beurteilung der Ansässigkeit maßgeblichen Frage des **Mittelpunkts der Lebensinteressen**. Ebenfalls sind Vereinfachungen bei der **Bestimmung des wirtschaftlichen Arbeitgebers** geplant. Im Rahmen dessen will das BMF eine bundeseinheitliche Bescheinigung „Arbeitgeberbescheinigung über die Kostentragung zur Vorlage beim Wohnsitzfinanzamt“ als Anlage zum BMF-Schreiben zur Verfügung stellen. Eine Überarbeitung des Schreibens war aber auch erforderlich, weil zwischenzeitlich eine Gesetzesänderung beschlossen wurde (Regelung zu Freistellungszeiten in DBA-Fällen, § 50d Abs. 15 EStG) und BFH-Rechtsprechung ergangen ist (vgl. BFH, Urteil v. 10.4.2025, VI R 29/22, BStBl 2025 II S. 594, zur niederländischen 30 %-Regelung).

Hinweis

Bei dieser geplanten Überarbeitung hat das BMF die Möglichkeit zur Stellungnahme gegeben. Abzuwarten bleibt, ob das finale Änderungsschreiben, das grundsätzlich rückwirkend ab Anfang 2025 gelten soll, noch weitere Änderungen enthält.

Hinweis

Hinsichtlich der Frage, ob durch grenzüberschreitendes Arbeiten (Remote Work) eine Betriebsstätte begründet wird, hat sich auch die **OECD** in ihrer Überarbeitung ihres Musterkommentars geäußert. Nach einer dort vorgesehenen 50 %-Regelung soll die Tätigkeit einer Person, die während eines **beliebigen Zwölfmonatszeitraums** (der im betreffenden Steuerjahr beginnt oder endet) weniger als 50 % ihrer gesamten Arbeitszeit für das Unternehmen an dem fraglichen Ort im anderen Vertragsstaat tätig ist, grundsätzlich keine Betriebsstätte des Unternehmens begründen. Die konsolidierte Fassung des überarbeiteten Musterkommentars soll im Jahr 2026 veröffentlicht werden (vgl. Pressemitteilung der OECD v. 19.11.2025).

2.3.4 Erste Tätigkeitsstätte bei Leiharbeitnehmern

Die erste Tätigkeitsstätte ist die ortsfeste betriebliche Einrichtung des Arbeitgebers, welcher der Arbeitnehmer dauerhaft zugeordnet ist (§ 9 Abs. 4 Satz 1 EStG). Sie ist insbesondere dann anzunehmen, wenn der Arbeitnehmer dort unbefristet, für die Dauer des Dienstverhältnisses oder über einen Zeitraum von 48 Monaten hinaus tätig werden soll (§ 9 Abs. 4 S. 3 EStG). Bei Leiharbeitsverhältnissen führt die Frage, ob der Leiharbeitnehmer **beim Entleiher eine erste Tätigkeitsstätte** begründet, regelmäßig mit der Finanzverwaltung zu Streit. Der BFH **verneinte** diese Frage erneut (BFH, Urteil v. 17.6.2025, VI R 22/23, BFH/NV 2025 S. 1651).

Hinweis

Die erste Tätigkeitsstätte ist insbesondere für die Behandlung der Fahrten zwischen Wohnung und Arbeitsstätte (Reisekostengrundsätze versus Pendlerpauschale) und damit auch für die Behandlung etwaiger steuerfreier Arbeitgeberzuschüsse von Bedeutung.

Für die Zuordnung bei Arbeitnehmerüberlassungen sind aus Sicht des BFH die dienst- oder arbeitsrechtlichen Festlegungen sowie die diese ausfüllenden Absprachen und Weisungen zwischen dem Entleiher und dem Leiharbeitnehmer relevant. Die Betrachtung der jeweiligen Zeiträume erfolgt hierbei laut BFH ex-ante. Da eine dauerhafte Arbeitnehmerüberlassung verboten ist (§ 1 Abs. 1 Satz 2 AÜG a.F. bzw. § 1 Abs. 1b AÜG n.F.), komme eine unbefristete Zuordnung laut BFH nicht in Betracht. Mittelbar komme es auch auf die Vereinbarung zwischen Verleiher und Entleiher an, die die Zuordnungsentscheidung im Rahmen des Arbeitsverhältnisses beeinflusse. **Nur** bei **befristeten (Leih-)Arbeitsverhältnissen** sei die Annahme einer Zuordnung für die gesamte Dauer eines Beschäftigungsverhältnisses denkbar. Außerdem erfolgte die Zuordnung im Urteilsfall für einen Zeitraum von weniger als 48 Monaten, so dass auch dieses Kriterium für eine erste Tätigkeitsstätte nicht erfüllt war.

Hinweis

Betroffene Arbeitnehmer sollten im Rahmen ihrer Veranlagung prüfen, ob ihre Aufwendungen für die Fahrten zur Arbeit entsprechend berücksichtigt wurden.

2.4 Gewerbesteuer

2.4.1 Hinzurechnung: Sponsoring- und Werbeaufwendungen

Nach § 8 Nr. 1 Buchst. d) und e) GewStG sind ein Viertel aus einem Fünftel bzw. aus der Hälfte der Miet- und Pachtzinsen für die **Benutzung fremder** beweglicher bzw. unbeweglicher **Wirtschaftsgüter des Anlagevermögens** gewerbesteuerlich hinzuzurechnen. Mit der Fiktion von Anlagevermögen im Rahmen von Sponsoring- und Werbeaufwendungen beschäftigte sich der BFH im Urteil v. 16.9.2024 (III R 36/22, BStBl 2025 II S. 88).

Im konkreten Fall entstanden einer Dienstleistungs-GmbH, die selbst keine Werbedienstleistungen erbrachte, Sponsoring-Aufwendungen für Werbezwecke sowie weitere Aufwendungen für Werbung im öffentlichen und privaten Raum. Das Finanzamt qualifizierte die Aufwendungen als Mieten für bewegliche Wirtschaftsgüter des Anlagevermögens und rechnete sie gem. § 8 Nr. 1 Buchst. d GewStG hinzu. Dem widersprach die Vorinstanz und verneinte eine Hinzurechnung. Dieses Urteil wiederum hob der BFH auf und verwies den Fall an die Vorinstanz zurück. Laut BFH müsse insbesondere geprüft werden, ob die **Werbeträger** von der GmbH

längerfristig oder wiederholt kurzfristig genutzt wurden und demnach für den ständigen Gebrauch im Betrieb der GmbH bestimmt sind (Indizwirkung). Dabei sei darauf abzustellen, ob das Wirtschaftsgut zum Anlagevermögen gehören würde, wenn der Steuerpflichtige Eigentümer anstelle eines Mieters oder Pächters wäre. Diese Fiktion müsse sich so weit wie möglich an den betrieblichen Verhältnissen der GmbH und deren Geschäftszweck orientieren. Daneben müsse die Vorinstanz jedoch auch Art und Inhalt der geschlossenen Verträge prüfen. Enthalten die Verträge jeweils wesentliche (miet-)fremde Elemente, müssen die Verträge ggf. in ihre einzelnen Elemente zerlegt werden. Ist dies nicht möglich, kann auch ein Vertrag eigener Art vorliegen, der trotz darin enthaltener Miet- und Pachtelemente nicht zu einer gewerbesteuerlichen Hinzurechnung führt.

Hinweis

In letzterem Punkt bestätigt der BFH sein Urteil v. 23.3.2023 (III R 5/22, BStBl 2023 II S. 923). Verträge sollten daher immer genau hinsichtlich der einzelnen Vertragspflichten und der Frage geprüft werden, ob eine der (außerhalb von Miet- bzw. pachtrechtlich liegenden) Komponenten dem Vertrag sein Gepräge gibt.

2.4.2 Hinzurechnung bei Außenwerbung

Im dem BFH-Urteil v. 17.10.2024 (III R 33/22, BStBl 2025 II S. 318) zugrundeliegenden Fall unterstützte eine Werbeagentur ihre Kunden bei der Konzeption und der Begleitung von Außenwerbekampagnen. In diesem Zuge beauftragte die Agentur auf eigenen Namen und eigene Rechnung verschiedene Werbeträger-Anbieter mit dem Anbringen und der Pflege von Außenwerbung. Dabei oblag dem Werbeträger-Anbieter in der Regel die Auswahl der geeigneten Werbeflächen (mit Ausnahme bestimmter Premiumstandorte), das Anbringen sowie die Pflege der Werbeplakate (Sorge für Sichtbarkeit). Auf Wunsch dokumentierten die Werbeträger-Anbieter auch den Erfolg der Kampagnen. Die Kosten wurden von der Agentur im Rahmen einer Gesamtrechnung über die komplette Leistung (ohne Aufschlag) an deren Werbekunden weitergegeben. Das Angebot unterteilte sich in Kontingente von herkömmlichen Plakaten und digitale Anzeigen sowie Werbung an individuellen Premiumstandorten (insoweit konkrete Auswahl durch den Kunden).

Der BFH verneinte zum einen eine Hinzurechnung nach § 8 Nr. 1 Buchst. f Satz 1 GewStG. Rechte i.S. des § 8 Nr. 1 Buchst. f Satz 1 GewStG zeichnen sich laut BFH als sog. Immaterialgüterrechte durch eine **geschützte Rechtsposition** aus, die Dritte von deren Nutzung ausschließt (wie z.B. bei Urheberrechten). Im vorliegenden Fall sah der Vertrag zwischen den Werbeträgeranbietern und der Werbeagentur jedoch weder eine Wunschplatzierung der Außenwerbung vor noch wurde ausgeschlossen, dass Werbung konkurrierender Produkte nicht unmittelbar nebeneinander angebracht werden dürfe. Selbst wenn ein Konkurrenzschutz vereinbart worden wäre, sieht der BFH eine solche Verpflichtung typischerweise als vertragliche Nebenpflicht an.

Auch eine Hinzurechnung der Kosten für die Werbung mittels herkömmlicher sowie digitaler Werbeträger (ohne Premiumstandorte) im Rahmen des § 8 Nr. 1 Buchst. d GewStG verneinte der BFH. Dabei folgte er der Einschätzung der Vorinstanz, den zugrundeliegenden Vertrag nicht als Mietvertrag im bürgerlichen Sinne, sondern als Werkvertrag einzuordnen. Sowohl bei den digitalen als auch den analogen Werbeträgern habe damit nicht die Benutzung der Fläche, sondern eine zu erbringende **Werbe-(Werk-)leistung im Vordergrund** gestanden. Maßgeblich habe dem Vertrag als Hauptleistungspflicht ein bestimmtes Arbeitsergebnis und nicht das (reine) Zur-Verfügung-Stellen der Fläche das Gepräge gegeben.

Hinweis

Auch insoweit folgt der BFH seinem Urteil v. 23.3.2023 (III R 5/22, BStBl 2023 II S. 923) zur Behandlung von Sponsoringaufwendungen.

Im Falle der sog. Premiumstandorte war für den BFH die für eine Hinzurechnung erforderliche Einordnung der Werbeträger an den Premiumstandorten als fiktives Anlagevermögen nicht erfüllt, da die Werbeflächen auf Werbeträgern an Premiumstandorten nicht dauerhaft dem Betrieb zu dienen bestimmt sind. Insbesondere wegen der vorgelagerten (und damit zufälligen) Entscheidung der Kunden über den besonderen Ort der Werbung seien die Flächen nicht austauschbar und lediglich der Art nach bestimmt. Insoweit zog der BFH auch eine Parallele zu dem Fall der Messedurchführungsgesellschaft, bei dem er ebenfalls eine Hinzurechnung verneinte (vgl. BFH, Beschluss v. 23.3.2022, III R 14/21, BStBl 2022 II S. 559).

2.4.3 Erweiterte Grundstückskürzung: Strenge zeitliche Voraussetzungen

Die erweiterte Kürzung nach § 9 Nr. 1 Satz 2 GewStG erlaubt kraft ihrer Rechtsform gewerbesteuerpflichtigen Unternehmen, den Gewerbeertrag um den Teil zu kürzen, der auf die **Verwaltung und Nutzung eigenen Grundbesitzes** entfällt. Dies ist jedoch nur unter engen Voraussetzungen möglich. Neben der ausschließlichen Verwaltung und Nutzung eigenen Grundbesitzes – wobei unschädliche, in § 9 Nr. 1 GewStG abschließend genannte Nebentätigkeiten möglich sind – ist die Geltendmachung auch an zeitliche Vorgaben gebunden. So muss der Unternehmer während des gesamten Erhebungszeitraums der begünstigten Tätigkeit nachgehen („ausschließliche Verwaltung und Nutzung eigenen Grundbesitzes“). Nach ständiger Rechtsprechung des BFH fehlt es an diesem Erfordernis, wenn ein Unternehmer das letzte oder einzige Grundstück vor Ablauf des Erhebungszeitraums veräußert und danach nur noch anderweitige Tätigkeiten ausübt. Eine zeitanteilige Gewährung der erweiterten Grundstückskürzung ist ausgeschlossen (vgl. BFH, Beschluss v. 27.10.2021, III R 7/19, BFH/NV 2022 S. 242). Daher verwehrte der BFH auch einer GmbH die erweiterte Kürzung, die ihren gesamten Grundbesitz einen Tag vor Ablauf des Erhebungszeitraums („zu Beginn des 31.12.“) veräußerte (BFH, Urteil v. 17.10.2024, III R 1/23, BStBl 2025 II S. 158).

Hinweis

Dabei wies der BFH darauf hin, dass die im Urteil v. 11.8.2004 (I R 89/03, BStBl 2004 II S. 1080) „technisch bedingte“ zugelassene Ausnahme ausschließlich bei einer Veräußerung zum 31.12., 23:59 Uhr zuzulassen ist. Das Urteil zeigt einmal mehr die strengen Voraussetzungen der erweiterten Kürzung. Immobilienveräußerungen sollten daher auch vor diesem Hintergrund vorab genau analysiert werden.

2.4.4 Erweiterte Grundstückskürzung: Drei-Objekt-Grenze

Für die Gewährung der erweiterten gewerbesteuerlichen Grundstückskürzung ist ein gewerblicher Grundstückshandel grundsätzlich schädlich.

Nach der sog. Drei-Objekt-Grenze wird die Schwelle der Gewerblichkeit grundsätzlich überschritten, wenn innerhalb von fünf Jahren mindestens vier Objekte angeschafft bzw. hergestellt und wieder veräußert werden und der Steuerpflichtige keine objektiven Gründe zur Widerlegung vorbringen kann. Bislang unbeantwortet war, ob bei einer bereits **kraft Gesetzes gewerblich tätigen Kapitalgesellschaft** für die Versagung der Kürzung auch das Kriterium der Nachhaltigkeit analog den Vorschriften des § 15 Abs. 2 EStG bei Personengesellschaften zu prüfen ist. Dies verneint der BFH und versagte auch einer GmbH im Falle einer einmaligen Veräußerung von mehr als drei Objekten im Rahmen einer **En-bloc-Veräußerung** die erweiterte Kürzung (BFH, Urteil v. 3.6.2025, III R 12/22, BStBl 2025 II S. 749). Weder verweise § 9 Nr. 1 Satz 2 ff. GewStG auf § 15 Abs. 2 EStG, noch sei Zweck der erweiterten Kürzung die uneingeschränkte Gleichstellung, sondern lediglich eine weitestgehende Annäherung von Kapital- und Personengesellschaften. Das für das Vorliegen eines Gewerbebetriebs i. S. des § 15 Abs. 2 EStG bei einem Personenunternehmen notwendige Merkmal der Nachhaltigkeit der Betätigung ist laut BFH daher bei einer Kapitalgesellschaft auf der Ebene des § 9 Nr. 1 Satz 2 GewStG keine notwendige Voraussetzung dafür, dass der Rahmen der bloßen Vermögensverwaltung überschritten sein kann. Das Überschreiten der Drei-Objekt-Grenze indiziere die Überschreitung der Grenzen eigener Vermögensverwaltung. Daran ändere auch die Veräußerung an denselben Erwerber im Rahmen eines einzigen Vertrags (En-bloc-Veräußerung) nichts. Die durch Überschreiten der Drei-Objekt-Grenze indizierte Veräußerungsabsicht konnte im vorliegenden Fall auch nicht widerlegt werden (u. a. auch nicht durch eine langfristige Fremdfinanzierung).

Hinweis

Obwohl nicht entscheidungserheblich, würde der BFH bei der Prüfung einer Wiederholungsabsicht (im Rahmen einer für den BFH aber nicht erforderlichen Nachhaltigkeit) auch keine konzerninterne Zurechnung vornehmen, wenn (wie im vorliegenden Fall) zwischen der Geschäftsführung des Konzerns und der GmbH Personalunion besteht.

2.4.5 Erweiterte Grundstückskürzung: Betriebsvorrichtungen

Eine **Mitvermietung von Betriebsvorrichtungen** führt regelmäßig zur Versagung der erweiterten gewerbesteuerlichen Grundstückskürzung des § 9 Nr. 1 Satz 2 GewStG (keine ausschließliche Nutzung und Verwaltung eigenen Grundbesitzes). Beim sog. Treuhandmodell, das auch dem Urteil des FG Berlin-Brandenburg zugrunde lag, überträgt die grundbesitzende Gesellschaft das zivilrechtliche bzw. wirtschaftliche Eigentum an den Betriebsvorrichtungen auf eine Schwestergesellschaft unter gleichzeitiger Vereinbarung einer Treuhandabrede. Die grundbesitzende Gesellschaft verwaltet unentgeltlich die Betriebsvorrichtungen für die

Schwester im eigenen Namen, jedoch auf fremde Rechnung (sog. verdeckte Vermietungstreuhand). Dieses Modell stufte das FG Berlin-Brandenburg als kürzungsschädlich ein (Urteil v. 8.7.2025, 6 K 6040/22).

Im konkreten Sachverhalt vermietete eine grundbesitzende GmbH ein Einkaufszentrum an gewerbliche Mieter. Die im Einkaufszentrum enthaltenen Betriebsvorrichtungen hat sie zuvor auf eine Schwestergesellschaft unter Vereinbarung einer unentgeltlichen Treuhandabrede ausgelagert. Nach Auffassung des FG verwaltet sie durch die Treuhandabrede nicht mehr eigene, sondern fremde Gegenstände. Dies führe entsprechend zu einer kürzungsschädlichen fremdnützigen Tätigkeit. Diese Vermietungstreuhand sei auch keine **unschädliche Nebentätigkeit**, da sie nicht zwingend notwendig i. S. v. unentbehrlich sei.

Hinweis

Mit dem Fondsstandortgesetz wurde im Jahr 2021 mit § 9 Nr. 1 Satz 3 Buchst. c GewStG eine Unschädlichkeitsgrenze von 5 % der Mieteinnahmen für unmittelbare Vertragsbeziehungen mit den Mietern eingeführt. Seit dem EZ 2021 ist eine Mitvermietung von Betriebsvorrichtungen jedenfalls bis zu dieser Grenze grundsätzlich unschädlich. In offenen Altfällen oder bei Überschreitung der 5 %-Grenze hat das Treuhandmodell allerdings weiterhin Bedeutung. Die Revision gegen das FG-Urteil ist beim BFH unter III R 27/25 anhängig. In der Entscheidung des FG Berlin-Brandenburg zum Treuhandmodell stellt die Rechtsprechung ihre bisherigen Grundsätze teilweise wieder zur Disposition und stellt in Frage, ob das Treuhandmodell funktioniert.

Auch in seinem Urteil v. 24.7.2025 (III R 23/23, „Oldtimer-Fall") weist der BFH darauf hin, dass eine in § 9 Nr. 1 Satz 2 ff. GewStG nicht ausdrücklich erlaubte Nebentätigkeit auch dann zum Ausschluss der erweiterten Grundstückskürzung führen kann, wenn mit ihr **keine Einnahmen** erzielt werden. Im konkreten Fall führte das Halten von Oldtimern zum Zwecke der Wertsteigerung zur Versagung der erweiterten Grundstückskürzung.

Die **Mitvermietung eines Lastenaufzugs** im Rahmen der Vermietung eines Einkaufszentrums stufte der BFH dagegen als zwingend notwendige und für die erweiterte Kürzung unschädliche Nebentätigkeit ein (BFH, Urteil v. 25.9.2025, IV R 31/23). Der BFH begründete dies mit einem objektiv-funktionalen Zusammenhang. Insbesondere sei auf die Eigenart des Gebäudes und auf die Frage abzustellen, ob die spezifische

Betriebsvorrichtung zur typischen Ausstattung solcher Objekte gehöre. Dies bejahte der BFH u.a. auch vor dem Hintergrund der Nutzung des mehrstöckigen Gebäudes als Einkaufszentrum (notwendiger Lastenaufzug). Die Prüfung habe unter Berücksichtigung der tatsächlichen Umstände des jeweiligen Einzelfalls zu erfolgen. Bei den aus Sicht des BFH ebenfalls zu beachtenden quantitativen Anforderungen stellte der BFH sowohl auf die absolute Höhe der Anschaffungs- oder Herstellungskosten für die Betriebsvorrichtung als auch auf die relative Höhe zu den gesamten Anschaffungs- und Herstellungskosten des Gebäudes ab. Die Mitvermietung war damit unschädlich, allerdings waren die darauf entfallenden Entgelte nicht gewerbesteuerlich zu kürzen und damit gewerbesteuerpflichtig.

Hinweis

Zwar lag der Fall noch vor der mit Wirkung ab EZ 2021 geltenden o.g. besonderen Bagatellgrenze. Insbesondere die Ausführungen des BFH zu seiner objektiv-funktionalen Betrachtung sollten jedoch auch weiter von Bedeutung sein.

2.4.6 Ausländische Quellensteuern im gewerbesteuerlichen Organkreis

Beim Entstehen von ausländischen Quellensteuern stellt sich auch die Frage nach der Behandlung von sog. **Quellensteuerüberhängen** und ob auch eine **Anrechnung auf die Gewerbesteuer** erfolgen kann. Laut BFH ist eine isolierte Anwendung des § 34c Abs. 2 EStG und damit der ausschließliche Abzug der ausländischen Quellensteuern im Rahmen der Gewerbesteuer nicht möglich (BFH, Urteil v. 16.10.2024, I R 16/20, BStBl 2025 II S. 301).

Hinweis

Im konkreten Fall bezog eine deutsche Holdinggesellschaft von ihrer organschaftlich verbundenen Tochter-AG über Investmentfonds u.a. ausländische (der Quellensteuer unterliegende) Dividenden aus Streubesitz (Beteiligung < 10 %). Die Holdinggesellschaft (Organträgerin) begehrte die isolierte Anwendung von § 34c Abs. 2 EStG auf die Ermittlung des Gewerbeertrags der Tochter-AG (mit Wirkung für den Gewerbeertrag des Organkreises) und damit die Anrechnung der Quellensteuer auf die Gewerbesteuer.

Der BFH begründete die Versagung u.a. damit, dass der Gewerbeertrag nach § 7 Satz 1 GewStG als Grundlage den nach körperschaftsteuerrechtlichen Grundsätzen ermittelten Gewinn heranzieht (damit Gleichlauf beider Rechtskreise), so dass kein Raum für einen spezifisch gewerbesteuerlichen Abzug ausländischer Quellensteuern bleibe. Zudem komme es im **Organkreis** zur **Steuerfreistellung** (vgl. § 8b Abs. 1 KStG a.F. i.V.m. § 15 Satz 1 Nr. 2 Satz 1 KStG), die aufgrund der für gewerbesteuerliche Zwecke geltenden „gebrochenen Einheitstheorie" organschaftsübergreifend zu verstehen sei. Deshalb scheitere ein Abzug bereits am Wortlaut des § 34c Abs. 2 EStG, wonach dieser nur möglich ist, wenn die ausländischen Einkünfte nicht steuerfrei sind. Nach Ansicht des BFH reiche damit die gewerbesteuerliche Belastung der ausländischen Einkünfte nicht aus, um einen Abzug der Quellensteuern nach § 34c Abs. 2 EStG zu rechtfertigen. Damit konnte der BFH offenlassen, ob der Organträger oder die Organgesellschaft den Antrag i.S. des § 34c Abs. 2 EStG stellen muss.

Hinweis

Das Urteil betraf die Rechtslage 2007. Dennoch sollten die Ausführungen weiterhin für Fälle Bedeutung haben, in denen die Beteiligungshöhe zwischen 10 % und unter 15 % liegt und somit zwar das körperschaftsteuerliche (§ 8b Abs. 1 und 4 KStG), aber nicht das gewerbesteuerliche Schachtelprivileg (§ 9 Nr. 7 oder 8 GewStG) greift. Laut FG Hessen kann eine ausländische Quellensteuer auch auf die inländische Gewerbesteuer angerechnet werden, sofern das entsprechende DBA deren Anrechnung auf inländische Steuern vom Einkommen vorsieht. Dabei ergebe sich mangels Anrechnungsvorschrift im GewStG für ausländische Quellensteuern die Anrechnung als Rechtsfolge unmittelbar aus dem DBA (Hessisches FG, Urteil v. 26.8.2020, 8 K 1860/16, rkr.). Die Finanzverwaltung legte zwar Revision ein. Der BFH lehnte diese jedoch als unzulässig ab.

2.4.7 Zuteilung und Zerlegung der Gewerbesteuer

Beim Betreiben von Offshore-Windparks spielt die Erhebung und Zerlegung der Gewerbesteuer eine wichtige Rolle. Mit Urteil v. 3.12.2024 (IV R 5/22, BFH/NV 2025 S. 761) sprach der BFH der (Festlands)Gemeinde, in der die **Betreibergesellschaft** eines **Offshore Windparks** ihren Sitz hat, die volle Gewerbesteuer zu. Dem Bundesland, vor dessen Küste der Windpark in einem inländischen, aber gemeindefreien Gebiet liegt, verwehrte er dagegen ein **Heberecht**. Bei Vorliegen gemeindefreier Betriebsstätten besteht in § 4 Abs. 2 GewStG zwar eine Verordnungsermächtigung für

Landesregierungen, Regelungen zur Zuordnung zu treffen. Die in § 4 Abs. 2 GewStG bestehende Verordnungermächtigung für Fälle gemeindefreier Betriebsstätten legte der BFH verfassungskonform dahingehend aus, dass die Zuteilung grundsätzlich nur an Gemeinden und nicht an Bundesländer erfolgen darf.

Hinweis

Dabei wies der BFH aber darauf hin, dass es durchaus nicht immer sachgerecht sein müsse, der Geschäftsleitungs-Gemeinde den gesamten Gewerbesteuermessbetrag zuzuweisen. Die Ausführungen des BFH dürften über die hier vorliegende Konstellation eines Offshore-Windparks hinaus auch für weitere Konstellationen unter Beteiligung von gemeindefreien Gebieten von Bedeutung sein.

2.5 Umwandlungssteuerrecht

2.5.1 Neuer Umwandlungssteuererlass

Mit BMF-Schreiben v. 2.1.2025 (BStBl 2025 I S. 92) überarbeitete das BMF seinen umfangreichen Umwandlungssteuererlass (UmwStE). Die wichtigsten Punkte finden sich (u.a.) in den Passagen über die **grenzüberschreitenden und ausländischen Umwandlungen** mit Blick auf die Vergleichbarkeitsprüfung, die sachlichen und zeitlichen Anforderungen bei den Voraussetzungen an den Teilbetrieb, die Abbildung stiller Lasten bei Umwandlungsvorgängen sowie zur Zuordnung von Kosten zur Umwandlung. Ebenfalls finden sich wichtige Aussagen bei den Sachverhalten, die nach einer **Spaltung** oder **Einbringung** vorkommen können (Regelungen über die sog. Nachspaltungsveräußerungssperre und die Einbringungsgewinnbesteuerung). Im Nachgang zum sog. **Organschaftspaket** des BFH aus November 2023 hat sich das BMF auch mit den Folgen von Umwandlungen auf eine ertragsteuerliche Organschaft beschäftigt und die entsprechenden Randziffern im Erlass angepasst.

Mit BMF-Schreiben v. 1.8.2025 (BStBl 2025 I S. 1488) passte das BMF den UmwStE v. 2.1.2025 erneut an. Hinsichtlich der Anwendung der (neuen verschärften) **Nachspaltungsveräußerungssperre** des § 15 Abs. 2 UmwStG änderte das BMF Rn. 15.35a und das dazugehörige Beispiel dahingehend, dass eine für die Steuerneutralität der Spaltung schädliche mittelbare Veräußerung des übernehmenden oder übertragenden Rechtsträgers auch dann vorliegt, wenn Anteile an einer zwischengeschalteten Gesellschaft und damit mittelbar die sperrfristbehafteten Anteile veräußert werden und wenn zuvor (innerhalb der 5-jährigen Sperrfrist) eine konzerninterne, unschädliche Veräußerung der sperrfristbehafteten Anteile erfolgt ist. Zuvor hatte die Finanzverwaltung noch eine (nicht durch den Gesetzeswortlaut gedeckte) entgegengesetzte Meinung vertreten.

Hinweis

Die vorstehend genannte, verschärfte Neuregelung der sog. Nachspaltungsveräußerungssperre des § 15 Abs. 2 UmwStG erfolgte durch das Wachstumschancengesetz und ist auf Spaltungen anzuwenden, bei denen die Anmeldung zur Eintragung in das Handelsregister nach dem 14.7.2023 erfolgt (§ 27 Abs. 19 UmwStG).

Für **Organschaftsfälle** erfolgte u.a. eine Anpassung in Rn. Org.03. Lag die Voraussetzung der finanziellen Eingliederung im Verhältnis zum übertragenden Rechtsträger bereits vor, kann der übernehmende Rechtsträger auch bei unterjähriger Umwandlung des Organträgers eine Organschaft auf den Beginn des Wirtschaftsjahres, in dem die Umwandlung steuerlich wirksam wird, neu begründen. Damit arbeitet das BMF die Grundsätze des sog. **Organschaftspakets** des BFH (vgl. BFH, Urteile v. 11.7.2023, I R 21/20, I R 36/20, I R 40/20 und I R 45/20, BStBl 2024 II S. 413, 419, 434 und 438) nun auch für Fälle einer erstmaligen Begründung der Organschaft in Folge einer **unterjährigen Umwandlung** ein. Werden die Voraussetzungen der finanziellen Eingliederung erst infolge der Umwandlung geschaffen (z.B. übertragender Rechtsträger und übernehmender Rechtsträger besitzen vor der Umwandlung eine Beteiligung von nicht mehr als 50 %), ist die rückwirkende erstmalige Begründung einer Organschaft nur möglich, wenn der Beginn des Wirtschaftsjahres gem. § 14 Abs. 1 Satz 1 Nr. 1 KStG nicht vor dem steuerlichen Übertragungsstichtag liegt.

2.5.2 Kein Verlustrücktrag bei Verschmelzung

Der Ausgleich oder die Verrechnung von positiven Einkünften des übertragenden Rechtsträgers im Rückwirkungszeitraum mit verrechenbaren Verlusten, verbleibenden Verlustvorträgen, nicht ausgeglichenen negativen Einkünften und einem Zinsvortrag nach § 4h Abs. 1 Satz 5 EStG des übernehmenden Rechtsträgers ist nicht zulässig (§ 2 Abs. 4 Satz 3 UmwStG). Bislang war jedoch offen, ob das Verlustverrechnungsverbot auch den Verlustrücktrag umfasst, d.h. ob zurückgetragene **negative Einkünfte des Folgejahres des übernehmenden Rechtsträgers** „nicht ausgeglichene negative Einkünfte“ i.S. von § 2 Abs. 4 Satz 3 UmwStG darstellen.

Laut BFH ist ein solcher Verlustrücktrag ebenfalls von dem **Verrechnungsverbot** des § 2 Abs. 4 Satz 3 UmwStG umfasst (BFH, Urteil v. 13.3.2024, X R 32/21, BFH/NV 2025 S. 249). Die Tatbestandsalternative der „nicht ausgeglichenen negativen Einkünfte“ erfasse die **laufenden negativen Einkünfte**, die der übernehmende Rechtsträger im VZ der Verschmelzung erzielt. Davon ist laut BFH auch ein Verlustrücktrag erfasst. Dies ergebe sich aus dem übereinstimmenden Wortlaut mit § 10d Abs. 1 EStG, der den Verlustrücktrag regelt. Auch beziehe sich die zeitliche Beschränkung des Verlustverrechnungsverbots nur auf die positiven Einkünfte „im Rückwirkungszeitraum“, eine zeitliche Beschränkung bei der Aufzählung der Verlustpositionen des übernehmenden Rechtsträgers existiere aber nicht. Die Norm ziele gerade darauf ab, jegliche Verrechnung von Verlusten mit den im Rückwirkungszeitraum erzielten positiven Einkünften der übertragenden Gesellschaft zu verhindern und deren endgültige Besteuerung sicherzustellen.

Hinweis

Nach § 2 Abs. 4 Satz 6 UmwStG gilt die Verlustverrechnungsbeschränkung nicht, wenn übertragender und übernehmender Rechtsträger vor Ablauf des steuerlichen Übertragungsstichtags verbundene Unternehmen i. S. des § 271 Abs. 2 HGB sind (Konzernklausel).

2.5.3 Formwechsel und Sperrfristverstöße

Werden Anteile an einer Kapitalgesellschaft in eine andere Kapitalgesellschaft eingebracht (sog. **Anteilstausch nach § 21 UmwStG**), sind im Nachgang bestimmte Sperr-, Beobachtungs-, und Meldefristen zu beachten. Nach § 22 Abs. 2 UmwStG entsteht ein sog. **Einbringungsgewinn II**, wenn die unter dem gemeinen Wert eingebrachten Anteile innerhalb von sieben Jahren nach dem Einbringungszeitpunkt durch die übernehmende Gesellschaft weiterveräußert oder in anderer Form übertragen werden und der Veräußerungsgewinn der eingebrachten Anteile nicht bereits beim Einbringenden steuerfrei gewesen wäre (§ 8b Abs. 2 KStG).

Der BFH sieht auch einen **Formwechsel in eine Personengesellschaft** von einer Kapitalgesellschaft, deren Anteile im Rahmen eines qualifizierten Anteilstausches in eine andere Kapitalgesellschaft eingebracht wurden, als sperrfristschädliche, den Einbringungsgewinn II auslösende Veräußerung an. Dies soll jedenfalls dann gelten, wenn die eingebrachten Anteile durch den Formwechsel nicht wieder in denjenigen ertragsteuerlichen Status zurückfallen, den sie vor der Einbringung hatten (BFH, Urteil v. 27.11.2024, X R 26/22, BFH/NV 2025 S. 814).

Hinweis

Mit diesem Urteil bestätigt der BFH erneut seine weite Auslegung des steuerlichen Veräußerungsbegriffs im Umwandlungssteuerrecht. Auch **tauschähnliche Vorgänge**, wie ein Formwechsel, bei dem sich der ertragsteuerliche Status der Beteiligung an der formwechselnden Gesellschaft maßgeblich ändert, sind umfasst. Im konkreten Fall führte der Formwechsel von der GmbH in eine Personengesellschaft zu einem Wechsel vom Trennungsprinzip zum Transparenzprinzip. Dabei war für den BFH der zivilrechtlich identitätswahrende Charakter des Formwechsels unerheblich, da der ertragsteuerliche Begriff der Veräußerung umwandlungssteuerspezifisch zu verstehen sei. Der BFH hatte bereits den Formwechsel der übernehmenden Kapitalgesellschaft in eine Personengesellschaft als Veräußerung der eingebrachten Anteile i.S. des § 22 Abs. 2 Satz 1 UmwStG angesehen (vgl. u.a. BFH, Urteil v. 18.11.2020, I R 25/18, BStBl 2021 II S. 732).

Das Argument, durch den Formwechsel sei kein steuerlicher Vorteil eingetreten und kein Dritter wirtschaftlich bereichert worden, wies der BFH zurück, da durch den Formwechsel **kein Rückfall in den ursprünglichen Steuerstatus** (vor Anteilstausch) eintrat.

Eine teleologische Reduktion des Veräußerungsbegriffs oder eine analoge Anwendung der in § 22 UmwStG geregelten Ausnahmetatbestände verneinte der BFH. Die gesetzliche Regelung sei bewusst weit gefasst, um Missbrauch zu vermeiden. Der Antrag auf Billigkeitserlass blieb ebenso erfolglos, weil die Nachversteuerung aufgeschobener stiller Reserven systemgerecht sei und keine Doppelbelastung entstehe (die Anschaffungskosten der erhaltenen Anteile erhöhen sich korrespondierend). Auch eine Berufung auf die EU-Fusionsrichtlinie war laut BFH nicht statthaft, da es sich um einen rein innerstaatlichen Vorgang handelte.

Hinweis

Zur Frage des Verhältnisses zur EU-Fusionsrichtlinie, nach deren Artikel 8 Abs. 1 ein Anteilstausch zwischen Gesellschaften verschiedener Mitgliedstaaten zu einem Besteuerungsaufschub auf Anteilseignerebene für die stillen Reserven bis zur späteren Realisierung führen soll, bleibt auch die Revision im Verfahren X R 18/25 abzuwarten. Laut Hessischem FG verstößt § 22 Abs. 2 UmwStG gegen Unionsrecht, soweit er bei einer Weiterübertragung innerhalb von sieben Jahren pauschal eine missbräuchliche Gestaltung unterstellt und rückwirkend die Besteuerung des Anteilseigners anordnet (Hessisches FG, Urteil v. 22.5.2025, 3 K 778/21).

2.5.4 Frist für Buchwertanträge bei bestimmten Umwandlungen

Bei Verschmelzung von Kapitalgesellschaften auf Personengesellschaften und Kapitalgesellschaften, beim Formwechsel von Kapitalgesellschaften in Personengesellschaften sowie bei der Spaltung von Kapitalgesellschaften bietet das Umwandlungssteuergesetz die Möglichkeit, diese Vorgänge antragsbezogen steuerneutral durchzuführen. Durch das Jahressteuergesetz 2024 v. 2.12.2024 (JStG 2024) hat der Gesetzgeber die Frist zur Einreichung der steuerlichen Schlussbilanz erstmals normiert (§§ 3 Abs. 2a, 11 Abs. 3, 15 Abs. 1 Satz 1 UmwStG).

Für den Anteilseigner ist bei Verschmelzungen und Spaltungen § 13 Abs. 2 Satz 2 UmwStG zu beachten: Der Antrag auf Buchwertfortführung beim Anteilseigner ist **spätestens bis zur erstmaligen Abgabe der Steuererklärung** bei dem für die Besteuerung des Anteilseigners zuständigen Finanzamt zu stellen.

Der Buchwert- oder Zwischenwertantrag ist grundsätzlich spätestens bis zur **erstmaligen Abgabe der steuerlichen Schlussbilanz** bei dem für die Besteuerung der übertragenden Körperschaft zuständigen Finanzamt zu stellen (§ 3 Abs. 2 Satz 2 UmwStG). Nach § 3 Abs. 2a UmwStG i. d. F. des JStG 2024 ist die steuerliche Schlussbilanz der übertragenden Körperschaft dem zuständigen Finanzamt spätestens bis zum Ablauf der nach § 149 AO maßgebenden Frist zur Abgabe der Körperschaftsteuererklärung für den Besteuerungszeitraum, in den der steuerliche Übertragungsstichtag fällt, elektronisch zu übermitteln.

Hinweis

Manche Vertreter der Finanzverwaltung sehen diese Fristen dem Vernehmen nach als Ausschlussfrist für den Buchwert- bzw. Zwischenwertantrag. Aus dem Gesetzeswortlaut ergibt sich diese Sichtweise nicht explizit und die Gesetzesbegründung ist unseres Erachtens auch anderweitig zu deuten („Das Verstreichenlassen der Frist nach § 3 Abs. 2a UmwStG – neu – stellt für sich keinen Verzicht auf den Antrag nach § 3 Abs. 2 UmwStG dar", BT-Drs. 20/12780, S. 154).

Hinweis

Die Regelung ist in allen Fällen anzuwenden, in denen die Anmeldung zur Eintragung in das Handelsregister nach dem 5.12.2024 (Tag der Verkündung des JStG 2024) erfolgt ist (§ 27 Abs. 20 UmwStG).

2.5.5 Steuerneutraler Formwechsel trotz stiller Lasten

Mit dem Hessischen FG äußerte sich erstmals ein Finanzgericht zur Frage der Buchwertfortführung, wenn der Buchwert der Wirtschaftsgüter über dem gemeinen Wert liegt, d.h. stille Lasten vorliegen und die übernehmende Personengesellschaft (KG) nicht gewerblich geprägt ist und über kein eigenes Betriebsvermögen verfügt, allerdings die beteiligten Kommanditisten (hier ausländische Kapitalgesellschaften) die Anteile an der KG im Betriebsvermögen halten.

Das Hessische FG ließ die Buchwertfortführung zu (Urteil v. 24.6.2025, 7 K 1188/21). Eine **zwangsweise Abstockung der Buchwerte** auf gemeine Werte würde steuerliches Verlustpotenzial vernichten, obwohl hierfür keine gesetzliche Grundlage bestehe. Denn stille Lasten stellen nur vorhandenes Verlustpotenzial dar, welches nicht von § 4 Abs. 2 Satz 2 UmwStG erfasst werde. Es widerspricht damit der Auffassung des BMF und den (insoweit unveränderten) Ausführungen im UmwStE (Rn. 03.12 und 03.16 des UmwStE v. 11.11.2011, insoweit inhaltsgleich auch im überarbeiteten UmwStE v. 2.1.2025).

Maßgeblich sei zudem, dass die Wirtschaftsgüter im Betriebsvermögen **steuerlich in Deutschland verstrickt** bleiben – unabhängig davon, ob dies auf Ebene der Personengesellschaft selbst oder auf Ebene der Gesellschafter erfolge. Die Voraussetzungen des § 3 Abs. 2 Satz 1 Nr. 1 UmwStG seien damit gesellschafterbezogen zu prüfen. Auch die Tatsache, dass die Kommanditisten keine inländische Betriebsstätte unterhielten, sei unschädlich. Aufgrund des inländischen Grundvermögens unterlagen die Kommanditisten der beschränkten Steuerpflicht.

Hinweis

Gegen das Urteil ist Revision unter IX R 15/25 beim BFH anhängig. Die Ausführungen des BFH dürften auch für andere Umwandlungsvorgänge von Relevanz sein.

2.6 Internationales Steuerrecht

2.6.1 Multilaterales Instrument (MLI)

Mit der Verkündung des BEPS-MLI-Anwendungsgesetzes (BGBl. 2024 I Nr. 205) hat Deutschland das nationale Gesetzgebungsverfahren zur Umsetzung des sog. Multilateralen Instruments (MLI), welches die gleichzeitige Umsetzung der BEPS-Maßnahmen gegen Gewinnkürzung und Gewinnverlagerung in neun deutschen DBA sicherstellen soll, abgeschlossen. Die Notifikation bei der OECD erfolgte am 2.10.2024 und enthält Vorgaben zu den sieben DBA mit Frankreich, Griechenland, Kroatien, Malta, der Slowakei, Spanien und Ungarn. Das MLI findet für diese DBA seit dem 1.1.2025 Anwendung. Vgl. zur weiteren geplanten Ausweitung der Nutzung des MLI Kapitel Ausblick Tz. 2.4.1.

2.6.2 DBA Lettland

Die Ratifikationsurkunden zum Änderungsprotokoll des DBA wurden zwischen Deutschland und Lettland im zweiten Halbjahr 2024 ausgetauscht. Es ist daher grundsätzlich seit dem 1.1.2025 anzuwenden. In dem Änderungsprotokoll werden insbesondere abkommensrechtliche Maßnahmen des BEPS-Projekts bilateral umgesetzt. So wird die Präambel nach Vorbild des Artikel 6 des Multilateralen Instruments (MLI) angepasst und umfasst nun den Zweck, Möglichkeiten zur Nicht- oder Niedrigbesteuerung zu vermeiden. Weiter wird das bestehende Abkommen z. B. um einen sog. Principal Purpose Test zur Verhinderung von Abkommensmissbrauch ergänzt und zusätzlich eine Pflicht zur Gegenberichtigung bei Gewinnkorrekturen aufgenommen.

2.6.3 DBA Belarus

Nachdem die Republik Belarus einzelne Vorschriften des DBA vom 30.9.2005 zum 1.6.2024 ausgesetzt hatte, hat die Bundesregierung am 30.12.2024 mit der Notifikation an Belarus reagiert, dass das DBA mit Wirkung zum 1.1.2025 ausgesetzt wird. Als Begründung führt die Bundesregierung an, dass Belarus einer Aufforderung zur Rückgängigmachung der Teilaussetzung nicht nachgekommen sei und hierin ein wesentlicher Bruch des Abkommens im Sinne der Wiener Vertragsrechtskonvention zu sehen sei.

Hinweis

Für den Fall, dass die Republik Belarus die Teilaussetzung rückgängig machen sollte, kündigte die Bundesregierung an, zu prüfen, ob die Aussetzung des DBA aufgehoben werden kann.

2.6.4 DBA Russland

Hinsichtlich des DBA Russland bleibt es bei der einseitig per Dekret veranlassten (teilweisen) Aussetzung mit 38 „unfreundlichen" Staaten (darunter Deutschland). Die Aussetzung führt u.a. zum Wegfall von vergünstigten Quellensteuersätzen für Dividenden, Zinsen und Lizenzgebühren. In seinem BMF-Schreiben v. 20.1.2025 (Stand der Doppelbesteuerungsabkommen zum 1.1.2025, BStBl 2025 I S. 291) hält das BMF fest, dass das DBA weiterhin besteht, aber deutsche Besteuerungsrechte seit dem 1.1.2024 aufgrund der Aufnahme Russlands auf die EU-Blacklist i.V.m. dem Steueroasenabwehrgesetz (StAbwG) durch das DBA nicht mehr berührt werden.

Hinweis

Für Geschäftsvorgänge mit Russland greift ab 2026 die nächste Abwehrmaßnahme des StAbwG. § 11 StAbwG verhindert ab dann die Anwendung von Steuerbefreiungen bei Gewinnausschüttungen und Anteilsveräußerungen.

2.6.5 Überarbeitete „Greylist" der EU

Am 10.10.2025 haben die Finanzminister der EU-Mitgliedstaaten im Rat der EU (ECOFIN) die EU-Liste nicht kooperativer Länder und Gebiete für Steuerzwecke überarbeitet. Die EU-Liste besteht aus der sog. Blacklist (Annex I) und der sog. Greylist (Annex II).

Bei der **Blacklist** wurden keine Änderungen vorgenommen. Sie beinhaltet weiterhin **elf Länder**, darunter u.a. Russland und Panama. Die Blacklist hat in Deutschland insbesondere Bedeutung für die Anwendung des Steueroasenabwehrgesetzes (StAbwG), die Anzeigepflicht für grenzüberschreitende Steuergestaltungen (DAC6) und das öffentliche Country-by-Country Reporting (pCbCR).

Jedoch haben die EU-Minister die sog. **Greylist** (Annex II) der Liste **nicht-kooperativer Jurisdiktionen** aktualisiert, die im Rahmen des pCbCR zu beachten ist (§ 342i Abs. 1 Satz 1 Nr. 3 HGB). Darin werden Länder geführt, die u.a. angekündigt haben, Reformmaßnahmen gegen schädliche Steuerregime umzusetzen. Vietnam wurde gestrichen, da es die angekündigten Reformmaßnahmen umgesetzt hatte. Hinzugefügt wurden Grönland, Jordanien, Marokko und Montenegro. Somit beinhaltet diese Liste elf Länder.

Hinweis
Die nächste Aktualisierung von Annex I und Annex II der Liste nicht-kooperativer Jurisdiktionen wird für Februar 2026 erwartet.

2.6.6 Quellenbesteuerung von Dividenden auf Bruttobasis sowie im Verlustfall

Der EuGH sah einen Verstoß gegen das Unionsrecht, wenn **Dividenden an gebietsfremde Gesellschaften** aufgrund der Bruttobesteuerung weniger günstig behandelt werden als Dividenden an gebietsansässige Gesellschaften (EuGH, Urteil v. 7.11.2024, C-782/22).

Hinweis

Während im reinen Inlandsfall bei steuerpflichtigen Dividendenerträgen (bzw. anderen quellensteuerpflichtigen Vergütungen) im Veranlagungsverfahren mit Anrechnung der Kapitalertragsteuer die Nettodividende besteuert wird, verbleibt es bei Ausschüttungen an ausländische Gesellschafter beim Kapitalertragsteuerabzug auf die Bruttodividende. Demnach kann es in Abhängigkeit des Einzelfalls geboten sein, mit den Dividenden im Zusammenhang stehende Betriebsausgaben im Rahmen des Kapitalertragsteuerabzugs (wie bei unbeschränkt Steuerpflichtigen) zu berücksichtigen.

Darüber hinaus sieht der EuGH im Quellensteuereinbehalt mit Abgeltungswirkung trotz Verlustsituation im Ansässigkeitsstaat einen Verstoß gegen die Kapitalverkehrsfreiheit (EuGH, Urteil v. 19.12.2024, C-601/23, Rs. Credit Suisse Securities (Europe) Ltd). Folglich sei die Quellensteuer zu erstatten. Im konkreten (spanischen) Fall unterlagen auch im Inlandsfall (spanische) Dividenden einer Quellensteuer, jedoch handelte es sich dabei um Vorauszahlungen auf die (spanische) Körperschaftsteuer. Erleidet eine spanische Muttergesellschaft Verluste, wird die als Vorauszahlung auf die Dividende erhobene Quellensteuer erstattet. Der Ltd. war es aufgrund der Ansässigkeit im Ausland (UK) im Verlustjahr nicht möglich, die Quellensteuer erstatten zu lassen, so dass die Quellensteuer eine **Definitivbelastung** darstellte. Darin sah der EuGH einen nicht gerechtfertigten Eingriff in den Schutzbereich der Kapitalverkehrsfreiheit. Insbesondere bedeute die Erstattung der Quellensteuer laut EuGH nicht, dass Spanien auf sein Quellenbesteuerungsrecht verzichten müsse. Die ausgeschütteten Dividenden würden nämlich besteuert, sobald die gebietsfremde Gesellschaft in späteren Geschäftsjahren Gewinne erzielt.

Hinweis

Die Entscheidung steht im Einklang mit dem EuGH-Urteil in der Rs. Sofina (EuGH, Urteil v. 22.11.2018, u.a. C-575/17), in dem der EuGH die sofortige Erhebung einer finalen Quellensteuer als unionsrechtswidrig einstufte, wenn sich der ausländische Dividendenempfänger nachweislich in einer Verlustsituation befindet. Die deutsche Quellensteuer (Kapitalertragsteuer bzw. Steuerabzug nach § 50a EStG) entfaltet für beschränkt Steuerpflichtige ebenfalls abgeltende Wirkung. Das bedeutet, dass beschränkt Steuerpflichtige, die in

Deutschland Einkünfte wie Dividenden, Lizenzen und Zinsen erzielen und nicht bereits aufgrund eines DBA oder einer EU-Richtlinie (Mutter-Tochter-Richtlinie oder Zins- und Lizenzrichtlinie) eine vollständige Erstattung erhalten, Anspruch auf eine vollständige Erstattung der Quellensteuer haben können, wenn sie in ihrem Ansässigkeitsstaat Verluste erzielen. Allerdings ist die Entscheidung des EuGH wohl so zu verstehen, dass es im Falle von Gewinnen in späteren Jahren zu einer Nachversteuerung kommen sollte.

2.6.7 Ausländische Dividenden und Mutter-Tochter-Richtlinie

Ähnlich wie die deutsche Körperschaftsteuer sieht die italienische Körperschaftsteuer (IRES) eine grundsätzliche Freistellung von Dividenden vor. Der EuGH sieht die in Italien für Banken geltende besondere Steuer (IRAP), die die grundsätzlich freizustellenden Dividenden in ihre Bemessungsgrundlage einbezieht, für nicht mit der Mutter-Tochter-Richtlinie vereinbar an (EuGH, Urteil v. 1.8.2025, C-92/94 bis C-94/24).

Hinweis

Das Urteil des EuGH erging zwar zu einem Fall des italienischen Steuerrechts, dürfte aber auch auf vergleichbare (gewerbesteuerliche) Konstellationen unter Geltung des deutschen Steuerrechts übertragbar sein.

2.6.8 EuGH-Vorlage: Definitive Erhebung der Kapitalertragsteuer im Drittstaatenfall?

Werden Dividenden von einer deutschen Kapitalgesellschaft an eine Drittstaaten-Kapitalgesellschaft ausgeschüttet, kommt es regelmäßig nur zu einer teilweisen Reduktion der Kapitalertragsteuer unter den Bestimmungen des einschlägigen DBA. Der BFH will vom EuGH geklärt haben, ob eine vollständige Reduktion der Kapitalertragsteuer unter Bezug auf die Kapitalverkehrsfreiheit erfolgen muss, zumindest wenn die Anrechnung der Kapitalertragsteuer **im Drittstaat ins Leere läuft** (Definitivbelastung, BFH, Beschluss v. 3.6.2025, VIII R 21/22, BFH/NV 2025 S. 1359). Dabei stellte der BFH folgende Fragen:

- **Schutzbereich der Kapitalverkehrsfreiheit:** Drittstaatengesellschaften können sich nur auf die Kapitalverkehrsfreiheit, nicht aber auf die Niederlassungsfreiheit berufen. Ob vorliegend die Kapitalverkehrsfreiheit durch die Niederlassungsfreiheit verdrängt wird, ist anhand des Gegenstands der betreffenden Regelungen zu bestimmen. Zwar finde die abgeltende Wirkung der Kapitalertragsteuer nach § 32 Abs. 1 Nr. 2 KStG und Artikel 10 Abs. 2 DBA-Japan unabhängig von einer konkreten Beteiligungshöhe einer japanischen Muttergesellschaft Anwendung. Demnach werden vom Kapitalertragsteuereinbehalt im Grundsatz auch Fallkonstellationen erfasst, in denen die japanische Muttergesellschaft keinen sicheren Einfluss auf die Tochtergesellschaft habe. Gleichwohl seien die Regelungen im „Kontext der konkreten Ausschüttung" zu bestimmen. Dieser sei dadurch geprägt, dass die Definitivbelastung der Kapitalertragsteuer nur aufgrund der Steuerbefreiung i.H.v. 95 % nach innerstaatlichem japanischen Recht entstehe. Die japanische Steuerbefreiung setzt jedoch u.a. eine mindestens 25 %-Beteiligung voraus. Dieser prägende rechtliche Umstand bestimme den Gegenstand der Regelungen in § 32 Abs. 1 Nr. 2 KStG und Artikel 10 Abs. 2 DBA-Japan 1966. Damit beträfe nach Ansicht des BFH der Gegenstand der Regelungen nur Beteiligungen, die unter den Anwendungsbereich der Niederlassungsfreiheit fallen. Mangels eindeutiger Rechtsprechung müsse dies jedoch abschließend vom EuGH beurteilt werden.

- **Beschränkung der Kapitalverkehrsfreiheit:** Dabei ist für den BFH zweifelhaft, ob durch den abgeltenden Kapitalertragsteuerabzug eine von Deutschland verursachte Beschränkung der Kapitalverkehrsfreiheit vorliegt, da die im DBA unverändert vorgesehene Anrechnung der deutschen Kapitalertragsteuer auf die japanische Körperschaftsteuer im konkreten Fall nur wegen der innerstaatlichen japanischen Rechtsänderungen ins Leere laufe.
- **Rechtfertigung eines Verstoßes:** der EuGH soll auch klären, ob eine mögliche Beschränkung gerechtfertigt sein kann.

Im Falle einer nicht gerechtfertigten Beschränkung der Kapitalverkehrsfreiheit stellt sich daran anschießend die Frage, welche erhöhten Darlegungs- und Nachweisanforderungen an die Erstattung für Drittstaatengesellschaften zu stellen sind, insbesondere, ob die Erstattung von einer konkreten Berechnung der nicht anrechenbaren Kapitalertragsteuer durch die Drittstaatengesellschaft, einer Verifizierung dieser Berechnung durch weitere Beweismittel bzw. Auskünfte der japanischen Behörden abhängig gemacht werden darf.

Hinweis

In vergleichbaren Drittstaatenfällen, in denen keine vollständige Erstattung von der Kapitalertragsteuer möglich ist, sollte vor dem Hintergrund der Vorlage und Verweis auf den möglicherweise eröffneten Schutzbereich der Kapitalverkehrsfreiheit ggf. eine vollständige Erstattung beim BZSt geprüft werden.

2.6.9 KESt-Entlastung: Neues Merkblatt zu § 50d Abs. 3 EStG

Die deutsche Anti-Treaty bzw. Anti-Directive Shopping Vorschrift des § 50d Abs. 3 EStG versagt einen grundsätzlich bestehenden Entlastungsanspruch (§ 43b EStG, § 44a Abs. 9 EStG, § 50g EStG oder nach DBA) von deutscher Quellensteuer (Abzugsteuer gem. § 50a EStG oder Kapitalertragsteuer) in bestimmten Fällen. Eine Körperschaft, Personenvereinigung oder Vermögensmasse (im Folgenden: Antragstellerin) hat nach § 50d Abs. 3 EStG einen Anspruch auf völlige oder teilweise Entlastung der einbehaltenen Abzugsteuer vom Kapitalertrag,

- soweit Personen an der Antragstellerin beteiligt / begünstigt sind, denen eine Steuerentlastung zustände, wenn sie die Einkünfte unmittelbar erzielten (**persönliche Entlastungsberechtigung** der Beteiligten) oder
- soweit die Einkunftsquelle der Antragstellerin einen wesentlichen Zusammenhang mit einer Wirtschaftstätigkeit aufweist (**sachliche Entlastungsberechtigung**) oder
- soweit die Antragstellerin nachweist, dass keiner der Hauptzwecke ihrer Einschaltung die Erlangung eines steuerlichen Vorteils ist (**Gegenbeweis**) oder
- wenn mit der Hauptgattung der Anteile der Antragstellerin selbst oder einer an ihr zu 100 % beteiligten Gesellschaft ein wesentlicher und regelmäßiger Handel an einer anerkannten Börse stattfindet (**Börsenklausel**).

Nach einer am 1.1.2025 in Kraft getretenen Gesetzesänderung können **Freistellungsbescheinigungen** (für Dividenden und Lizenzgebühren) mit einer maximalen Dauer von fünf (statt drei) Jahren ausgestellt werden (§ 50c Abs. 2 Satz 4 EStG).

In dem am 17.3.2025 veröffentlichten Merkblatt zur Entlastungsberechtigung nach § 50d Abs. 3 EStG äußert sich das BZSt zu den einzelnen oben genannten Tatbestandsmerkmalen, unter dem Datum v. 31.7.2025 wurde das Merkblatt nochmals aktualisiert.

Hinweis

Auch wenn das Merkblatt rechtlich nicht bindend ist, bietet es dem Rechtsanwender wichtige Hinweise zur Interpretation der Vorschrift durch das BZSt. Das Merkblatt bezieht sich lediglich auf die Entlastungsverfahren (Freistellung sowie Erstattung) von deutscher Abzugsteuer vom Kapitalertrag (Kapitalertragsteuer).

Persönliche Entlastungsberechtigung:

Im Rahmen der (mittelbaren) **persönlichen Entlastungsberechtigung** hat die Antragstellerin Anspruch auf Entlastung, soweit die an ihr beteiligten oder begünstigten Personen bei hypothetischem Direktbezug einen Anspruch auf Entlastung hätten (sog. „look-through approach").

Unter Verweis auf die derzeitige Formulierung des § 50d Abs. 3 EStG („dieser Anspruch") findet der look-through approach laut Gesetzesbegründung nur dann Anwendung, wenn der hypothetische Entlastungsanspruch auf „derselben" Rechtsgrundlage beruht (z. B. dasselbe DBA) wie der Entlastungsanspruch der Antragstellerin selbst. Ein **betragsmäßig identischer Anspruch**, welcher sich aus einer anderen Rechtsgrundlage ergibt (z. B. anderes DBA), soll laut der Gesetzesbegründung nicht ausreichen. Diese Sichtweise wurde bisher auch vom BZSt vertreten. Soweit keiner der übrigen „Escaperegelungen" zur Anwendung kam (z. B. Gegenbeweis oder Börsenklausel), drohte eine vollständige Versagung der Entlastung. Dieser strengen Sichtweise folgt das BZSt nicht mehr. Nach Ansicht des BZSt soll, sofern die an der Antragstellerin unmittelbar und/oder mittelbar beteiligten Personen oder Gesellschaften einen niedrigeren hypothetischen Entlastungsanspruch hätten, der Entlastungsanspruch der Antragstellerin lediglich der Höhe nach entsprechend eingeschränkt werden. Das Merkblatt verweist dabei auf das BMF-Schreiben v. 24.1.2012 Tz. 4.2 zu § 50d Abs. 3 EStG a. F. (BeitrRLUmsG v. 7.12.2011, BGBl. 2011 I S. 2592).

Hinweis

Diese für die Antragstellerin positive Auslegung ist zu begrüßen. Sie steht im Einklang mit dem Gesetzeswortlaut und ist auch unionsrechtlich geboten. Demnach sollte der Entlastungsanspruch des Anteilseigners bei einem niedrigeren hypothetischen Entlastungsanspruch nur der Höhe nach begrenzt und nicht gänzlich versagt werden. Das dürfte besonders relevant für Antragsteller mit mittelbar beteiligten Personen sein, die außerhalb der EU ansässig sind und sich nicht auf die Vorteile der Mutter-Tochter-Richtlinie (MTR) berufen können.

Börsenklausel:

Nach der sog. Börsenklausel ist die Missbrauchsvermutung des § 50d Abs. 3 Satz 1 EStG gesetzlich widerlegt, wenn mit der Hauptgattung der Anteile an der Antragstellerin ein wesentlicher und regelmäßiger Handel an einer anerkannten Börse stattfindet (§ 50d Abs. 3 Satz 2 2. HS EStG). Bei **mehrstufigen Beteiligungsebenen** soll die Börsenklausel nunmehr laut BZSt auch bei einem identischen oder höheren Entlastungsanspruch auf nachgelagerter Beteiligungsebene Anwendung finden. Voraussetzung hierfür ist jedoch, dass bei mittelbarer Beteiligung auch sämtliche zwischengeschaltete Gesellschaften im Vergleich zur Antragstellerin einen identischen oder höheren Entlastungsanspruch hätten.

Hinweis

In der Fassung vom 31.7.2025 will das BZSt die Börsenklausel auch in mehrstufigen Beteiligungsstrukturen anwenden, in denen keine 100 %-Beteiligungsketten vorliegen oder eine mittelbar beteiligte Gesellschafterin bei einem **fiktiven Direktbezug der Einkünfte** nur einen niedrigeren Entlastungsanspruch geltend machen könnte. In diesen Fällen soll laut BZSt eine anteilige Entlastung erfolgen. Mit dieser im Vergleich zu dem Merkblatt vom 17.3.2025 geänderten und für den Steuerpflichtigen positiven Auffassung wird der look-through approach auch bei der Anwendung der Börsenklausel berücksichtigt.

Sachliche Entlastungsberechtigung:

Das aktualisierte Merkblatt vom 31.7.2025 führt (anders als noch das Merkblatt v. 17.3.2025) aus, dass für die sachliche Entlastungsberechtigung auch eine vermögensverwaltende Tätigkeit als Wirtschaftstätigkeit qualifizieren kann. Hierdurch wird die Rechtsprechung des EuGH sowie ein Urteil des FG Köln v. 16.2.2022 (2 K 1483/19) berücksichtigt, wonach die Verwaltung von eigenem und fremdem Vermögen im Grundsatz auch eine Wirtschaftstätigkeit darstellt. Zudem ist die ursprünglich im Merkblatt vom 17.3.2025 vom BZSt geforderte „Teilnahme am allgemeinen wirtschaftlichen Verkehr“ im Rahmen der sachlichen Entlastungsberechtigung nun zutreffend nicht mehr erforderlich. Dieses Tatbestandsmerkmal stammt noch aus der Fassung des § 50d Abs. 3 EStG a.F. und wurde im Zuge des Abzugsteuerentlastungsmodernisierungsgesetzes 2021 gestrichen.

Hinweis

Gem. § 50d Abs. 3 Satz 2 1. HS EStG wird der Entlastungsanspruch nicht eingeschränkt, soweit die Antragstellerin nachweist, dass keiner der Hauptzwecke ihrer Einschaltung die Erlangung eines steuerlichen Vorteils ist. In Bezug auf den Gegenbeweis ergeben sich aus dem Merkblatt keine neuen Erkenntnisse. Ob die Erlangung eines steuerlichen Vorteils als Hauptzweck anzusehen ist, muss unter Berücksichtigung aller Umstände des Einzelfalls entschieden werden. Die Nachweispflicht obliegt der Antragstellerin. Steuerliche Vorteile können sich nach Ansicht des BZSt auch aus dem Steuerrecht des Ansässigkeitsstaates der an der Antragstellerin beteiligten Personen im Rahmen des Gegenbeweises ergeben.

2.6.10 Voraussetzungen einer abkommensrechtlichen Betriebsstätte

Betätigt sich ein Steuerpflichtiger in mehreren DBA-Staaten, ist für die Zuordnung des Besteuerungsrechts u.a. relevant, wo er eine Betriebsstätte im Sinne der DBA unterhält. Maßgeblich für die Begründung einer Betriebsstätte ist die **Verwurzelung der unternehmerischen Tätigkeit**, welche aus einer Wechselwirkung zwischen örtlicher und zeitlicher Festigkeit der Geschäftseinrichtung rührt. Sie muss außerdem grundsätzlich **mindestens sechs Monate** bestehen („Mindestdauer“).

Im Urteil v. 18.12.2024 (I R 47/21, BFH/NV 2025 S. 941) hatte der BFH einen in Deutschland unbeschränkt steuerpflichtigen Taxiunternehmer zu beurteilen, der seinen Betrieb in der Schweiz ausübte und dort an ein bis zwei Tagen wöchentlich Büroräume einer gemeinschaftlichen Taxizentrale nutzte. Ihm standen dort für seine Bürotätigkeiten die (Mit-)Benutzung eines Schreibtisches mit Telefon, PC sowie ein abschließbarer Standcontainer als auch ein gemeinschaftlich genutztes Postfach zur Verfügung. Aus Sicht des BFH genügt diese Ausstattung, um eine hinreichend feste Geschäftseinrichtung anzunehmen. Insbesondere ein nur vom Steuerpflichtigen nutzbarer **Standcontainer** sei als Indiz für eine **dauerhafte Verfügungsmacht** anzusehen. Ferner sei von Bedeutung, dass er die **Büroräume für**

geschäftsleitende Tätigkeiten (wie z.B. Personalverwaltung, Buchführung oder Rechnungswesen) und nicht nur Hilfstätigkeiten i.S. des Artikel 5 Abs. 3 Buchst. e DBA-Schweiz nutzte. Auf die Attraktivität der Büroräume komme es im Rahmen der abkommensrechtlichen Beurteilung nicht an.

Hinweis

Im Urteil v. 18.12.2024 (I R 39/21, BFH/NV 2025 S. 937) bestätigte der BFH seine bisherige Rechtsprechung, wonach das Unternehmen die Geschäftseinrichtung für mindestens sechs Monate innehaben und ebenso lang seine unternehmerische Tätigkeit darin ausüben muss. Selbst wenn ein Unternehmen ausschließlich in der ausländischen Geschäftseinrichtung, aber **kürzer als sechs Monate** tätig ist, sei keine abkommensrechtliche Betriebsstätte anzunehmen.

2.6.11 Überführung von Wirtschaftsgütern in ausländische Betriebsstätten

Der Ausschluss oder die Beschränkung des deutschen Besteuerungsrechts hinsichtlich des Gewinns aus der Veräußerung bzw. Nutzung eines Wirtschaftsguts steht einer Entnahme gleich (Entnahmefiktion, allgemeiner **Entstrickungstatbestand**, § 4 Abs. 1 Satz 3 EStG). Ein Ausschluss oder eine Beschränkung des Besteuerungsrechts hinsichtlich des Gewinns aus der Veräußerung eines Wirtschaftsguts liegt insbesondere vor, wenn ein bisher einer inländischen Betriebsstätte des Steuerpflichtigen zuzuordnendes Wirtschaftsgut einer ausländischen Betriebsstätte zuzuordnen ist (§ 4 Abs. 1 Satz 4 EStG). Laut BFH löst eine Überführung eines bisher einer inländischen Betriebsstätte zugeordneten Wirtschaftsguts in eine ausländische Betriebsstätte gem. § 4 Abs. 1 Satz 4 EStG die Rechtsfolgen der Entnahmefiktion des § 4 Abs. 1 Satz 3 EStG aus (BFH, Urteil v. 26.3.2025, I R 5/24 (I R 99/15), BFH/NV 2025 S. 1344).

Der BFH konnte es insoweit dahinstehen lassen, ob der Satz 3 („allgemeiner Entstrickungstatbestand") für sich genommen zu einer Gleichstellung der Überführung eines Wirtschaftsguts in eine ausländische Betriebsstätte mit einer Entnahme führen würde. Denn jedenfalls § 4 Abs. 1 Satz 4 EStG würde die Überführung eines bisher einer inländischen Betriebsstätte des Steuerpflichtigen zugeordneten Wirtschaftsguts in eine ausländische Betriebsstätte ausdrücklich als Anwendungsfall der Entstrickungsbesteuerung nach § 4 Abs. 1 Satz 3 EStG normieren.

Hinweis

Hierbei ist zu beachten, dass im konkreten Urteilsfall das deutsche Besteuerungsrecht tatsächlich ausgeschlossen wurde. In andersgelagerten Fällen, in denen trotz Überführung eines Wirtschaftsguts in eine ausländische Betriebsstätte ein inländisches Besteuerungsrecht nicht ausgeschlossen oder beschränkt wird, stellt sich die Frage, ob nicht ggf. eine teleologische Reduktion des Satzes 4 angezeigt ist, sodass eine Entstrickungsbesteuerung nur greift, wenn der allgemeine Entstrickungstatbestand nach Satz 3 erfüllt ist.

Der BFH hatte zudem keine verfassungsrechtlichen Bedenken hinsichtlich der in § 52 Abs. 8b EStG normierten **rückwirkenden Anwendung** des § 4 Abs. 1 Satz 4 EStG. Er sah weder einen Verstoß gegen die Niederlassungsfreiheit noch einen Verstoß gegen das in Artikel 24 Abs. 2 DBA-Niederlande normierte Diskriminierungsverbot, da § 4 Abs. 1 Satz 4 EStG in der Fassung des JStG 2010 auf inländische als auch auf ausländische Betriebsstätten gleichermaßen Anwendung findet und somit keine steuerliche Schlechterstellung ausländischer Unternehmen gegenüber inländischen Unternehmen erfolgt.

Hinweis

Der BFH verwies den Fall dennoch zur finalen Entscheidung „der Höhe nach" an das FG Düsseldorf zurück, weil dieses entsprechend des mit dem SEStEG eingefügten § 6 Abs. 1 Nr. 4 EStG den Fremdvergleichswert angesetzt hat. Die Vorschrift ist gem. § 52 Abs. 16 Satz 1 EStG jedoch erstmals für Wirtschaftsjahre anzuwenden, die nach dem 31.12.2005 enden (d.h. nach dem Streitjahr), so dass vorliegend der Teilwert hätte angesetzt werden müssen.

2.6.12 Abschaffung der Lizenzschranke

Das Mindeststeuer-Anpassungsgesetz (MinStAnpG, Stand Bundestagsbeschluss v. 13.11.2025) sieht als Begleitmaßnahme zu den Änderungen des Mindeststeuergesetzes (s. Kapitel Rückblick Tz. 2.7) die Aufhebung der Lizenzschranke (§ 4j EStG) mit **Wirkung ab VZ 2025** vor.

Hinweis

Aufgrund der umgesetzten ATAD-Regelungen im Hinblick auf ein konsistentes und mit den Vereinbarungen auf internationaler Ebene im Einklang stehendes Regelungskonzept zur Neutralisierung von Besteuerungsinkongruenzen besteht laut Gesetzesbegründung zum Mindeststeueranpassungsgesetz nun kein Bedarf mehr für die Regelung in § 4j EStG.

Bei grenzüberschreitenden Lizenzzahlungen sind jedoch weiterhin auch die Vorschriften des § 4i EStG und des § 4k EStG zu beachten.

2.6.13 Verrechnungspreisdokumentation – Neue Transaktionsmatrix

Mit dem Vierten Bürokratieentlastungsgesetz (BGBl. 2024 I Nr. 323) wurden die **Aufzeichnungspflichten** des § 90 Abs. 3 AO angepasst. Seit dem 1.1.2025 umfasst sie neben der bislang bekannten Sachverhalts- und Angemessenheitsdokumentation nun auch eine Übersicht über die Geschäftsvorfälle (**Transaktionsmatrix**). Diese ist im Falle einer Außenprüfung unaufgefordert innerhalb von 30 Tagen nach Bekanntgabe der Prüfungsanordnung der Finanzbehörde vorzulegen; dies gilt auch für das Master-File und Aufzeichnungen über außergewöhnliche Geschäftsvorfälle. Zudem kann die Finanzbehörde im Rahmen einer Außenprüfung jederzeit die Vorlage weiterer Aufzeichnungen, z. B. Local File verlangen; hierbei ist ebenfalls die Frist von 30 Tagen zu beachten.

Mit Merkblatt v. 2.4.2025 (BStBl 2025 I S. 966) äußerte sich das BMF zu Details der Transaktionsmatrix. Daneben sind dem Schreiben als Anlage zwei **exemplarische Beispiele** einer Transaktionsmatrix beigefügt.

Während der Gesetzeswortlaut des § 90 Abs. 3 Nr. 1 AO die Transaktionsmatrix nicht näher bestimmt, definiert das Merkblatt diese als eine strukturierte, tabellarische Übersicht, die relevante Informationen zu grenzüberschreitenden Geschäftsbeziehungen des Steuerpflichtigen mit nahestehenden Personen und Betriebsstätten enthält. Die Bestandteile der Transaktionsmatrix, d. h. die einzelnen Angaben, listet das Merkblatt in Übereinstimmung mit der Gesetzesbegründung auf, ergänzt diese jedoch mit wenigen Beispielen und erläutert zudem sowohl die Angabe „Benennung der vertraglichen Grundlage" als auch die Angabe „ob Geschäftsvorfälle nicht der Regelbesteuerung im betreffenden Steuerhoheitsgebiet unterliegen". Hinsichtlich der **vertraglichen Grundlage** führt das BMF aus, dass hierbei nur vorhandene Verträge zu benennen, nicht jedoch der Transaktionsmatrix beizufügen sind. Bezüglich der bislang offenen Frage, in welchen Fällen Geschäftsvorfälle nicht der Regelbesteuerung im betreffenden Steuerhoheitsgebiet unterliegen, führt das BMF aus, dass dies etwa dann der Fall ist, wenn im betreffenden Steuerhoheitsgebiet ein **steuerliches Präferenzregime**, beispielsweise eine Lizenzbox, anzuwenden ist. In Fällen, in denen Geschäftsvorfälle gegenüber nahestehenden Personen oder Betriebsstätten in Bezug auf ein Steuerhoheitsgebiet gemessen an Funktionen und Risiken wirtschaftlich vergleichbar sind, können diese zu Gruppen zusammengefasst werden und sind sodann laut BMF entsprechend in der Transaktionsmatrix einzutragen.

Zudem gewährt das BMF laut dem Merkblatt die Möglichkeit einer abweichenden Darstellung der Transaktionsmatrix hinsichtlich Form, Inhalt oder Umfang, insbesondere wenn sich Steuerpflichtige und Finanzbehörde bereits in der Vergangenheit über die Ausgestaltung der Transaktionsmatrix geeinigt haben (z.B. Anschlussprüfung). Allerdings weist das BMF daraufhin, dass das Begehren einer solchen abweichenden Darstellung frühzeitig **im Vorfeld**, spätestens innerhalb der **30-Tage-Frist** vom Steuerpflichtigen kommuniziert und auch begründet werden muss.

Hinsichtlich der zeitlichen Anwendung weist das BMF daraufhin, dass eine Transaktionsmatrix auch für **sämtliche Vorjahre** zu erstellen ist, wenn die im Jahr 2025 bekanntgewordene Prüfungsanordnung auch Prüfungszeiträume vor 2025 umfasst. Da dies in der Praxis regelmäßig der Fall ist, dürften hiervon die Mehrzahl der zur Aufzeichnung verpflichteten Unternehmen betroffen sein. Darüber hinaus ist laut BMF die Transaktionsmatrix auch dann innerhalb von 30 Tagen vorzulegen, wenn zwar die Prüfungsanordnung vor dem 1.1.2025 ergangen ist, jedoch im Jahr 2025 ein Vorlageverlangen von Seiten der Verwaltung gestellt wird.

Eine automatische Vorlage der Transaktionsmatrix, Stammdokumentation und Aufzeichnungen über außergewöhnliche Geschäftsvorfälle innerhalb von 30 Tagen nach Bekanntgabe der Prüfungsanordnung kann nur bei Außenprüfungen unterbleiben, bei denen keine ertragsteuerlichen Auslandssachverhalte geprüft werden (z.B. Umsatzsteuersonder- oder Lohnsteueraußenprüfung). Die Aufzeichnungen sind dann nur auf gesondertes Verlangen vorzulegen.

Hinweis

In Fällen der Nichtvorlage der Transaktionsmatrix ist laut Merkblatt ein Zuschlag nach § 162 Abs. 4 Satz 1 AO festzusetzen. Insofern dürfte davon auszugehen sein, dass die Zuschläge nach § 162 Abs. 4 Satz 2 AO auf die Transaktionsmatrix keine Anwendung finden.

2.7 Mindeststeuer

2.7.1 Mindeststeuer-Anpassungsgesetz

Mit den seit Beginn des Jahres 2024 geltenden Regelungen des deutschen Mindeststeuergesetzes (MinStG) wurden die Regelungen der europäischen Richtlinie zur Gewährleistung einer globalen effektiven Mindestbesteuerung für multinationale Unternehmensgruppen und große inländische Gruppen in der Union (EU 2022/2523) umgesetzt.

Hinweis

Die EU-Richtlinie wiederum basiert auf der gleichlautenden zweiten Säule (Pillar 2) des OECD BEPS 2.0 Projekts.

Mit dem Mindeststeuer-Anpassungsgesetz (MinStAnpG, Stand Bundestagsbeschluss v. 13.11.2025) werden größere Anpassungen des Mindeststeuergesetzes (MinStG) vorgenommen. Hauptbestandteil sind die Übernahme von OECD-Verwaltungsleitlinien, die Umsetzung der DAC9-Richtlinie zum automatischen EU-Informationsaustausch zu den Mindeststeuer-Berichten sowie diverse Detailänderungen im MinStG.

Änderungen zur Überführung der Verwaltungsleitlinien Agreed Administrative Guidance 3, 4 und 5 der OECD:

- Anpassung der **Safe-Harbour-Regelungen** in Bezug auf die Verwendung sog. Berichtspakete (§ 87 Abs. 2 Nr. 1 MinStG neu) und zur Vermeidung von Umgehungsgestaltungen (Anti-Hybrid-Regeln; § 87b MinStG neu);
- **Berechnung latenter Steuern** auf Basis der Mindeststeuer-Buchwerte (§ 50 Abs. 1a MinStG neu);

- Erleichterung bei der Nachversteuerung latenter Steuern durch Einführung einer „Vereinfachungsregelung“ beim **Recapture** (§ 50a Abs. 2-6 MinStG neu: Nachversteuerungsgruppen);
- **Übergangsregelungen** zur Mindestbesteuerung (insbesondere die Vermeidung einer Umgehung);
- Ergänzende Voraussetzungen für die Inanspruchnahme des **QDMTT-Safe-Harbour**.

Änderung zur Umsetzung der DAC9- Richtlinie:

- Enthält ein Mindeststeuer-Bericht Angaben i.S. des § 76 MinStG für ein anderes Steuerhoheitsgebiet, erfolgt künftig ein **automatischer Austausch des Mindeststeuer-Berichts** zwischen den Mitgliedstaaten der EU (§ 75 Abs. 4 Satz 1 MinStG neu; § 7 Abs. 14c EUAHiG neu).

Weitere Anpassungen im Mindeststeuergesetz, u.a.:

- Die Definitionen für den CbCR-Safe-Harbour in § 87 MinStG werden um eine Regelung zur korrespondierenden Behandlung von Dividenden ergänzt (§ 87 Abs. 7 MinStG neu).
- Für den Fall einer Mindeststeuer-Reorganisation wird die Steuerfreiheit des Übernahmegewinns- oder Verlustes bei Aufwärtsverschmelzung klargestellt (§ 66 Abs. 2 MinStG neu).
- Für HGB-Konzerne werden die Bedingungen der Berücksichtigung von latenten Steuern angepasst (§ 50 Abs. 1 Nr. 3 MinStG neu).
- Anpassung hinsichtlich der Abgabepflicht des Mindeststeuerberichts (§ 75 MinStG neu).

Hinweis

In Ermangelung besonderer Anwendungsregelungen treten die Änderungen des MinStG (mit Ausnahme des § 87b MinStG neu) grundsätzlich am Tag nach Verkündung des Gesetzes in Kraft (Art. 8 des MinStAnpG neu). Die Verkündung soll noch im Dezember 2025 erfolgen. Über die allgemeine Anwendungsregelung des § 101 Abs. 1 MinStG wären die Anpassungen dann bereits rückwirkend auf alle Geschäftsjahre, die nach dem 30.12.2023 begonnen haben, anwendbar.

Hinweis

Weiterer Änderungsbedarf im MinStG könnte sich bereits in naher Zukunft aus der erwarteten Einigung zu einem „Side-by-Side System" der globalen Mindeststeuer mit den US-Mindeststeuerregeln ergeben. Es bleibt abzuwarten, ob der Gesetzgeber in diesem Fall auch über die Aufnahme einiger der im Verfahren zum MinStAnpG nicht übernommenen Anregungen von Verbänden und Sachverständigen erneut nachdenkt. Mit dem Mindeststeuer-Anpassungsgesetz erfolgten auch einige Begleitmaßnahmen (u.a. Abschaffung der Lizenzschranke – vgl. Kapitel Rückblick Tz. 2.6.12; Anpassungen im AStG, vgl. Kapitel Rückblick Tz. 2.8.3).

2.7.2 Neue Mindeststeuer-Bericht-Verordnung

Der Regierungsentwurf einer Verordnung zur Durchführung des Mindeststeuergesetzes betreffend den Umfang, die Ausgestaltung und den Informationsaustausch von Mindeststeuer-Berichten (Mindeststeuer-Bericht-Verordnung, MinStBV-E) sieht neben Begriffsbestimmungen (§ 2 MinStBV-E) u.a. folgende Regelungsbereiche zur Umsetzung internationaler Vorgaben vor:

- § 4 MinStBV-E: **Definition des Mindeststeuerberichts** und Beschreibung der einzelnen Abschnitte des Mindeststeuerberichts (Verweis auf DAC9 Standardvorlage).
- § 5 MinStBV-E: Festlegung im Rahmen des sog. **Verteilungsansatzes**, welche Steuerhoheitsgebiete welche Abschnitte des Mindeststeuer-Berichts erhalten – Umsetzung des sog. „Dissemination approach" des GloBE Information Return des Inclusive Framework on BEPS (GloBE Information Return (Januar 2025), Tz. 17 ff.).
- § 6 MinStBV-E: **Vereinfachte Berichterstattung** für Geschäftsjahre, die am oder vor dem 31.12.2028 beginnen und vor dem 1.7.2030 enden (**Übergangszeit**). Danach kann unter bestimmten Voraussetzungen auf Antrag der Mindeststeuer-Bericht für jedes Steuerhoheitsgebiet auf aggregierter Basis und somit nicht bezogen auf jede einzelne Geschäftseinheit abgegeben werden – Umsetzung des sog. „Transitional simplified jurisdictional reporting framework" aus dem GloBE Information Return (GloBE Information Return (Januar 2025), Tz. 8 ff.).
- § 7 MinStBV-E: Regelung, **nach welchem Recht** der Mindeststeuer-Bericht auszufüllen ist. Dieser soll nach § 4 Abs. 1 MinStBV-E grundsätzlich nach den GloBE-Mustervorschriften ausgefüllt werden. Der Mindeststeuer-Bericht ist nur dann nach lokalen Regeln (z.B. nach den Regeln des MinStG) für ein

Steuerhoheitsgebiet auszufüllen, wenn nur einem Staat das Besteuerungsrecht an diesem Steuerhoheitsgebiet zusteht (§ 4 Abs. 2 MinStBV-E) – Umsetzung des Agreed Administrative Guidance zu Artikel 8.1.4 sowie 8.1.5 Model Rules aus Januar 2025.

Hinweis

Die MinStBV soll nach dem Tag ihrer Verkündung in Kraft treten und dürfte damit (bei rechtzeitiger Umsetzung) bereits für Mindeststeuer-Berichte für das Geschäftsjahr 2024 zu beachten sein.

2.7.3 Mindeststeuerbericht: elektronische Übermittlung

Die elektronische Übermittlung des Mindeststeuer-Berichts an das BZSt erfolgt nach amtlich vorgeschriebenem Datensatz über die amtlich bestimmte Schnittstelle und ist Bestandteil der administrativen Pflichten im Rahmen der globalen Mindestbesteuerung. Rechtsgrundlage hierfür ist das Gesetz zur Umsetzung der EU-Richtlinie 2022/2523 zur globalen Mindestbesteuerung und weiterer Begleitmaßnahmen vom 21.12.2023, das für Geschäftsjahre gilt, die nach dem 30.12.2023 beginnen.

Mit Schreiben v. 5.8.2025 (BStBl 2025 I S. 1524) veröffentlichte das BMF den amtlich vorgeschriebenen Datensatz nach § 75 Abs. 3 Satz 4 MinStG sowie die Datensatzbeschreibung für die elektronische Übermittlung der Mindeststeuer-Berichte. Der Datensatz und die Datensatzbeschreibung orientieren sich am XML-Schema der OECD für den GloBE Information Return sowie der Richtlinie 2025/872 (DAC9).

Hinweis

Der aktuelle Datensatz sowie künftig auch geänderte Versionen stehen auf der Internetseite des BZSt (www.bzst.bund.de) zur Ansicht und zum Abruf bereit. Die Datenübermittlung an das BZSt erfolgt im XML-Format über die DIP-Schnittstelle (Digitaler Posteingang – Schnittstelle) im Rahmen eines automatisierten Verfahrens für Massendaten. Weitere Informationen zur Übermittlung der Mindeststeuer-Berichte können ebenfalls unter www.bzst.bund.de abgerufen werden.

2.8 Außensteuerrecht

2.8.1 Britische „Remittance basis taxation"

Nach Aufgabe der deutschen unbeschränkten Steuerpflicht (Wohnsitz und gewöhnlicher Aufenthalt) gilt grundsätzlich für Einkünfte aus bestimmten deutschen Quellen die beschränkte Steuerpflicht. Die relevanten Einkünfte sind in § 49 EStG definiert und lassen beispielsweise Zinseinkünfte auf deutschen Bankkonten außen vor. Diese sind nur unter den weiteren Voraussetzungen der sog. erweitert beschränkten Steuerpflicht nach § 2 AStG in Deutschland steuerbar. Die erweitert beschränkte Steuerpflicht greift u.a., wenn Einkünfte aus bestimmten deutschen Einkunftsquellen im Ausland einer besonderen **Vorzugsbesteuerung** (niedrigere Besteuerung) unterfallen (§ 2 Abs. 2 Nr. 2 AStG). Der BFH sah in der im britischen Steuerrecht bisher verankerten Möglichkeit, nur auf in das Vereinigte Königreich transferierte Einkünfte besteuert zu werden (sog. „remittance basis"), eine solche Vorzugsbesteuerung (BFH, Urteil v. 14.1.2025, IX R 37/21, BStBl 2025 II S. 342).

Dabei verwies der BFH auch auf die in § 2 Abs. 2 AStG enthaltene Möglichkeit des Gegenbeweises, wenn die insgesamt im Ausland entrichteten Steuern zwei Drittel der Einkommensteuer betragen, die bei unbeschränkter Steuerpflicht hierzulande angefallen wären. Der Inlandsbezug rechtfertige aus Sicht des BFH eine Ungleichbehandlung von deutschen und nichtdeutschen Staatsangehörigen, wie auch bei der kürzlich vom BFH entschiedenen Frage zur erweiterten unbeschränkten Erbschaft- und Schenkungsteuerpflicht gem. § 2 Abs. 1 Nr. 1 Satz 2 lit. b ErbStG (vgl. BFH, Urteil v. 12.10.2022, II R 5/20, BStBl 2023 II S. 659).

Hinweis
Mit Beginn des neuen britischen Steuerjahrs (6.4.2025) schaffte das Vereinigte Königreich die Besteuerung auf „remittance basis" ab. Die Aussagen des BFH haben jedoch noch für offene Fälle und andere Länder mit ähnlichen Besteuerungsoptionen große Bedeutung (z. B. Irland, Malta, Zypern).

2.8.2 Wegzugsbesteuerung: Rückwirkung für Altfälle

Als Folge der EuGH-Rechtsprechung in der Rs. „Wächtler" passte das BMF mit Schreiben v. 2.6.2025 zu § 6 AStG a.F. (BStBl 2025 I S. 1448) seine Verwaltungsauffassung für vor dem 1.1.2022 erfolgte Wegzüge in die Schweiz (sog. „Altfälle") unter Berücksichtigung des BFH-Urteils v. 6.9.2023 (I R 35/20, BStBl 2025 II S. 436) an. Die **Stundung** erfolgt demnach **unbefristet und zinslos**. Sie wird jedoch nur auf Antrag und in der Regel gegen Sicherheitsleistung gewährt. Die Stundungsmöglichkeit gewährt das BMF auch rückwirkend, und zwar unabhängig davon, ob der Steueranspruch aus § 6 Abs. 1 Satz 1 oder § 6 Abs. 1 Satz 2 Nr. 2 AStG a.F. bereits durch Zahlung oder Aufrechnung erloschen ist (solange noch keine Zahlungsverjährung nach §§ 228 ff. AO eingetreten ist). Dabei muss laut BMF u.a. auch eine Betroffenheit des FZA bestehen (beispielhaft genannt bei Aufnahme einer Erwerbstätigkeit in der Schweiz).

Im Zuge der Umsetzung der ATAD in nationales Recht wurde die Wegzugsbesteuerung umfassend für Wegzüge nach dem 31.12.2021 überarbeitet. Eine der Neuerungen zielte auf die Bekämpfung von Gestaltungen ab, bei denen Kapitalgesellschaften nach dem Wegzug des im Inland steuerpflichtigen Anteilseigners „leergeschüttet" wurden. Erfolgen nach aktueller Rechtslage in Wegzugsfällen **substanzielle Gewinnausschüttungen**, d.h. Gewinnausschüttungen oder eine Einlagenrückgewähr von mehr als 25 % des gemeinen Werts der Anteile, entfällt bei einer Rückkehr des Steuerpflichtigen insoweit der Anspruch auf die im Zuge des Wegzugs festgesetzte Steuer nicht (§ 6 Abs. 3 Satz 1 Nr. 2 AStG) bzw. entfällt insoweit eine gewährte Stundung der festgesetzten Steuer (§ 6 Abs. 4 Satz 5 Nr. 5 AStG). Im Zuge des MinBestRL-UmsG (BGBl. 2023 I Nr. 397) erfolgte eine Ausweitung der Schädlichkeit von substanziellen Gewinnausschüttungen auf „Altfälle" (§ 21 Abs. 3 Satz 2 AStG). Solche schädlichen Gewinnausschüttungen führen seither auch bei Wegzügen vor dem 1.1.2022, aber nur für Gewinnausschüttungen/Einlagenrückgewähr nach dem 16.8.2023 (Tag des Kabinettsbeschlusses zum Gesetz), zum Widerruf der Stundung.

Die vom Gesetzgeber vorgenommene Ausweitung schädlicher Gewinnausschüttungen auf Altfälle hinsichtlich der nach alter Rechtslage gewährten Stundung weitete das BMF auch auf die **Rückkehrregelung in Altfällen** aus (vgl. Schreiben v. 22.4.2025, BStBl 2025 I S. 1007). Dies wird nun auch gesetzlich im Zuge des Mindeststeuer-Anpassungsgesetzes (Stand Bundestagsbeschluss v. 13.11.2025) durch § 21 Abs. 3 Satz 2 Nr. 3 AStG n.F. verankert.

2.8.3 Neue Mindestbeteiligungsgrenze für Einkünfte mit Kapitalanlagecharakter

Bisher greift die erweiterte Hinzurechnungsbesteuerung des § 13 AStG für mittelbare und unmittelbare Beteiligungen an Zwischengesellschaften, die Einkünfte mit Kapitalanlagecharakter erzielen, unabhängig von einer Beherrschung. Eine Ausnahme besteht bisher grundsätzlich, wenn die Einkünfte mit Kapitalanlagecharakter nicht mehr als 10 % der gesamten Einkünfte, für die die ausländische Gesellschaft Zwischengesellschaft ist, betragen und die bei einer Zwischengesellschaft (oder bei einem Steuerpflichtigen) hiernach außer Ansatz zu lassenden Beträge insgesamt 80.000 EUR nicht übersteigen (vgl. § 13 Abs. 1 AStG).

Im Rahmen des Mindeststeuer-Anpassungsgesetzes (Stand Bundestagsbeschluss v. 13.11.2025) wird (rückwirkend) eine (Mindest-)Beteiligungsgrenze i. H. v. **10 % am Nennkapital oder den Stimmrechten** eingeführt. Dabei sind Anteile bzw. Stimmrechte nahestehender Personen i. S. von § 7 Abs. 3 und Abs. 4 Satz 1 AStG in die Ermittlung der 10 %-Grenze einzubeziehen. Zudem wird gesetzlich normiert, dass in **Beherrschungsfällen** nur die „normale" Hinzurechnungsbesteuerung (§§ 7–12 AStG) greift.

Hinweis

Die neue Mindestbeteiligungsgrenze ist erstmals für VZ/EZ anzuwenden, für die Zwischeneinkünfte hinzuzurechnen sind, die in einem Wirtschaftsjahr der Zwischengesellschaft oder der Betriebsstätte entstanden sind, das nach dem 31.12.2021 beginnt (§ 21 Abs. 8 Satz 2 AStG neu).

2.8.4 Switch-Over-Klausel – Gesellschaftsbezogene Auslegung und EuGH-Vorlage

Ausländische DBA-Betriebsstätteneinkünfte eines unbeschränkt Steuerpflichtigen werden regelmäßig in Deutschland als Ansässigkeitsstaat von der Besteuerung freigestellt (sog. Freistellungsmethode). Fallen in der Betriebsstätte niedrig besteuerte, passive Einkünfte an und fehlt es an entsprechenden DBA-Klauseln, kann ein Wechsel von der Freistellungs- zur Anrechnungsmethode nach der nationalen Switch-Over-Klausel des § 20 Abs. 2 AStG erfolgen. Diese greift vereinfacht ausgedrückt, wenn die Einkünfte der Betriebsstätte der Hinzurechnungsbesteuerung gemäß §§ 7 ff. AStG unterlägen, falls die Betriebsstätte eine ausländische Gesellschaft wäre. Hinsichtlich dieser „fiktiven Hinzurechnungsbesteuerung" schaffte der BFH in einigen Aspekten etwas mehr Klarheit hinsichtlich der Gesetzesfassung vor ATAD-UmsG.

Streitig in einem der Urteilsfälle (vgl. BFH, Urteil v. 8.4.2025, IX R 32/23, BFH/NV 2025 S. 1088) war, ob § 20 Abs. 2 AStG im Fall der Beteiligung einer im Inland unbeschränkt steuerpflichtigen Person an einer (ausländischen) Personengesellschaft, die eine ausländische Betriebsstätte vermittelt, ungeachtet des Umfangs der

Beteiligung anzuwenden ist. Der BFH entschied entgegen der Ansicht der Verwaltung, dass die Vorschrift des § 20 Abs. 2 AStG nicht gesellschafter-, sondern gesellschaftsbezogen auszulegen sei. D. h. § 20 Abs. 2 AStG finde nur dann Anwendung, wenn der Steuerinländer mehrheitlich an der Personengesellschaft, die ihm eine ausländische Betriebsstätte vermittelt, beteiligt ist. Nach entgegenstehender Auffassung der Finanzverwaltung wären selbst Kleinstbeteiligungen an ausländischen Personengesellschaften vom Anwendungsbereich des § 20 Abs. 2 AStG erfasst (vgl. Tz. 4.1.1.2.2 des BMF-Schreibens v. 26.9.2014 sowie BMF-Schreiben v. 22.12.2023, Rn. 1002).

Hinweis

Die Entscheidung des BFH betrifft zwar die Vorschrift des § 20 Abs. 2 AStG a.F. vor ATAD-UmsG und damit das mittlerweile überholte Beherrschungskonzept der „zufälligen Inländerbeherrschung". Die Entscheidungserwägungen des BFH sollten jedoch auch für die aktuelle Fassung des § 20 Abs. 2 AStG Anwendung finden.

Daneben äußerte der BFH unionsrechtliche Zweifel an der Norm (vgl. Beschluss v. 3.6.2025, IX R 39/21). Denn anders als bei der regulären Hinzurechnungsbesteuerung ist der sog. Motivtest des § 8 Abs. 2 AStG (Nachweis einer wesentlichen wirtschaftlichen Tätigkeit) nach dem Wortlaut des § 20 Abs. 2 AStG ausgeschlossen. Hinsichtlich der Streitjahre 2007 und 2008 legte der BFH dem EuGH die Frage vor, ob dieser **Ausschluss des Motivtests** für Zwecke der Switch-Over-Klausel des § 20 Abs. 2 AStG a.F. mit der Niederlassungsfreiheit nach Art. 43 EGV (Art. 49 AEUV) vereinbar ist.

Hinweis

Da auch die aktuelle Fassung des § 20 Abs. 2 AStG den Motivtest gem. § 8 Abs. 2 AStG explizit ausschließt, ist die Antwort des EuGH auch für die jetzige Rechtslage von Bedeutung. Betroffene Veranlagungen sollten entsprechend offengehalten werden. Isoliert für Zwecke der Gewerbesteuer lässt § 7 Satz 8 GewStG den Motivtest zu.

2.8.5 Ausnahme von Zurechnungsbesteuerung für Drittstaaten-Stiftungen

In Deutschland ansässige Stifter oder Begünstigte von ausländischen „intransparenten" Familienstiftungen unterliegen grundsätzlich mit den Netto-Einkünften der Stiftung in Deutschland der Einkommensteuer, unabhängig von tatsächlichen Zuwendungen (§ 15 Abs. 1 AStG). Eine Ausnahme besteht für Stiftungen innerhalb der EU und des EWR-Raumes (§ 15 Abs. 6 AStG). Laut BFH muss diese Ausnahme aus unionsrechtlichen Gründen auch für Stiftungen in Drittstaaten greifen (BFH, Urteil v. 3.12.2024, IX R 32/22, BFH/NV 2025 S. 718). Die Beschränkung des § 15 Abs. 6 AStG auf den EU- und EWR-Raum verstößt laut BFH gegen die Kapitalverkehrsfreiheit gem. Art. 63 AEUV. In Bezug auf § 15 AStG wird die Kapitalverkehrsfreiheit laut BFH auch nicht durch die Niederlassungsfreiheit verdrängt.

Hinweis

Im Urteil äußerte sich der BFH auch zur grundsätzlichen Anwendbarkeit der **Zurechnungsbesteuerung** und legte den Begriff der sog. **Anfallsberechtigung** aus. Da die Anfallsberechtigung im konkreten Fall gegeben war, äußerte sich der BFH nicht weiter zur sog. Bezugsberechtigung.

Die (übrigen) Voraussetzungen der Ausnahmeregelung des § 15 Abs. 6 AStG lagen für den BFH im konkreten Fall vor. Dabei legte der BFH die Anforderungen des § 15 Abs. 6 Nr. 1 AStG zur Vermeidung einer Beschränkung der Kapitalverkehrsfreiheit restriktiv aus. Mit seiner zivilrechtlichen Betrachtungsweise widersprach der BFH insoweit der von der Finanzverwaltung angewandten wirtschaftlichen Betrachtungsweise gem. Tz. 15.6.1.2. des Außensteuererlasses.

Hinweis

Die Ausführungen des BFH dürften insbesondere auch auf die Behandlung ausländischer Trusts und deren Gründer bzw. Begünstigter von Bedeutung sein. Im Zweifel sollten Steuerpflichtige gegen entsprechende AStG-Feststellungsbescheide Einspruch einlegen. In Reaktion auf das o.g. BFH-Urteil hat das BMF am 18.11.2025 den Entwurf einer Neufassung für die Zurechnungsbesteuerung für ausländische Familienstiftungen nach § 15 AStG-E veröffentlicht (vgl. Kapitel Ausblick Tz. 2.5.4).

2.9 Umsatzsteuer

2.9.1 E-Rechnung

Seit dem 1.1.2025 ist die Nutzung der elektronischen Rechnung (E-Rechnung) für bestimmte Umsätze zwischen inländischen Unternehmen (B2B) vorgeschrieben (§ 14 Abs. 1 Satz 3 UStG i.d.F. des Wachstumschancengesetzes). Bestimmte Rechnungen wiederum sind ausgenommen, beispielsweise Kleinbetragsrechnungen bis 250 EUR Gesamtbetrag (§ 33 UStDV) und Fahrausweise (§ 34 UStDV).

Das elektronische Format muss grundsätzlich den Vorgaben der Richtlinie 2014/55/EU vom 16.4.2014 entsprechen – sog. CEN-Format EN 16931 (vgl. § 14 Abs. 1 Satz 6 UStG).

Hinweis

Gesetzlich sind für den Rechnungsaussteller Übergangsregelungen vorgesehen, nicht jedoch für den Rechnungsempfänger. Der die Leistung und Rechnung empfangende Unternehmer muss daher seit dem 1.1.2025 eine elektronische Rechnung akzeptieren und verarbeiten können.

Das BMF hat seine Auffassung zur E-Rechnung in mehreren Schreiben konkretisiert und erweitert. Ein erstes Anwendungsschreiben v. 15.10.2024 (BStBl 2024 I S. 1320) konkretisierte die Einführung der Pflicht zur elektronischen Rechnung bei Umsätzen zwischen inländischen Unternehmern ab dem 1.1.2025, enthielt aber noch keine Anpassungen im UStAE. Auf den Tag genau ein Jahr nach Erscheinen des ersten Anwendungsschreibens hat das BMF ein zweites veröffentlicht, das im ersten Abschnitt Änderungen und Ergänzungen an dem BMF-Schreiben vom 15.10.2024 enthält und in einem zweiten Abschnitt die Änderungen auch im UStAE umsetzt.

Im neuen Schreiben v. 15.10.2025 (BStBl 2025 I S. 1806) präzisiert das BMF u.a. folgende Punkte:

Rechtsfolgen von Fehlern

Formatfehler führen dazu, dass die Rechnung nicht als E-Rechnung gilt und somit nicht zum Vorsteuerabzug berechtigt. Geschäftsregelfehler betreffen die logische Konsistenz der Angaben und sind nur relevant, wenn sie zu **Inhaltsfehlern** führen, etwa wenn Pflichtangaben fehlen oder widersprüchlich sind. Zur Erkennung solcher Fehler vor Rechnungsausgabe empfiehlt das BMF die Verwendung geeigneter **Validierungsanwendungen**. Dabei wird ausdrücklich darauf hingewiesen, dass eine solche Prüfung keine Garantie für eine fehlerfreie Rechnung darstellt und den Empfänger nicht von seiner Pflicht zur Prüfung auf Vollständigkeit und Richtigkeit entbindet.

Aufbewahrungspflichten

Die Aufbewahrungspflichten wurden ebenfalls konkretisiert: Unternehmer müssen jede ein- und ausgehende Rechnung **acht Jahre** lang **aufbewahren**. Bei E-Rechnungen ist mindestens der strukturierte Teil in seiner ursprünglichen Form zu sichern. Eine Archivierung außerhalb eines GoBD-konformen Systems wird umsatzsteuerlich nicht beanstandet, solange Echtheit, Unversehrtheit und Lesbarkeit gewährleistet sind. Allerdings kann eine nicht GoBD-konforme Archivierung andere steuerliche oder abgabenrechtliche Konsequenzen nach sich ziehen.

Ausnahmen für Kleinunternehmer und Kleinbetragsrechnungen

Rechnungen von Kleinunternehmern (§ 34a UStDV) sollen künftig von der Pflicht zur E-Rechnung ausgenommen und wie Kleinbetragsrechnungen oder Fahrausweise behandelt werden. Die Verwendung eines anderen elektronischen Formats bedarf der Zustimmung des Empfängers, vgl. Kapitel Rückblick Tz. 2.9.3.

Hinweis
Entsprechend dem ersten Anwendungsschreiben v. 15.10.2024 gilt das Schreiben v. 15.10.2025 für alle Umsätze ab dem 1.1.2025, wobei Übergangsregelungen bis zum 31.12.2027 zu beachten sind.

Vorsteuervergütungsverfahren

Mit Schreiben v. 27.3.2025 (BStBl 2025 I S. 951) wurde die Sichtweise zur Einreichung elektronischer Rechnungen im Vorsteuervergütungsverfahren für nicht im EU-Gemeinschaftsgebiet ansässige Unternehmen aktualisiert. Diese Unternehmen können die in Deutschland entrichtete Umsatzsteuer erstattet bekommen, sofern sie die entsprechenden Rechnungen und Einfuhrbelege im Original vorlegen. Neu ist, dass elektronisch empfangene Rechnungen nun auch elektronisch eingereicht werden dürfen – entweder über das BZSt-Online-Portal (BOP) oder durch Vorlage eines Speichermediums wie einem USB-Stick. Die entsprechenden Abschnitte im UStAE wurden ergänzt. Die Regelungen gelten für alle offenen Fälle.

E-Rechnung und Buchführung

Das Schreiben v. 14.7.2025 (BStBl 2025 I S. 1502) konkretisiert die **Behandlung von E-Rechnungen im Rahmen der Buchführung**. Die Änderungen betreffen die erfassungsgerechte Aufbereitung, Aufbewahrung und die maschinelle Auswertbarkeit von E-Rechnungen. Auch **hybride Formate**, die neben den strukturierten Datensätzen im XML-Format eine bildhafte Darstellung enthalten, wurden berücksichtigt. Bei Einsatz eines **Fakturierungsprogramms** ist eine bildhafte Kopie von Ausgangsrechnungen nicht erforderlich, sofern jederzeit ein inhaltlich identisches Mehrstück erstellt werden kann. Für eingehende E-Rechnungen genügt grundsätzlich die **Aufbewahrung** der strukturierten Datensätze. Die **bildhafte Darstellung** ist nur dann aufzubewahren, wenn sie zusätzliche oder abweichende steuerlich relevante Informationen enthält. Das Schreiben ist ab dem 14.7.2025 anzuwenden; Übergangs- oder Nichtbeanstandungsregelungen bestehen nicht.

Hinweis

Aufgrund der Einführung der E-Rechnung sieht eine geplante Änderung der KassenSichV vor, dass die nach § 6 KassenSichV zu erhebenden Daten künftig in E-Rechnungen integriert werden können, wodurch ein separater Bon entfallen würde (s. Bundesrat-Drucks. 651/25).

2.9.2 Überarbeitetes BMF-Schreiben zu Bewirtungsbelegen

Die Abzugsfähigkeit angemessener Bewirtungsaufwendungen als Betriebsausgaben ist insbesondere an **umfangreiche Nachweisanforderungen** geknüpft. Auf diese Nachweisführung wirkt sich auch die mit dem Wachstumschancengesetz eingeführte obligatorische E-Rechnung im B2B-Bereich aus. Insbesondere vor diesem Hintergrund hat das BMF sein bisheriges Anwendungsschreiben v. 30.6.2021 (BStBl 2021 I S. 908) nun überarbeitet, und zwar ausdrücklich bereits mit Wirkung ab 1.1.2025 (BMF, Schreiben v. 19.11.2025, IV C 6 – S 2145/00026/005/033).

Die Bewirtungsrechnung kann laut BMF dem Steuerpflichtigen in digitaler Form übermittelt werden (als E-Rechnung nach § 14 Abs. 1 Satz 3 und 6 UStG oder als sonstige Rechnung nach § 14 Abs. 1 Satz 4 UStG in einem anderen elektronischen Format). Eine **Bewirtungsrechnung in Papierform** kann vom Steuerpflichtigen digitalisiert werden (sog. digitalisierte Bewirtungsrechnung, vgl. Rn. 18). Dabei muss laut BMF ein digitaler oder digitalisierter Eigenbeleg auch digital mit der Bewirtungsrechnung oder dem Kassenbeleg über die Bewirtung zusammengefügt werden (vgl. Rn. 20).

In seinem Schreiben berücksichtigt das BMF die unterschiedlichen Nachweisanforderungen an Rechnungen oberhalb der **Kleinbetragsgrenze** (unverändert 250 EUR) und unterhalb dieser Grenze (Kleinbetragsrechnungen). Bei Rechnungen oberhalb der Grenze muss auch der Name des bewirtenden Steuerpflichtigen aus der Angabe des Leistungsempfängers ersichtlich sein (vgl. Rn. 12). Eine sonstige Rechnung in Form eines Kassenbelegs kann nachträglich durch eine E-Rechnung berichtigt werden. Belege in anderer Form, z. B. handschriftlich oder nur maschinell erstellte Belege erfüllen dann die Nachweisvoraussetzungen nicht, sodass darin ausgewiesene Bewirtungsaufwendungen vollständig vom Betriebsausgabenabzug ausgeschlossen sind (vgl. Rn. 13).

Hinweis

Für **Bewirtungen im Ausland** gelten laut BMF grundsätzlich dieselben strengen Nachweisanforderungen wie bei inländischen Bewirtungen. Das BMF enthält jedoch für Ausnahmefälle bestimmte Erleichterungen (vgl. Rn. 23).

2.9.3 (Neue) Steuerbefreiung für Kleinunternehmer

Die Kleinunternehmerregelung wurde im Rahmen des Jahressteuergesetzes 2024 v. 2.12.2024 (BGBl 2024 I S. 387) bedeutend geändert. Mit der Änderung des § 19 UStG wurde die Sonderregelung zum 1.1.2025 für Kleinunternehmer neu konzipiert. Umsätze eines Kleinunternehmers sind nunmehr von der Umsatzsteuer befreit – zuvor waren sie umsatzsteuerpflichtig, jedoch wurde die Umsatzsteuer darauf nicht erhoben. Die Umsatzgrenzen sind angehoben und die Umsatzgrenze von 100.000 EUR im laufenden Kalenderjahr ist nunmehr eine absolute und keine prognostische. Die Neuregelung ermöglicht es zudem auch im übrigen Gemeinschaftsgebiet ansässigen Unternehmern, die Kleinunternehmerregelung in Deutschland anzuwenden. Gleichzeitig können deutsche Unternehmer dank des neu eingeführten Meldeverfahrens nach § 19a UStG die Kleinunternehmerregelung in anderen EU-Staaten anwenden. Mit diesen Änderungen werden Kleinunternehmer besser in den europäischen Kontext eingebunden.

Das BMF hat als Reaktion auf die Gesetzesänderungen den **Umsatzsteuer-Anwendungserlass** (UStAE) überarbeitet und dabei wichtige Änderungen für Kleinunternehmer eingeführt (BMF, Schreiben v. 18.3.2025, BStBl 2025 I S. 742). Die Neuerungen betreffen u.a. die Auffassung der Finanzverwaltung zu der Rechnungsstellung, den Gesamtumsatzgrenzen und dem besonderen Meldeverfahren.

Ein neuer **Abschnitt 14.7a** enthält nun **Ausführungen zur Rechnungsstellung der Kleinunternehmer**. Diese müssen in ihren Rechnungen künftig explizit darauf hinweisen, dass ihre Umsätze gemäß der Kleinunternehmerregelung von der Umsatzsteuer befreit sind. Zudem wurde ausgeführt, dass keine Verpflichtung zur Ausstellung elektronischer Rechnungen besteht (vgl. Kapitel Rückblick Tz. 2.9.1.). Auch die Folgen eines unrichtigen Steuerausweises wurden konkretisiert. Aufgrund der Steuerfreiheit der Umsätze schuldet der Kleinunternehmer bei einem Steuerausweis diese ausgewiesene Steuer gem. § 14c Abs. 1 UStG (unrichtiger Steuerausweis).

Eine wichtige Änderung betrifft die **Überschreitung der Umsatzgrenzen**. Wird die Grenze von 100.000 EUR im laufenden Kalenderjahr überschritten, fällt der darüberhinausgehende Umsatz unter die Regelbesteuerung. Dies hat direkte Auswirkungen auf die Rechnungsstellung, den Vorsteuerabzug und die Abgabe von Voranmeldungen, die Unternehmer unbedingt beachten sollten. Hierfür wurde ein entsprechender Abschnitt 19.2 mit einem Beispiel in den UStAE aufgenommen.

Zudem wurden neue Abschnitte zum besonderen Meldeverfahren nach § 19a UStG eingefügt. Diese enthalten Ausführungen zur Registrierung, der individuellen Identifikationsnummer, den zu meldenden Umsätzen sowie zu den Konsequenzen, die eintreten, wenn der Jahresumsatz im gesamten Gemeinschaftsgebiet die zulässige Grenze überschreitet.

Unternehmer sollten sich frühzeitig mit den neuen Vorgaben vertraut machen, um mögliche Stolperfallen zu vermeiden. Auch für Unternehmen, die zwar keine Kleinunternehmer sind, jedoch Lieferungen oder sonstige Leistungen von Kleinunternehmern erhalten, ist dies sinnvoll.

Hinweis
Entsprechend der gesetzlichen Anwendungsregelung sind die neuen Ausführungen im UStAE auf Umsätze anzuwenden, die nach dem 31.12.2024 erbracht werden.

2.9.4 Wechsel vom bzw. zum Kleinunternehmer

Bei Überschreiten der o.g. Umsatzgrenzen wechselt der Steuerpflichtige in die reguläre Umsatzbesteuerung. Seine Umsätze werden ab dann umsatzsteuerpflichtig, sofern sie nicht nach anderen Vorschriften des UStG befreit sind. Unterschreitet ein regulär besteuerter Unternehmer dagegen die Grenzen, wird er zum Kleinunternehmer, sofern er nicht auf die Kleinunternehmerregelung verzichtet. Dann werden seine Umsätze gem. § 19 Abs. 1 Satz 1 UStG umsatzsteuerfrei. Mit BMF-Schreiben v. 10.11.2025 (BStBl 2025 I S. 1854) äußert sich das BMF zu den Folgen eines Wechsels zwischen der umsatzsteuerlichen Kleinunternehmerregelung und der Regelbesteuerung für den **Vorsteuerabzug** und passt die Abschnitte 15 und 19 des UStAE an.

Hinweis
Ein Wechsel zwischen den Regimen führt auch zu einer Änderung der Verhältnisse i.S. des § 15a UStG. Ein solcher Wechsel kann damit auch zu Vorsteuerverlusten oder -gewinnen im Bereich der Herstellungs- oder Anschaffungskosten für Wirtschaftsgüter führen, für die der **Berichtigungszeitraum** gem. § 15a UStG noch nicht abgelaufen ist.

Die Grundsätze des BMF-Schreibens sind auf alle offenen Fälle anzuwenden. Es wird jedoch nicht beanstandet, wenn sich ein Unternehmer in einer bis zum 10.11.2025 abgegebenen Umsatzsteuererklärung noch auf die bisherige Fassung des Abschn. 15.3 Abs. 2 UStAE beruft. In diesen Fällen können notwendige Vorsteuerkorrekturen in einer späteren Umsatzsteuererklärung vorgenommen werden.

2.9.5 Organschaft

Innerhalb einer umsatzsteuerlichen Organschaft (§ 2 Abs. 2 Nr. 2 UStG) werden Leistungen zwischen dem Organträger und der Organgesellschaft als **Innenumsätze** behandelt und sind nicht steuerbar. Offen war bisher die Frage, wie mit solchen Leistungen umzugehen ist, wenn sie für den **hoheitlichen Bereich des Organträgers** genutzt werden. Denn die hoheitliche Tätigkeit ist eine außerunternehmerische Tätigkeit (nichtwirtschaftliche Tätigkeit im engeren Sinne).

Laut BFH sind Leistungen, die eine Organgesellschaft an den Organträger erbringt, keine umsatzsteuerbaren Innenleistungen (BFH, Urteil v. 29.8.2024, V R 14/24 (V R 20/22; V R 40/19)). Das gelte unabhängig davon, wie der Organträger diese verwendet. Zudem entschied der BFH, dass auf Ebene des Organträgers **keine Entnahmebesteuerung** i.S. des § 3 Abs. 9a Nr. 2 UStG vorliegt, soweit er die bezogene Innenleistung für seine hoheitliche Tätigkeit verwendet.

Hinweis

Der BFH folgt mit seinem Urteil dem EuGH-Urteil v. 11.7.2024 (C-184/23). Zu beachten ist die Reichweite des BFH-Folgeurteils. Der BFH hat nur für Innenleistungen entschieden, die die Organgesellschaft entgeltlich an den Organträger erbracht hat. Für unentgeltliche Innenumsätze ist somit nicht geklärt, ob diese zu einer Entnahmebesteuerungen führen können. Auch über den umgekehrten Fall, in dem der Organträger entgeltliche Leistungen für den Hoheits- oder ideellen Bereich einer Organgesellschaft erbringt, entschied der BFH nicht.

2.9.6 Änderungen bei der Vorsteueraufteilung

Bei Verwendung von Gegenständen oder sonstigen Leistungen sowohl für zum Vorsteuerabzug berechtigende Umsätze als auch für nicht zum Vorsteuerabzug berechtigende Umsätze ist die Vorsteuer aufzuteilen (§ 15 Abs. 4 UStG). Der Umsatzschlüssel ist dabei grundsätzlich nur zulässig, wenn keine andere, präzisere wirtschaftliche Zuordnung möglich ist (§ 15 Abs. 4 Satz 3 UStG). Mit dem Gesetz zur Modernisierung und Digitalisierung der Schwarzarbeitsbekämpfung (Stand Bundestagsbeschluss v. 13.11.2025) wird ein neuer Satz zur **Aufteilung bei gemischt genutzten Grundstücken** aufgenommen. Danach ist (vorbehaltlich einer anderen wirtschaftlich präziseren Methode) eine Aufteilung nach dem **Verhältnis der Nutzflächen** vorzunehmen (§ 15 Abs. 4 Satz 4 UStG n. F.).

Hinsichtlich der für **Kreditinstitute** zu beachtenden Besonderheiten führte das BMF mit Schreiben v. 9.12.2024 (BStBl 2024 I S. 1604) sein bisheriges Schreiben an die Bankenverbände zum Vorsteuerabzug bei Kreditinstituten aus dem Jahr 2005 in ein reguläres BMF-Schreiben und aktualisierte in diesem Zuge die Vorsteuerabzugssystematik für Kreditinstitute.

Hinweis

Auch wenn das Schreiben sich ausdrücklich auf Kreditinstitute bezieht, ist davon auszugehen, dass es wie auch sein Vorgängerschreiben v. 12.4.2005 auf **andere Steuerpflichtige aus der Finanzbranche** Anwendung finden wird. Die Grundsätze des BMF-Schreibens sind in allen offenen Fällen anzuwenden. Es soll jedoch nicht beanstandet werden, wenn sich ein Unternehmer bis zum 31.12.2025 auf die Grundsätze des Schreibens vom 12.4.2005 beruft.

Mit dem o.g. Schwarzarbeitsbekämpfungsgesetz (Stand Bundestagsbeschluss v. 13.11.2025) wird die ursprünglich durch das Vierte Bürokratieentlastungsgesetz vorgesehene Verkürzung der **Aufbewahrungsfristen** für die Unternehmen des **Finanzsektors** zurückgenommen (Art. 97 § 19a Abs. 2 EGAO n.F.). Damit gilt für diese Unternehmen grundsätzlich die nach § 147 Abs. 3 AO a.F. vorgesehene zehnjährige Aufbewahrungspflicht für Buchungsbelege (entsprechende Anpassung in § 257 Abs. 4 HGB).

2.9.7 Geschäftsveräußerung im Ganzen

Erbringt ein Unternehmer Leistungen, die eine Geschäftsveräußerung (im Ganzen) gem. § 1 Abs. 1a UStG darstellen, sind diese Leistungen nicht umsatzsteuerbar. Dabei beschränkt sich die Nichtsteuerbarkeit laut BFH auf Leistungen, die zwischen dem übertragenden Unternehmer und dem Übertragungsempfänger erbracht werden. Sie erfasst dagegen **keine Umsätze**, die **an Dritte** ausgeführt werden. Eine Ausnahme hierzu liegt lediglich dann vor, wenn eine (weitere) Geschäftsveräußerung im Ganzen vorliegt (BFH, Urteil v. 29.8.2024, V R 41/21, BStBl 2025 II S. 642).

Hinweis

Die abgrenzenden Aussagen des BFH sind insbesondere für **gesellschaftsrechtliche Konstellationen** von Bedeutung, in denen beispielsweise neben dem übertragenden Unternehmer auch dessen Gesellschafter in die Vereinbarungen mit eingebunden sind. Das Urteil enthält noch weitere Überlegungen des BFH. So wird wohl eine Leistung des übernehmenden Unternehmers an den das Geschäft im Ganzen übertragenden Unternehmer nicht im Rahmen der nichtsteuerbaren Geschäftsveräußerung dieses übertragenden Unternehmers mit aufgehen. Sie muss somit unabhängig von der Geschäftsveräußerung des übertragenden Unternehmers beurteilt werden, ob sie selbständig (ebenfalls) eine Geschäftsveräußerung im Ganzen darstellen kann.

2.9.8 Tauschähnliche Umsätze bei Entsorgungsleistungen

In Reaktion auf ein Urteil des BFH zum tauschähnlichen Umsatz bei Entsorgungsleistungen (Urteil v. 18.4.2024, V R 7/22, BStBl 2024 II S. 60) passte das BMF (mit Wirkung für alle offenen Fälle) seine Ausführungen im UStAE in Abschnitt 3.16. Abs. 1 UStAE n. F. an (s. BMF, Schreiben v. 15.1.2025, BStBl 2025 I 274). Laut BFH ist ein tauschähnlicher Umsatz mangels einer der Entsorgungsleistung gegenüberstehenden Lieferung nicht anzunehmen, wenn ein Unternehmer nicht mehr nutzbaren, gefährlichen Abfall zum ausschließlichen Zweck der gesetzlich angeordneten Verwertung zur Rückgewinnung/Regenerierung von Abfällen übernimmt.

Hinweis

Die Grundsätze dieses BMF-Schreibens v. 15.1.2025 sind in allen offenen Fällen anzuwenden.

2.9.9 Behandlung von Tankkartensystemen

Im Rahmen eines Kfz-Leasings, aber auch in anderen Konstellationen der Fahrzeugüberlassung, wird den Fahrzeugnutzern häufig eine Tankkarte zur Verfügung gestellt, mit denen der Fahrzeugnutzer das Fahrzeug betanken kann. Zivilrechtlich handelt und erwirbt der Fahrzeugnutzer den Kraftstoff dabei typischerweise nicht im eigenen Namen, sondern im (fremden) Namen des die Tankkarte ausgebenden Unternehmens. Dieses wiederum berechnet dem Fahrzeugnutzer den Kraftstoff dann weiter. Zivilrechtlich liegt somit eine Lieferung des Mineralölunternehmens an das die Tankkarte ausgebende Unternehmen einerseits und eine Lieferung des Tankkartenunternehmens an den Fahrzeugnutzer andererseits vor. Laut EuGH liegt **umsatzsteuerrechtlich** jedoch **nur eine Lieferung** vor (vom Mineralölunternehmen direkt an den Fahrzeugnutzer). Das die Tankkarte ausgebende Unternehmen wiederum gewährt dem Fahrzeugnutzer einen **Kredit**, indem es den Treibstofferwerb des Fahrzeugnutzers vorfinanziert (EuGH, Urteile v. 10.4.2003, Rs. „Auto Lease Holland", C-185/01, und v. 15.5.2019, Rs. „Vega International Car Transport and Logistic", C-235/18).

Auf das erste EuGH-Urteil reagierte das BMF mit Schreiben v. 15.6.2004 über die umsatzsteuerliche Behandlung von **Kraftstofflieferungen im Kfz-Leasingbereich**. Darin unterscheidet das BMF: Je nach den vertraglichen Bedingungen zwischen Leasinggeber und Leasingnehmer können entweder – den zivilrechtlichen Gegebenheiten entsprechend – zwei Lieferungen vorliegen, einerseits zwischen Mineralölunternehmen und Leasinggeber, sowie zwischen Leasinggeber und Leasingnehmer. Oder es liegt – entsprechend der EuGH-Rechtsprechung – eine Treibstofflieferung von dem Mineralölunternehmen direkt an den Leasingnehmer vor und eine Finanzierungsleistung zwischen Leasinggeber und Leasingnehmer. Diese Grundsätze überträgt das BMF nun auch auf alle **anderen Systeme**, in denen eine Tankkarte ausgegeben ist, mit denen der Tankkarteninhaber (Fahrzeugnutzer) zivilrechtlich im Namen und für Rechnung des die Tankkarte ausgebenden Unternehmens Treibstoff erwirbt (BMF, Schreiben v. 21.1.2025, BStBl 2025 S. 371).

Hinweis

Das Schreiben ist in allen verfahrensrechtlich noch offenen Fällen anzuwenden und enthält keine Übergangsregelung. Nicht ausdrücklich geregelt wurde, ob das BMF-Schreiben auch Systeme erfasst, in denen mit einer Karte **Strom für Elektrofahrzeuge** erworben werden kann, statt Treibstoff für Verbrennungsfahrzeuge. Der Wortlaut schließt es andererseits auch nicht aus.

2.9.10 Unrichtiger Umsatzsteuerausweis bei übernommenen Verträgen

Nach § 14c Abs. 1 Satz 1 UStG schuldet der Unternehmer, der in einer Rechnung für eine Lieferung oder sonstige Leistung einen höheren Steuerbetrag gesondert ausgewiesen hat als er nach dem Umsatzsteuergesetz für den Umsatz schuldet (unrichtiger Steuerausweis), auch den unrichtig ausgewiesenen Umsatzsteuerbetrag. Laut BFH setzt eine solche **Haftung** aber voraus, dass die als Rechnungsaussteller bezeichnete Person entweder **an der Erstellung der Rechnung mitgewirkt** hat oder aber ihr die Ausstellung durch einen anderen zuzurechnen sein muss (BFH, Urteil v. 5.12.2024, V R 16/22, BStBl 2025 II S. 536). Daher verneinte der BFH die Haftung eines Grundstückserwerbers für Umsatzsteuer, die der Voreigentümer und Vorvermieter in Mietverträgen ausgewiesen hatte und die der Grundstückserwerber nach Erwerb fortführte.

Hinweis

Die Ausführungen dürften auch für **andere Arten der Rechtsnachfolge** zu beachten sein. Dabei bedeutet eine gesetzlich angeordnete Teil- oder Gesamtrechtsnachfolge nicht zwingend, dass sich die Haftung nach § 14c UStG auf den Übernehmenden erstreckt.

2.9.11 Vorsteuervergütungsverfahren bei Anzahlungsrechnungen

Ein **im Ausland ansässiger Unternehmer**, der mit Vorsteuern belastete Eingangsleistungen bezieht, im Inland selbst aber keine Umsätze ausgeführt hat, kann sich die Vorsteuerbeträge nur über das Vergütungsverfahren beim Bundeszentralamt für Steuern (BZSt) erstatten lassen. In dem Antrag sind hierbei u.a. die Angaben aus jeder einzelnen Eingangsrechnung aufzuführen.

Laut BFH muss das BZSt die Vorsteuerbeträge aus Anzahlungsrechnungen auch dann erstatten, wenn der Antragsteller die (die Anzahlungsrechnungen) betreffenden Angaben nicht macht, jedoch **Angaben zu den Endrechnungen** macht, in denen die Umsatzsteuer aus den Anzahlungsrechnungen zum Abzug gebracht wurde. Hierbei ist jedoch Voraussetzung, dass die beantragte Vergütung den **Gesamtbetrag der Vorsteuern** enthält (einschließlich der sich aus den Anzahlungsrechnungen ergebenden Vorsteuerbeträge) und nicht nur den Restbetrag aus der Endrechnung. Weiterhin müssen die Anzahlungsrechnung und deren Zahlung einerseits und die nach Ausführung der Leistung erteilte Endrechnung andererseits denselben Vergütungszeitraum betreffen (BFH, Urteil v. 12.12.2024, V R 6/23, BFH/NV 2025 S. 627).

Hinweis
Der BFH betont (einmal mehr), dass ein **formeller Fehler** die Erstattung nicht verhindern darf, solange der **Anspruch** auf Vorsteuervergütung **nachweisbar** ist (unionsrechtlich geschütztes Recht des Unternehmers auf Vorsteuervergütung). Diese Grundsätze sind insbesondere deshalb bedeutend und auch hilfreich, weil das BZSt die Vergütungsanträge typischerweise ausgesprochen formstreng behandelt. Um Komplikationen zu vermeiden, müssen die Vergütungsanträge jedoch mit besonderer Sorgfalt bearbeitet und gestellt werden. Dies umso mehr, als nach Ablauf der Antragsfrist eine Nachbesserung kaum möglich ist.

2.9.12 Mitvermietung von Betriebsvorrichtungen

Die Vermietung von Grundstücken ist grundsätzlich umsatzsteuerfrei (§ 4 Nr. 12 Satz 1 UStG). Davon ausgeschlossen ist jedoch ausdrücklich die Vermietung von Betriebsvorrichtungen (§ 4 Nr. 12 Satz 2 UStG). Der EuGH sah darin jedoch eine Unvereinbarkeit mit der Mehrwertsteuersystemrichtlinie (EuGH, Urteil v. 4.5.2023, C-516/21). Daraufhin änderte auch der BFH seine bisherige Sichtweise und folgt nicht mehr der strengen Aufteilung zwischen steuerfreier Grundstücksvermietung und umsatzsteuerpflichtiger Mitvermietung von Betriebsvorrichtungen (BFH, Beschluss v. 17.8.2023 (V R 7/23 (V R 22/20)). Vielmehr ist auch hier die allgemeine Systematik der umsatzsteuerlichen Beurteilung von Haupt- und Nebenleistungen anzuwenden (Nebenleistung folgt der Hauptleistung). Dem will nun auch die Finanzverwaltung folgen (BMF, Entwurf v. 18.11.2025). Laut dem Entwurf soll die neue Sichtweise bereits in allen offenen Fällen greifen, nur für Umsätze vor dem 1.1.2026 ist eine Nichtbeanstandungsregelung vorgesehen.

Hinweis
Zum Zeitpunkt der Drucklegung lag noch keine finale Fassung vor. Es bleibt abzuwarten, ob sich im finalen Schreiben nach der erfolgten Verbändeanhörung noch Änderungen ergeben. Betroffene Unternehmer sollten dennoch bereits jetzt prüfen, inwieweit sie ihre Einordnung und vertraglichen Ausgestaltungen ändern müssen.

2.9.13 Direktverbrauch von erzeugter Energie

Der BFH hat sich in verschiedenen Urteilen hinsichtlich des eigens verbrauchten Stroms (Direktverbrauch) von erzeugter Energie geäußert. Er urteilte u.a., dass der Direktverbrauch nicht zu einer Lieferung an den Betreiber des Stromnetzes führt. Weitere Entscheidungen betreffen unentgeltliche Wertabgaben, wie es bei beispielsweise der Wärmeabgabe aus einer Biogas-Anlage der Fall ist (s. BFH, Urteile v. 15.3.2022, V R 34/20, BStBl 2025 II S. 259; v. 9.11.2022, XI R 31/19, BStBl 2025 II S. 262; v. 29.11.2022, XI R 18/21, BStBl II 2025 S. 265 und v. 11.5.2023, V R 22/21, BStBl II 2025 S. 269).

Das BMF aktualisierte mit Schreiben v. 31.3.2025 (BStBl 2025 I S. 977) den Abschnitt 2.5 UStAE und übernimmt die Grundsätze der vorgenannten Urteile zum Betrieb von Anlagen zur Energieerzeugung. Dabei wurden Bestimmungen zu **Photovoltaikanlagen** und **Kraft-Wärme-Kopplungs-Anlagen** aufgenommen. Zudem wurden der Gegenstand der Lieferung, die Bemessungsgrundlage, die Mengenermittlung sowie der Direktverbrauch präzisiert und durch Beispiele veranschaulicht. Ergänzend erfolgten Regelungen zum Vorsteuerabzug.

Nach dem Erneuerbare-Energien-Gesetz (EEG) muss der Netzbetreiber die **gesamte** vom Betreiber einer Photovoltaikanlage **erzeugte Elektrizität** abnehmen und vergüten. Umsatzsteuerrechtlich umfasst die Stromlieferung sowohl den physisch eingespeisten als auch den kaufmännisch-bilanziell weitergegebenen Strom, wobei die **Einspeisevergütung als Entgelt** gilt. Der nicht eingespeiste, dezentral verbrauchte Strom wird nicht vergütet und ist nicht Gegenstand der Lieferung. Für den **Vorsteuerabzug** aus Stromspeichern und Wallboxen ist entscheidend, dass der Strom zu mindestens 10 % für unternehmerische Zwecke verbraucht wird. Bei privater Nutzung kann der volle Vorsteuerabzug geltend gemacht werden, wenn die unternehmerische Nutzung mindestens 10 % beträgt.

Nach dem Kraft-Wärme-Kopplungsgesetz (KWKG) wird der **dezentrale Verbrauch** von Strom durch den Anlagenbetreiber oder einen Dritten gefördert. Auch hier zählt nur der eingespeiste oder bilanziell weitergegebene Strom als Lieferung, wobei der nicht eingespeiste, dezentral verbrauchte Strom nicht als Lieferung gilt. Der **KWK-Zuschlag** für nicht eingespeisten Strom ist ein nichtsteuerbarer **echter Zuschuss**. Bei der Entnahme von Wärme für nichtunternehmerische Zwecke ist der fiktive Einkaufspreis maßgebend. Ist ein fiktiver Einkaufspreis nicht feststellbar, sind die Selbstkosten als Bemessungsgrundlage anzusetzen. Handelt es sich bei dem Dritten um eine nahestehende Person, ist die Mindestbemessungsgrundlage des § 10 Abs. 5 UStG zu prüfen.

Hinweis

Die Grundsätze dieses Schreibens sind in allen offenen Fällen anzuwenden. Das BMF beanstandet aber nicht, wenn für Umsätze, die vor dem 1.1.2026 ausgeführt wurden, übereinstimmend Abschnitt 2.5 des UStAE in der bis zum 31.3.2025 geltenden Fassung angewendet wird. Bei vor dem 1.1.2026 ausgeführten Lieferungen im Rahmen der Direktvermarktung von KWK-Anlagen, für die ein Anspruch auf einen KWK-Zuschlag besteht, beanstandet die Finanzverwaltung nicht, wenn der KWK-Zuschlag als ein steuerbares und steuerpflichtiges Entgelt beurteilt wurde. Das BMF-Schreiben v. 19.9.2014 (BStBl 2014 I S. 1287) wird aufgehoben.

2.9.14 Aufteilung Gesamtentgelt mit unterschiedlichen Steuersätzen

Ein Gesamtentgelt ist für umsatzsteuerliche Zwecke dann aufzuteilen, wenn es für mehrere, umsatzsteuerlich getrennte Lieferungen vereinbart ist. Von besonderer Bedeutung ist die Aufteilung, wenn auf die Lieferungen unterschiedliche Umsatzsteuersätze entfallen (etwa Veräußerung einer Speise (7 %) und eines Getränks (19 %) außer Haus für einen einheitlichen Preis).

Grundsätzlich wird die Umsatzsteuer gem. § 10 Abs. 1 UStG auf das **Nettoentgelt** berechnet, das der Unternehmer für seine Leistung erhält. Verkehrs-, Marktwert oder Einkaufspreis spielen somit grundsätzlich keine Rolle. So verhält es sich auch bei einem Gesamtpreis, den der Unternehmer für mehrere getrennte Leistungen erhält. Zur Aufteilung ist laut BFH die einfachstmögliche Berechnungs- oder Bewertungsmethode zu wählen. Der BFH sieht diese in der **Aufteilung nach Marktwerten bzw. Einzelverkaufspreisen**. Soweit ein Verkaufspreis nicht existiert, ist die Berechnung mit fiktiven Einzelverkaufspreisen vorzunehmen. Alle Ergebnisse (gleich nach welcher Berechnungsmethode) müssen jedoch den wirtschaftlichen und geschäftlichen Realitäten entsprechen. Das ist beispielsweise dann nicht der Fall, wenn der ermittelte Entgeltanteil für eine Leistung in einer insgesamt **rabattierten Gesamtheit** höher ist als der unrabattierte Einzelverkaufspreis dieser Leistung (BFH, Urteil v. 22.1.2025, XI R 19/23, BStBl 2025 II S. 583).

Hinweis

Ausnahmen von den o.g. Grundsätzen schließt der BFH nicht aus. So hält der BFH auch die von der Finanzverwaltung akzeptierte Aufteilung nach dem Wareneinsatz (Abschn. 10.1. Abs. 11 Satz 5 UStAE) für nicht ausgeschlossen.

2.9.15 Abfrage von Umsatzsteuer-Identifikationsnummern

Der Verwendung der richtigen Umsatzsteuer-Identifikationsnummer kommt insbesondere im Leistungsverkehr innerhalb der EU eine erhebliche Bedeutung zu. Bisher war eine Abfrage von ausländischen Umsatzsteuer-Identifikationsnummern beim BZSt auch telefonisch oder schriftlich möglich. Seit dem 20.7.2025 können diese **Bestätigungen beim BZSt ausschließlich online** abgefragt werden. Wie bisher können dort Einzelabfragen oder mittels der vorhandenen Schnittstelle Mehrfachabfragen gestellt werden (BMF, Schreiben v. 6.6.2025, BStBl 2025 I S. 1443).

Hinweis

Die Verwendung gültiger Umsatzsteuer-Identifikationsnummern ist insbesondere bei innergemeinschaftlichen Lieferungen (§ 6a UStG), aber beispielsweise auch beim innergemeinschaftlichen Dreiecksgeschäft (§ 25b UStG) und für Plattformbetreiber (§ 22f i.V.m. § 25e UStG) wichtig. Daher kann ein inländischer Unternehmer sich die Gültigkeit einer Umsatzsteuer-Identifikationsnummer sowie den Namen und die Anschrift der Person, der die Umsatzsteuer-Identifikationsnummer von einem anderen Mitgliedstaat erteilt wurde, vom BZSt bestätigen lassen (§ 18e Nr. 1 UStG).

Die Möglichkeit der telefonischen oder schriftlichen Abfrage ist damit entfallen. Damit ist es auch nicht mehr möglich, schriftliche Abfragen mit dem Antrag auf Erteilung der eigenen Umsatzsteuer-Identifikationsnummer zu kombinieren. Da eine deutsche Umsatzsteuer-Identifikationsnummer für die Online-Abfrage beim BZSt erforderlich ist, muss sie nun bereits zum Zeitpunkt der Abfrage vorliegen.

2.9.16 Nachweis für Ausfuhren

Grundsätzlich sieht das harmonisierte Mehrwertsteuersystem in der Europäischen Union vor, dass Ausfuhren ins Drittland umsatzsteuerbefreit sind. Insbesondere die deutsche Finanzverwaltung stellt dafür jedoch hohe formelle Anforderungen. Laut EuGH-Rechtsprechung ist aufgrund des Grundsatzes der steuerlichen Neutralität die Steuerbefreiung für Ausfuhrlieferungen zu gewähren, wenn die materiell-rechtlichen Voraussetzungen für die Inanspruchnahme der Steuerbefreiung zweifelsfrei nachgewiesen werden.

Diese Rechtsauffassung übernimmt das BMF mit Schreiben v. 1.7.2025 (BStBl 2025 I S. 1477) in Abschnitt 6.6 seines Umsatzsteueranwendungserlasses. In bestimmten Fällen ist ein Ausfuhrnachweis auch **ohne** eine **Bestätigung der Grenzzollstelle** oder der Abgangsstelle durch andere geeignete Belege oder Ersatzbelege anzuerkennen. Dies setzt allerdings voraus, dass die Voraussetzungen der Umsatzsteuerfreiheit zum einen anhand objektiver Kriterien nachgewiesen werden können und zum anderen zweifelsfrei feststehen. Als anderweitige Nachweise kommen beispielsweise Bescheinigungen amtlicher Stellen der Bundesrepublik Deutschland in Betracht, die letztlich die Ausfuhr belegen.

2.9.17 Gesetzesänderungen im UStAE

Mit BMF-Schreiben v. 8.7.2025 (BStBl 2025 I S. 1479) hat das BMF verschiedene gesetzliche Änderungen aus dem Wachstumschancengesetz (WtChG), dem Bürokratieentlastungsgesetz 4 (BEG IV) und dem Jahressteuergesetz 2024 (JStG 2024) aufgegriffen, u.a. die Erhöhung der Schwellenwerte für die Befreiung und die monatliche Abgabe von Umsatzsteuer-Voranmeldungen, die Verkürzung von Aufbewahrungsfristen für Rechnungen und die Haftung für unrichtigen Steuerausweis gem. § 14c Abs. 2 UStG. Dies wurde zum Anlass genommen, den Umsatzsteueranwendungserlass (UStAE) anzupassen.

Die **Aufbewahrungsfrist für Rechnungen** gem. §§ 14b Abs. 1 Satz 1, 26a Abs. 2 Nr. 2 UStG wurde im BEG IV von zehn auf **acht Jahre** verkürzt. Das BMF führt hierzu u.a. unter Verweis auf § 147 Abs. 3 Satz 5 AO aus, dass trotz der Verkürzung die Aufbewahrungspflicht bestehen bleibe, solange die Rechnungen für Steuern von Bedeutung sind, für die die **Festsetzungsfrist** noch **nicht abgelaufen** ist. Dies betreffe auch Rechnungen, die für eine Vorsteuerberichtigung nach § 15a UStG im Zusammenhang mit Grundstücken relevant sind. In solchen Fällen ende die Aufbewahrungsfrist erst mit Ablauf des letzten Jahres des zehnjährigen Berichtigungszeitraums. Ferner weist das BMF daraufhin, dass die geänderten Aufbewahrungsfristen nicht für weitere umsatzsteuerliche Aufzeichnungen gelten, z.B. solchen nach §§ 22 Abs. 1 UStG oder 22f Abs. 1–4 UStG.

Außerdem wird auf die Anpassung in § 14c Abs. 2 Satz 2 UStG eingegangen, der zufolge eine nicht unternehmerisch tätige Person eine **zu Unrecht ausgewiesene Umsatzsteuer** auch dann schuldet, wenn der Leistungsempfänger die Rechnung für sie ausgestellt hat (umsatzsteuerliche Gutschrift) und sie dieser nicht unverzüglich widerspricht. Für ab dem 6.12.2024 verwirklichte Sachverhalte nicht mehr anzuwenden sei insofern das BFH-Urteil v. 27.11.2019 (V R 23/19), demzufolge der Nichtunternehmer in einer solchen Konstellation die Umsatzsteuer nicht gem. § 14c Abs. 2 UStG schulde.

Daneben wurden die gesetzlich angepassten **Schwellenwerte** für die Befreiung (von 1.000 EUR auf 2.000 EUR) und die Verpflichtung zur monatlichen Abgabe von **Umsatzsteuervoranmeldungen** (von 7.500 EUR auf 9.000 EUR) ebenso wie der erhöhte Grenzbetrag für die Gesamtdifferenzbesteuerung (von 500 EUR auf 750 EUR) in den UStAE übernommen.

Hinweis

Mit Ausnahme der Anpassungen zu § 14c UStG ist das Schreiben grundsätzlich ab dem 1.1.2025 anzuwenden.

2.9.18 Umsatzsteuer bei Online-Veranstaltungen

Bei Veranstaltungen, die über das Internet angeboten werden, stellt sich aus umsatzsteuerlicher Sicht insbesondere die Frage nach der Anwendbarkeit von Steuerermäßigungen und -befreiungen sowie nach dem Leistungsort. Der Ort der Leistung ist für die Umsatzsteuer von großer Bedeutung. Denn ein Umsatz wird nur dann vom deutschen Umsatzsteuerrecht erfasst, wenn er im Inland ausgeführt wird. Typischerweise gilt dies vergleichbar auch für die Umsatzbesteuerung in anderen Staaten. Da Online-Veranstaltungsdienstleistungen häufig eine Kombination von Leistungen umfassen (z.B. Livestream und Download-Funktion), stellt sich auch die Frage nach dem Umfang etwaiger **Steuerbefreiungen**. Weiterhin ist zu unterscheiden, ob die verschiedenen Komponenten als einzelne, einheitliche Leistung zu beurteilen sind oder als selbständige Leistungen, die umsatzsteuerrechtlich somit auch unterschiedlich einzuordnen sein können. Mit BMF-Schreiben v. 8.8.2025 (BStBl 2025 I S. 1637) ersetzt das BMF sein bisheriges Schreiben v. 29.4.2024 und ergänzt bzw. ändert (teilweise) seine bisherigen Ansichten.

So hatte das alte Schreiben bei **Leistungskombinationen** grundsätzlich eine Typisierung als einheitliche Leistung eigener Art vorgesehen. Nach dem neuen Schreiben soll die Abgrenzung wieder nach den allgemeinen Regeln zur Einheitlichkeit der Leistung beurteilt werden (vgl. Rn. 12).

Hinweis

Die Regelungen sollen auch für andere Online-Dienstleistungsangebote gelten (vgl. Rn. 13). Zur Anwendung der (kürzlich durch das JStG 2024 angepassten) Steuerbefreiung für Bildungsdienstleistungen i. S. von § 4 Nr. 21 UStG äußert sich das BMF mit einem separaten BMF-Schreiben v. 24.10.2025 (vgl. Kapitel Rückblick Tz. 2.9.19).

Die Bestimmung des Leistungsortes im B2C-Bereich über den Wohnort des Leistungsempfängers soll nun in Übereinstimmung mit der entsprechenden gesetzlichen Änderung in § 3a Abs. 3 Nr. 3 Satz 2 UStG aus dem JStG 2024 erst ab dem 1.1.2025 gelten (Rn. 17).

Hinweis

Die Grundsätze des neuen Schreibens sollen grundsätzlich auf alle offenen Fälle angewendet werden. Hinsichtlich der Änderungen im Vergleich zum Schreiben aus dem Vorjahr sieht das Schreiben im Übrigen eine Nichtbeanstandungsregelung für Leistungen vor, die vor dem 1.1.2026 ausgeführt werden (vgl. Rn. 18). Die Änderungen wurden entsprechend auch in den UStAE übernommen.

2.9.19 Behandlung von Bildungsleistungen

Die Norm des § 4 Nr. 21 UStG, die Vorgaben für die Steuerbefreiung von Bildungsleistungen enthält, wurde durch das Jahressteuergesetz 2024 v. 2.12.2024 (BGBl. 2024 I Nr. 387) mit Wirkung zum 1.1.2025 geändert. So wurde der **Anwendungsbereich der Steuerbefreiung** auf „Schul- und Hochschulunterricht, Aus- und Fortbildung sowie berufliche Umschulung und damit eng verbundene Lieferungen und sonstige Leistungen“ erweitert (Integration der beruflichen Fortbildung), wobei das Bescheinigungsverfahren beibehalten wurde (vgl. § 4 Nr. 21 Buchst. a) bb) UStG). Aufgenommen wurde eine explizite Regelung zu Privatlehrern (§ 4 Nr. 21 Satz 1 Buchst. c UStG).

Zu der neuen Rechtslage äußerte sich das BMF ausführlich mit Schreiben v. 24.10.2025 (BStBl 2025 I S. 1841) und überarbeitete und ergänzte auch die entsprechenden Ausführungen im UStAE.

Die neuen Ausführungen betreffen dabei hauptsächlich

- die **Erweiterung der Steuerbefreiung** im Bereich der **beruflichen Fortbildung**
- Erläuterungen, welche Umsätze zu den eng verbundenen Umsätzen i.S. des erweiterten Anwendungsbereichs fallen, sowie
- die Verwaltungsauffassung zum neuen separaten Befreiungstatbestand für Privatlehrer.

Hinweis

Die Ausführungen zum überarbeiteten § 4 Nr. 21 UStG sind grundsätzlich entsprechend der gesetzlichen Anwendungsregelung für nach dem 31.12.2024 erbrachte Umsätze anzuwenden. Dabei gewährt das BMF einen langen **Übergangszeitraum bis Ende 2027**, in dem grundsätzlich die Behandlung nach den bisherigen Grundsätzen nicht beanstandet wird (vgl. Rn. 5 des BMF-Schreibens). Bescheinigungen, die vor dem 1.1.2025 von der zuständigen Landesbehörde ausgestellt wurden, werden grundsätzlich bis zum Ablauf des jeweiligen Gültigkeitszeitraums bzw. etwaigen Widerrufs anerkannt (vgl. Rn. 6 des BMF-Schreibens). Für Fälle eines Nichtvorlegens einer Bescheinigung obliegt es laut BMF der Finanzbehörde, bei begründeter Annahme des Vorliegens einer begünstigten Bildungsleistung eine entsprechende Prüfung der Erteilung einer Bescheinigung bei der zuständigen Landesbehörde anzuregen und um Erteilung einer Bescheinigung zu bitten (vgl. Rn. 7 des BMF-Schreibens).

Mit diesem Schreiben arbeitet das BMF auch eine Reihe von BFH-Urteilen in den UStAE ein und sieht auch hinsichtlich dieser Urteile differenzierte Anwendungsregelungen vor (vgl. Rn. 8ff. des BMF-Schreibens).

2.9.20 Verrechnungspreisanpassungen im Konzern

Laut EuGH können **konzerninterne Ausgleichszahlungen**, die nach der transactional net margin method (TNMM) der OECD-Verrechnungspreisleitlinien berechnet werden, **Gegenleistungen für umsatzsteuerbare Leistungen** sein (EuGH, Urteil v. 4.9.2025, C-726/23). Voraussetzung ist ein Rechtsverhältnis zwischen den beteiligten Gesellschaften, in dem die Gesellschaft, die die Ausgleichszahlung erhält, hierfür eine Leistung an die zahlende Gesellschaft erbracht hat. Auch wenn die Vergütung variabel ist und an die erzielte Gewinnmarge anknüpft, steht dies laut EuGH der Annahme eines steuerbaren Entgelts nicht entgegen. Ebenso wenig stehe es der Umsatzsteuerbarkeit entgegen, wenn im Rahmen bestimmter Gewinnmargen keine oder gar Ausgleichszahlungen in umgekehrter Richtung zu leisten sind.

Hinweis

Nicht entschieden hat der EuGH, wie eine „umgekehrte" Ausgleichszahlung zu behandeln ist, die die leistende Gesellschaft an die Leistungsempfängerin zahlt, z.B. wenn das Ergebnis der Gesellschaft aus Verrechnungspreissicht zu hoch ist und die negative Ausgleichszahlung zum Jahresende notwendig wird, um die vereinbarte Zielmarge zu erreichen oder auch wenn Verluste der Leistungsempfängerin bestimmte Grenzen übersteigen.

Hinsichtlich des **Vorsteuerabzugs** führt der EuGH aus, dass die Finanzverwaltung neben der Rechnung durchaus zusätzliche Nachweise verlangen kann. Die Anforderung zusätzlicher Nachweise muss aber notwendig und verhältnismäßig sein. Die Finanzverwaltung darf nicht verlangen, dass die Erforderlichkeit oder Zweckmäßigkeit der eingekauften Eingangsleistung für die eigenen Ausgangsleistungen nachgewiesen wird.

Hinweis

In der Praxis führt die umsatzsteuerliche Behandlung von Verrechnungspreis-Ausgleichszahlungen immer wieder zu Fragen und Streit mit der Finanzverwaltung. Besonders kritisch sind Sachverhalte, bei denen die Ausgleichszahlung **aggregiert** für **mehrere Geschäftsbeziehungen** geleistet wird, die gegebenenfalls unterschiedlichen Umsatzsteuersätzen unterliegen. Die Frage des Vorsteuerabzugs und dessen (formaler) Voraussetzungen führt ebenfalls oft zu Auseinandersetzungen. Auch das vorliegende Urteil bringt hier keine endgültige Klarheit. Es bleibt offen, wie die Finanzverwaltung das Urteil interpretieren wird und ob sie ggf. Hinweise hierzu veröffentlicht. Steuerpflichtigen ist zu empfehlen, ihre konzerninternen Verträge und das Vorgehen bei Verrechnungspreisausgleichszahlungen aus umsatzsteuerlicher Sicht zu überprüfen und die Dokumentation gezielt zu ergänzen, insbesondere dort, wo ein direkter Leistungsbezug besteht und der Vorsteuerabzug betroffen ist.

Auch hinsichtlich der **Bestimmung des Zollwertes** spielen Verrechnungspreisanpassungen eine Rolle. Laut BFH können in der Zollanmeldung gemachte Angaben gem. Art. 78 Abs. 1 Zollkodex (ZK) ZK / Art. 48 Unionszollkodex (UZK) nach Überlassung der Waren von den Zollbehörden überprüft und der Zollwert nachträglich korrigiert werden (BFH, Urteil v. 15.7.2025, VII R 36/22). Zwar sei der Zollwert bezogen auf den Zeitpunkt der Entstehung der Zollschuld zu ermitteln, eine nachträgliche Korrektur sei deshalb jedoch nicht ausgeschlossen. Wurde der zu entrichtende Einfuhr- oder Ausfuhrabgabenbetrag mit einem geringeren Betrag als dem zu entrichtenden Betrag festgesetzt, so ist gem. Art. 105 Abs. 4 UZK der zu entrichtende Einfuhr- oder Ausfuhrabgabenbetrag nach Art. 105 Abs. 3 UZK nachzuerheben.

Hinweis

Dabei grenzt der BFH die hier vorliegende Verrechnungspreisnachbelastung von der Rechtsprechung des EuGH ab (vgl. Urteil v. 20.12.2017, C-529/16, Rs. Hamamatsu Photonics Deutschland sowie Urteil des BFH v. 17.5.2022, VII R 2/19, BFH/NV 2022 S. 1270). In diesen Urteilen führte die spätere Preisberichtigung nicht zu einer Erhöhung, sondern zu einer Reduktion der Verrechnungspreise und damit zusammenhängend der Beantragung der Erstattung von Zollabgaben, die im betreffenden Hamamatsu-Verfahren verneint wurde. Während die Konstellation der Preissenkung keinen Grund zur Annahme einer Preisbeeinflussung gem. Art. 29 Abs. 2 Buchst. a ZK nahelege, deute ein ursprünglich zu niedriger Preis und seine nachträgliche Erhöhung dagegen auf eine Preisbeeinflussung durch die Verbundenheit der Unternehmen hin.

Ob die Verbindung der Unternehmen den Preis nicht beeinflusst hat und gegebenenfalls die in Art. 30 Abs. 2 ZK / Art. 74 Abs. 2 UZK beschriebenen Folgemethoden (nachrangige Methoden) bereits zum Einfuhrzeitpunkt zur Anwendung kommen, muss nun von der Vorinstanz (vgl. FG München, Urteil v. 15.11.2018 14 K 2028/18) erneut gewürdigt werden, das Verfahren wurde zurückverwiesen. Entgegen der Auffassung des FG obliege dabei die Nachweispflicht auch nicht dem Hauptzollamt, sondern grundsätzlich beim Zollanmelder. Kommt die Transaktionswertmethode zur Anwendung, habe das FG auch zu prüfen, ob bislang nicht erfasste Hinzurechnungen i. S. des Art. 32 ZK / Art. 71 UZK zu berücksichtigen sind.

Hinweis

Nachträgliche Verrechnungspreisanpassungen ziehen daher auch hinsichtlich der Zollauswirkungen Handlungsbedarf nach sich. Unternehmen sollten ihre Verrechnungspreis- und Zollwertstrategien prüfen, um Handlungspflichten zu erfüllen und aus einem Unterlassen resultierende Konsequenzen zu vermeiden.

2.9.21 Behandlung von Umsätzen über App-Stores

Im Zusammenhang mit der Besteuerung von elektronisch erbrachten Dienstleistungen über einen App-Store (In-App-Käufe) stellt sich häufig die Frage, ob diese im Rahmen einer Leistungskette (**Dienstleistungskommission**) zwischen dem App-Entwickler, dem App-Store und dem Endkunden erbracht werden. Über diese Fragestellung entschied der EuGH im Urteil v. 9.10.2025 (C 101/24, XYRALITY). Er schließt eine Dienstleistungskommission nicht allein dadurch aus, dass der App-Entwickler als Leistender in der Bestellbestätigung genannt wird. Entscheidend seien die Leistungsbeziehungen, nicht die Darstellung im Kaufprozess.

Der EuGH bestätigte, dass der App-Store Teil der Leistungskette über die Erbringung der elektronischen Dienstleistung ist. Außerdem stellte er klar, dass der Leistungsort für die elektronisch zu erbringende Dienstleistung vom Spieleentwickler an den App-Store in Irland am Sitz des App-Store nach Artikel 44 MwStSystRL (vgl. § 3a Abs. 2 UStG) und nicht in Deutschland am Sitz des Spieleentwicklers nach Artikel 45 MwStSystRL (vgl. § 3a Abs. 1 UStG) zu bestimmen ist. Daneben hat der EuGH auch bestätigt, dass der Spieleentwickler nicht als Schuldner der Umsatzsteuer aus den Bestellbestätigungen angesehen werden kann, selbst wenn er in diesen mit seinem Einverständnis als Leistender genannt wird, weil die **Endkunden (nichtvorsteuerabzugsberechtigte) Nichtsteuerpflichtige** waren und somit keine Gefährdung des Steueraufkommens bestand.

2.10 Forschungszulage

Durch das Wachstumschancengesetz v. 27.3.2024 (BGBl. 2024 I Nr. 108) können Unternehmen für Wirtschaftsjahre, die nach dem 31.12.2023 beginnen, Abschreibungen von Anschaffungs- und Herstellungskosten für abnutzbare bewegliche Wirtschaftsgüter des Anlagevermögens als förderfähige Aufwendungen geltend machen. Diese Erweiterung stellt eine relevante **Ausweitung der Bemessungsgrundlage** dar und erweitert für Unternehmen die mögliche finanzielle Unterstützung ihrer Forschungs- und Entwicklungsprojekte.

Dazu müssen jedoch bestimmte Voraussetzungen erfüllt sein. So muss das Wirtschaftsgut nach dem 27.3.2024 angeschafft oder hergestellt worden sein. Ein weiterer wichtiger Punkt ist, dass das Wirtschaftsgut im Rahmen des begünstigten FuE-Vorhabens **ausschließlich für eigenbetriebliche Zwecke** verwendet werden muss und für die Durchführung des Projekts notwendig ist. Ergänzend führt die BSFZ in einem Newsletter vom 20.2.2025 aus, dass auch das Projekt, in dem das Wirtschaftsgut eingesetzt wird, nach dem 27.3.2024 begonnen haben muss.

Die **novellierte Antragstellung** ist bei der BSFZ seit dem 20.2.2025 möglich. Die BSFZ wird dabei für jedes Wirtschaftsgut überprüfen, ob es für die Durchführung des jeweiligen Forschungs- und Entwicklungsprojekts notwendig ist. Im Antragsformular wurden daher zusätzliche Fragen eingeführt, um diese Prüfung zu erleichtern. Zudem ist es nun erforderlich, den tabellarischen Arbeitsplan eines Projekts im Portal anzulegen – das Hochladen eines eigenen Arbeitsplans ist nicht mehr gestattet, da für jedes Wirtschaftsgut angegeben werden muss, in welchen Abschnitten des Arbeitsplans des jeweiligen Vorhabens es eingesetzt wird.

Für Unternehmen, die bereits Anträge eingereicht haben, besteht zudem die Möglichkeit, einen **Ergänzungsantrag** zu stellen. In diesem müssen lediglich die neuen Wirtschaftsgüter aufgeführt werden. Diese Funktion wird im Antragsportal nach dem Eingang der entsprechenden Bescheinigung freigeschaltet.

Daneben hat die BSFZ noch einmal den Hinweis zur Möglichkeit der erweiterten Fördermöglichkeit für kleine und mittlere Unternehmen (KMU) nach dem Wachstumschancengesetz ergänzt: Während die **Förderhöhe** grundsätzlich **25 %** beträgt, können anspruchsberechtigte Unternehmen – die als kleine und mittlere Unternehmen gemäß der KMU-Definition der Allgemeinen Gruppenfreistellungsverordnung eingestuft werden – im späteren Antrag auf Forschungszulage beim Finanzamt eine Erhöhung der Forschungszulage um zehn Prozentpunkte beantragen. Auch diese Regelung gilt laut BSFZ jedoch ausschließlich für Tätigkeiten, die nach dem 27.3.2024 durchgeführt werden. In Hinblick auf die Frage, ob die Erhöhung nur für Projekte gilt, die nach dem 27.3.2024 **begonnen** haben, wird eine Klarstellung mit entsprechender Aktualisierung des BMF-Schreibens zur Forschungszulage erwartet.

Hinweis

Grundsätzlich bieten diese Änderungen den Unternehmen die Möglichkeit, ihre Investitionen in Forschung und Entwicklung gezielt zu optimieren und von den erweiterten Fördermöglichkeiten der Forschungszulage zu profitieren.

Hinweise zum Antragsverfahren sind auf der Homepage der Bescheinigungsstelle Forschungszulage zu finden (s. https://www.bescheinigung-forschungszulage.de). Ebenso finden sich auf der Homepage konkrete Hinweise zu den Änderungen im Rahmen des Wachstumschancengesetzes.

Entwurf zur Neufassung des BMF-Schreibens zur Forschungszulage

Mit seiner Überarbeitung des BMF-Schreibens v. 7.2.2023 möchte das BMF insbesondere den im Wachstumschancengesetz enthaltenen Änderungen des Forschungszulagengesetzes (FZulG) Rechnung tragen. Ein entsprechender Entwurf wurde in 2025 an die Verbändeanhörung gegeben. Ausführungen zu den mit dem steuerlichen Investitionssofortprogramm eingeführten Neuerungen (vgl. Kapitel Ausblick Tz. 2.2) sind in der neuen Fassung des Schreibens bislang noch nicht aufgegriffen worden. Anpassungen sind u.a. in folgenden Bereichen vorgesehen:

- Kombination aus eigenbetrieblicher FuE und Auftragsforschung;
- Nachweis förderfähiger Lohnaufwendungen;
- Wertminderung abnutzbarer beweglicher Wirtschaftsgüter des Anlagevermögens (§ 3 Abs. 3a FZulG);
- Als Auftragsforschung vergebene FuE-Vorhaben (§ 3 Abs. 4 FZulG), die nach dem 27.3.2024 beauftragt wurden;
- Anhebung der pauschalen Stundensätze eines Einzel- oder Mitunternehmers;
- Vertrauensschutzregelung hinsichtlich der Festsetzungsfrist für Anträge auf FZul in den Kalenderjahren 2020 und 2021;

- Möglichkeit der Herabsetzung von Vorauszahlungen (§ 10 Abs. 2a FZulG);
- Zinslose Stundung fälliger Steuerbeträge (sog. Verrechnungsstundung);
- Abziehbarkeit der Kosten im Zusammenhang mit der FZul als Betriebsausgaben.

Hinweis

Das überarbeitete BMF-Schreiben zur Forschungszulage soll nach seiner Fertigstellung das Schreiben v. 7.2.2023 ersetzen und vorbehaltlich gesonderter zeitlicher Anwendungsregelungen in einzelnen Randziffern auf alle offenen Fälle anwendbar sein. Es bleibt abzuwarten, ob in das finale Schreiben auch die Änderungen aus dem steuerlichen Investitionssofortprogramm hinsichtlich der Erhöhung der Bemessungsgrundlage für die Forschungszulage als auch der Einführung der Gemeinkostenpauschale einfließen werden.

2.11 Grunderwerbsteuer

2.11.1 Signing/Closing: Zweifel an der Rechtmäßigkeit doppelter GrESt-Festsetzung

Aufgrund ausdrücklicher gesetzlicher Anordnung sind die Erwerbstatbestände des § 1 Abs. 3 und Abs. 3a GrEStG nur subsidiär anwendbar, d.h. nur, falls eine Besteuerung nach § 1 Abs. 2a bzw. 2b GrEStG nicht in Betracht kommt (**Vorrangverhältnis**). Nach der Sichtweise der Finanzverwaltung greift das in § 1 Abs. 3 GrEStG normierte Vorrangverhältnis jedoch nur in den Fällen, in denen das schuldrechtliche Verpflichtungsgeschäft (Signing) und das dingliche Verfügungsgeschäft (Closing) zeitgleich stattfinden und somit die Erwerbsvorgänge im selben Zeitpunkt verwirklicht werden. Dagegen ist bei **zeitlichem Auseinanderfallen von Signing und Closing** laut Verwaltungsauffassung sowohl im Zeitpunkt des Signing als auch im Zeitpunkt des Closing Grunderwerbsteuer festzusetzen (doppelte Festsetzung; Gleich lautende Ländererlasse v. 10.5.2022, BStBl 2022 I S. 801, Tz. 8.1). Das Vorrangverhältnis wird in diesen Fällen laut Verwaltung durch die im Jahr 2022 neu eingeführte Norm des § 16 Abs. 4a, Abs. 5 GrEStG umgesetzt (Gleich lautende Ländererlasse v. 5.3.2024, BStBl 2024 I S. 383, Tz. 29, 30). Danach wird für Fälle ab dem 21.12.2022 die Festsetzung nach § 1 Abs. 3 Nr. 1 oder Nr. 3 oder Abs. 3a GrEStG aufgehoben bzw. geändert, allerdings nur, sofern beide Erwerbsvorgänge, das heißt sowohl § 1 Abs. 2a bzw. 2b GrEStG als auch § 1 Abs. 3 bzw. 3a GrEStG, fristgerecht und vollständig angezeigt werden. Es besteht somit ein **dop-**

peltes Anzeigeerfordernis, welches an eine zweiwöchige bzw. (bei ausländischen Steuerschuldnern) an eine einmonatige Frist nach Kenntnis des anzeigepflichtigen Vorgangs gekoppelt ist.

In zwei Verfahren sah der BFH ernstliche Zweifel an der Verwaltungsauffassung (Beschluss v. 9.7.2025, II B 13/25, AdV, sowie Beschluss v. 27.10.2025, II B 47/25, AdV) und gewährte AdV. Eine zeitliche Beschränkung bzw. **„zeitliche Konkurrenz"** der Besteuerung nach § 1 Abs. 2b und § 1 Abs. 3 GrEStG lässt sich laut BFH weder dem Wortlaut des § 1 Abs. 3 GrEStG noch der Gesetzesbegründung entnehmen. Zwar hat der Gesetzgeber in der Gesetzesbegründung zur Einführung des § 16 Abs. 4a GrEStG Ausführungen zum zeitlichen Anwendungsvorrang des Vorrangverhältnisses in § 1 Abs. 3 GrEStG dahingehend gemacht, dass dieses nicht bei zeitlichem Auseinanderfallen von Signing und Closing gelten soll. Dies komme jedoch im Gesetzeswortlaut nicht zum Ausdruck. Daher ist es für den BFH auch rechtlich zweifelhaft, ob und wenn ja in welchem Umfang die Norm des § 16 Abs. 4a, Abs. 5 GrEStG das in § 1 Abs. 3 GrEStG normierte Vorrangverhältnis einschränkt.

In beiden Streitfällen blieb eine fristgerechte Anzeige des grunderwerbsteuerbaren Vorgangs im Zeitpunkt des Closing aus. Trotz der Kenntnis des Finanzamts über den erfolgten Übergang der Anteile setzte es mangels Closing-Anzeige doppelt Grunderwerbsteuer fest. Aus dem Umstand leitete der BFH weitere rechtliche Zweifel ab. Denn dem Finanzamt war bei Erlass des Signing-Bescheids, der in einem der beiden Verfahren unter Vorbehalt der Nachprüfung nach § 164 AO stand, bereits bekannt, dass der Übergang der Anteile (Closing) bereits erfolgt war und somit eine Steuerpflicht nach § 1 Abs. 2b GrEStG bestand.

Die doppelte Festsetzung könnte im konkreten Fall, in dem der Bescheid unter Vorbehalt der Nachprüfung ergangen war, jedoch dahingehend gelöst werden, als nach Auffassung des BFH in Betracht kommt, die bereits erfolgte Steuerfestsetzung nach § 1 Abs. 3 GrEStG, unabhängig von der Regelung des § 16 Abs. 4a, 5 GrEStG, auf Grundlage von § 164 Abs. 2 AO aufzuheben. Denn § 16 GrEStG stehe der Anwendung allgemeiner Korrekturvorschriften nicht entgegen. Der Anwendung der speziellen verfahrensrechtlichen Norm des § 16 Abs. 4a, Abs. 5 GrEStG bedurfte es daher im Streitfall nicht. Gleichwohl setzte das Finanzamt wissentlich zweimal Grunderwerbsteuer fest, was laut BFH dem Vorrangverhältnis widerspricht.

Es komme für den BFH jedoch für die Annahme ernstlicher Zweifel an der Rechtmäßigkeit der doppelten Grunderwerbsteuer nicht darauf an, dass der angefochtene Bescheid unter dem Vorbehalt der Nachprüfung stand. Denn im dem anderen

Verfahren (II B 47/25, AdV) stand der Bescheid – anders als im Verfahren II B 13/25 (AdV) – nicht unter dem Vorbehalt der Nachprüfung gemäß § 164 AO.

Hinweis

Beide Beschlüsse ergingen im Rahmen des vorläufigen Rechtsschutzes. Es bleibt daher auch noch abzuwarten, ob der BFH in der Hauptsache entsprechend entscheiden wird. Betroffene Steuerpflichtige sollten die weiteren Entwicklungen im Blick behalten.

Im AdV-Beschluss v. 16.9.2025 (II B 23/25, BFH/NV 2025 S. 1697) sah der BFH allerdings keine ernstlichen Zweifel und lehnte die AdV ab. In dem Fall wurden sämtliche Anteile an einer Gesellschaft im Rahmen eines **Geschäftsanteilskauf- und -abtretungsvertrags** (sog. Signing) veräußert. Die Abtretung der Anteile erfolgte unter der aufschiebenden Bedingung der vollständigen Kaufpreiszahlung (sog. Closing). Zuvor hatte die Gesellschaft ein inländisches Grundstück mit notariell beurkundetem Grundstückskaufvertrag erworben. Daraufhin setzte das Finanzamt zweimal Grunderwerbsteuer fest: einmal wegen der Anteilsübertragung (§ 1 Abs. 3 Nr. 1 GrEStG) und einmal aufgrund des Wechsels im Gesellschafterbestand (§ 1 Abs. 2b GrEStG). Die tatsächliche Änderung des Gesellschafterbestands erfolgte mit dem Closing. Zu diesem Zeitpunkt gehörte der Gesellschaft bereits ein inländisches Grundstück, sodass die Voraussetzungen für die Grunderwerbsteuer nach § 1 Abs. 2b GrEStG erfüllt waren. Gegen die Festsetzung gem. § 1 Abs. 2b GrEStG – und das ist der wesentliche Unterschied im Vergleich zu den anderen beiden AdV-Verfahren – legte die Gesellschaft Einspruch ein und beantragte AdV, die der BFH ablehnte.

Die tatbestandlichen Voraussetzungen des § 1 Abs. 2b GrEStG waren nach Auffassung des BFH erfüllt, da die vollständige und unmittelbare Änderung des Gesellschafterbestands erst mit dem Closing, also der tatsächlichen Übertragung aller Anteile nach vollständiger Kaufpreiszahlung, eingetreten ist. Zu diesem Zeitpunkt gehörte der Gesellschaft bereits ein inländisches Grundstück, da sie zuvor einen Erwerbsvorgang nach § 1 Abs. 1 GrEStG durch einen Grundstückskaufvertrag verwirklicht hatte. Entscheidend für die Grunderwerbsteuer nach § 1 Abs. 2b GrEStG sei die grunderwerbsteuerliche Zurechnung des Grundstücks zum Zeitpunkt des Closings, also die tatsächliche Übertragung aller Anteile nach vollständiger Kaufpreiszahlung. Erst zu diesem Zeitpunkt lag eine unmittelbare und vollständige Änderung des Gesellschafterbestands vor.

2.11.2 Verlängerung der Beteiligungskette

Wird eine an der grundbesitzenden Personengesellschaft mittelbar beteiligte Personengesellschaft in die Gesellschaftsstruktur eingefügt (Verlängerung der Beteiligungskette), qualifiziert die Finanzverwaltung die zwischengeschaltete Gesellschaft als neuen Gesellschafter in Bezug auf die grundbesitzende Personengesellschaft. Die Verlängerung der Beteiligungskette stellt somit einen grunderwerbsteuerbaren Vorgang nach § 1 Abs. 2a GrEStG dar. Die entstandene Grunderwerbsteuer kann jedoch in Höhe des Anteils der Beteiligung am Vermögen der grundbesitzenden Gesellschaft gem. § 6 Abs. 3 Satz 1 i.V.m. Abs. 1 Satz 1 GrEStG nicht erhoben werden (Gleich lautende Erlasse der obersten Finanzbehörden der Länder zur Anwendung des § 1 Abs. 2a GrEStG v. 10.5.2022, BStBl 2022 I S. 801, Beispiel unter 5.3.2). Dem widersprach der BFH.

Laut BFH ist in einem solchen Fall, in dem eine an der grundbesitzenden Personengesellschaft mittelbar beteiligte Personengesellschaft in die Gesellschafterstruktur eingefügt wird, **ohne dass sich die Gesellschafter ändern**, kein neuer Gesellschafter der grundbesitzenden Personengesellschaft i.S. von § 1 Abs. 2a GrEStG hinzugekommen. Folglich verwirklicht die Verlängerung der Beteiligungskette keinen grunderwerbsteuerbaren Vorgang nach § 1 Abs. 2a GrEStG (BFH, Urteil v. 21.8.2024, II R 16/22, BFH/NV 2025 S. 338).

Hinweis

Hinsichtlich der Steuerbegünstigungsvorschrift des § 6 Abs. 3 Satz 1 i.V.m. Abs. 1 Satz 1 GrEStG wies der BFH darauf hin, dass deren Anwendung einen Erwerbstatbestand des § 1 Abs. 2a GrEStG voraussetze. Doch gerade dieser war vorliegend nicht erfüllt.

Hinweis

Im Falle der Verlängerung der Beteiligungskette an einer grundbesitzenden Kapitalgesellschaft hat das FG Baden-Württemberg in einem kürzlich veröffentlichten Urteil den Tatbestand des § 1 Abs. 2b GrEStG als erfüllt angesehen (Urteil v. 26.4.2024, 5 K 2022/23, Revision beim BFH anhängig unter II R 24/24). Vgl. auch FG Baden-Württemberg, Urteil v. 26.4.2024, 5 K 1696/23, zur bloßen Verlängerung der Beteiligungskette durch Ausgliederung einer grundbesitzenden Kapitalgesellschaft aus einem Einzelunternehmen auf eine personenidentische Personengesellschaft (Revision beim BFH anhängig unter II R 16/24). Mit Spannung bleiben hier die Urteile des BFH zu erwarten. Vergleichbare Fälle sollten daher bis zur Entscheidung durch den BFH offengehalten werden.

2.11.3 Grunderwerbsteuerliche Konzernklausel

Die Konzernklausel des § 6a GrEStG sieht eine Steuerbegünstigung für Umstrukturierungsvorgänge im Konzern vor. Die Steuerbegünstigung kann u.a. dann in Anspruch genommen werden, wenn an dem Umwandlungsvorgang ausschließlich ein herrschendes Unternehmen und ein oder mehrere von diesem herrschenden Unternehmen abhängige Gesellschaften oder mehrere von einem herrschenden Unternehmen abhängige Gesellschaften beteiligt sind. Damit eine Gesellschaft als abhängig qualifiziert, muss das herrschende Unternehmen innerhalb von fünf Jahren vor (**Vorbehaltensfrist**) und fünf Jahre nach dem Rechtsvorgang (**Nachbehaltensfrist**) ununterbrochen zu mindestens 95 % an der Gesellschaft (un)mittelbar beteiligt sein. Vgl. auch Gleich lautende Ländererlasse v. 25.5.2023 (BStBl 2023 I S. 995).

Die grunderwerbsteuerliche Konzernklausel beschäftigt regelmäßig die Finanzgerichte. Am 20.2.2025 veröffentlichte der BFH drei Urteile v. 25.9.2024 zur Anwendung der Steuerbegünstigung des § 6a GrEStG:

Ausgliederung zur Neugründung (BFH-Urteil v. 25.9.2024, II R 2/22, BStBl 2025 II S. 253)

Im konkreten Fall wurde im Zuge einer Ausgliederung zur Neugründung ein inländisches Grundstück eines Einzelunternehmens auf eine neu gegründete Kapitalgesellschaft übertragen. Der Einzelunternehmer wurde Alleingesellschafter der Kapitalgesellschaft. Streitig war, ob der Vorgang gemäß der Konzernklausel des § 6a GrEStG steuerbegünstigt ist. Dies bejahte der BFH unter Zugrundelegung seiner bislang ergangenen Rechtsprechung, insbesondere seinem Urteil v. 21.8.2019 (II R 15/19). Dass die Vorbehaltensfrist im konkreten Fall nicht eingehalten wurde, sei unschädlich und stehe der Begünstigung nicht entgegen. Eine vor der **Umwandlung (noch) nicht existente Gesellschaft** könne im Falle der Ausgliederung zur Neugründung die zeitliche Voraussetzung der Abhängigkeit, d.h. das Einhalten der

Vorbehaltensfrist, aus rechtlichen Gründen nicht erfüllen. Grundsätzlich müsse bei einer Verschmelzung nur die Vorbehaltensfrist und bei einer Abspaltung bzw. Ausgliederung zur Neugründung nur die Nachbehaltensfrist eingehalten werden.

Auch bestätigte der BFH, dass der frühere Einzelkaufmann als Alleingesellschafter der Kapitalgesellschaft diese beherrscht. Durch die Ausgliederung zur Neugründung erlischt das Einzelunternehmen, weshalb dieses nicht weiter an der Kapitalgesellschaft beteiligt sein kann, wohl aber der frühere Einzelkaufmann.

Hinweis

Bereits im Fall II R 15/19 bestätigte der BFH bei einer Verschmelzung durch Aufnahme einer Kapitalgesellschaft auf den Alleingesellschafter bzw. sein Einzelunternehmen, dass der Alleingesellschafter ein herrschendes Unternehmen im Sinne der Norm sein kann. Für den hier vorliegenden umgekehrten Fall der Ausgliederung zur Neugründung kann laut BFH nichts anderes gelten.

Einbringung von Kommanditanteilen in kurz zuvor erworbene Vorrats-GmbH (BFH-Urteil v. 25.9.2024, II R 46/22, BStBl 2025 II S. 329)

Im Streitfall erwarben die Kommanditisten einer grundbesitzenden GmbH & Co. KG jeweils eine eigene Vorrats-GmbH. Im darauffolgenden Jahr brachten die Kommanditisten ihre jeweiligen Beteiligungen an der grundbesitzenden Personengesellschaft im Wege der **Sachkapitalerhöhung** in ihre jeweilige Vorrats-GmbH ein (Vorgang gem. § 20 ff. UmwStG). Einigkeit unter den Betroffenen bestand darin, dass mit der Einbringung ein grunderwerbsteuerbarer Vorgang gem. § 1 Abs. 2a GrEStG verwirklicht wurde. Entgegen der Auffassung des Steuerpflichtigen sei dieser laut BFH auch grunderwerbsteuerpflichtig, da die Konzernklausel des § 6a GrEStG nicht greife. Zwar liege ein vom Anwendungsbereich des § 6a GrEStG erfasster Vorgang vor. Jedoch sei im Gegensatz zur Ausgliederung zur Neugründung in einem solchen Fall der „**wirtschaftlichen Neugründung**" die **Vorbehaltensfrist einzuhalten**, was im vorliegenden Sachverhalt nicht gegeben war. Für Zwecke der Grunderwerbsteuer sei die zivilrechtliche Existenz der jeweiligen Vorrats-GmbH ausschlaggebend, denn die Teilnahme am Rechtsverkehr und der Erwerb ihrer Anteile waren bereits möglich. Laut BFH liegt daher gerade keine Vergleichbarkeit zu den Umwandlungsvorgängen vor, im Zuge derer eine Neugründung der Gesellschaft erfolgt. Denn in diesen Fällen ist die Erfüllung der Vorbehaltensfrist umwandlungsrechtlich nicht möglich.

Hinweis

Dabei führte der BFH aus, dass ein mangelnder Missbrauch nicht ausreiche, um die Anwendbarkeit des § 6a GrEStG herbeizuführen.

Anteilsübertragungen im Ausland (BFH-Urteil v. 25.9.2024, II R 36/21 BStBl 2025 II S. 324)

Im diesem Streitfall übertrug eine ausländische Mutterkapitalgesellschaft im Jahr 2010 Anteile an einer ausländischen Kapitalgesellschaft, die ihrerseits mittelbar an ausländischen Gesellschaften mit inländischem Grundbesitz beteiligt war, auf eine nach dem Recht der britischen Jungferninseln neu gegründete Kapitalgesellschaft (**Verlängerung der Beteiligungskette**).

Nach Ansicht des BFH liegt ein Erwerbsvorgang nach § 1 Abs. 3 Nr. 3 und 4 GrEStG vor, auch wenn sich unter wirtschaftlicher Betrachtung die Grundstückszuordnung nicht ändert. Entscheidend sei, dass die Grundstücke mit der Anteilsübertragung (mittelbar) dem Vermögen der neugegründeten Kapitalgesellschaft erstmalig zugeordnet werden. Weiter verneinte der BFH auch die Steuerbegünstigung des § 6a GrEStG, da der Vorgang im vorliegenden Fall (**Einzelrechtsnachfolge, symbolische Gegenleistung**) keine „entsprechende Umwandlung" i.S. des § 6a Satz 2 GrEStG a.F. darstelle. Der dem Sachverhalt zugrundliegende Wortlaut der Norm erfasste im Streitjahr nur Vorgänge, die vom Umwandlungsgesetz gedeckt sind. Seit dem Jahr 2013 erfasst die Norm des § 6a GrEStG auch ausgewählte Vorgänge außerhalb des UmwG, insbesondere Einbringungsvorgänge oder andere Erwerbsvorgänge auf gesellschaftsvertraglicher Grundlage. Dies gilt gem. § 6a Satz 2 GrEStG seit dem Jahr 2014 auch für EU-/EWR-Fälle. Die damaligen Gesetzesänderungen waren erstmals auf Erwerbsvorgänge anzuwenden, die nach dem 6.6.2013 verwirklicht worden sind.

Hinweis

Für den BFH verstößt weder § 1 Abs. 3 GrEStG gegen die Kapitalansammlungsrichtlinie noch die Nichtanwendung des § 6a GrEStG gegen die Kapitalverkehrsfreiheit und die Niederlassungsfreiheit. Daher sah der BFH von einer Vorlage an den EuGH ab.

2.11.4 Verlängerung der grunderwerbsteuerlichen Nachbehaltensfristen

In Fällen von Grundstücksübergängen auf eine Gesamthand bzw. von einer Gesamthand wird die Grunderwerbsteuer in Höhe des Anteils des Beteiligten am Vermögen der Gesamthand nicht erhoben (§§ 5 und 6 GrEStG), sofern die **Behaltensfristen** gewahrt sind. Diese wurden im Jahr 2021 mit der Grunderwerbsteuerreform auf **10 bzw. 15 Jahre** verlängert. Hierfür wurden zudem komplexe **Übergangsregelungen** (§§ 23 Abs. 18 und Abs. 24 GrEStG) gesetzlich verankert. Gem. § 23 Abs. 18 GrEStG sind die verlängerten Fristen grundsätzlich erstmals auf Erwerbsvorgänge anzuwenden, die nach dem 30.6.2021 verwirklicht werden. § 23 Abs. 24 GrEStG sieht dagegen vor, dass die verlängerten Fristen dann nicht anzuwenden sind, wenn die in der am 30.6.2021 geltenden Fassung geregelte Frist vor dem 1.7.2021 abgelaufen war. Daraus schließt die Finanzverwaltung, dass die 10-jährige Nachbehaltensfrist des § 6 Abs. 3 Satz 2 GrEStG (Grundstücksübertragungen von einer Gesamthand auf eine Gesamthand) auch dann gilt, wenn der Erwerbsvorgang vor dem 1. 7.2021 verwirklicht worden ist und bei Inkrafttreten der Norm die 5-Jahresfrist noch nicht abgelaufen war (Gleich lautende Erlasse der obersten Finanzbehörden der Länder v. 5.3.2024, Rz. 124).

An dieser **(rückwirkenden) Verlängerung** der Nachbehaltensfrist gem. § 6 Abs. 3 Satz 2 GrEStG n.F. in Fällen, in denen die (alte) 5-jährige Nachbehaltensfrist vor dem 1.7.2021 noch nicht abgelaufen war, äußerte der BFH ernstliche Zweifel und gewährte Aussetzung der Vollziehung (BFH, Beschluss v. 10.4.2025, II B 54/24 (AdV), BFH/NV 2025 S. 966).

Die 10-jährige Nachbehaltensfrist gem. § 23 Abs. 18 GrEStG findet laut BFH im konkreten Fall keine Anwendung, da der zugrundeliegende Erwerbsvorgang vor dem 30.6.2021 stattgefunden hat. Als Erwerbsvorgang i.S. des § 23 Abs. 18 GrEStG ist laut BFH der grundsätzlich begünstigte Rechtsvorgang anzusehen (hier: Einbringung der Grundstücke in eine Personengesellschaft im Jahr 2018) und nicht das Ereignis, das die Anteilsminderung des Gesamthänders an der erwerbenden Gesamthand zur Folge hat (hier: Formwechsel der erwerbenden Gesamthand in eine Kapitalgesellschaft nach Ablauf der 5-Jahresfrist im Jahr 2023). Eine Rückgängigmachung der Steuerbegünstigung des § 6 Abs. 3 Satz 1 GrEStG aufgrund der Anteilsminderung durch den Formwechsel lehnte der BFH daher gem. § 23 Abs. 18 GrEStG ab, da dieser erst nach Ablauf der 5-jährigen Nachbehaltensfrist erfolgte.

Allerdings könnte grundsätzlich eine Verlängerung der Nachbehaltensfrist gem. § 23 Abs. 24 GrEStG in Betracht kommen, sofern die Vorschrift – wie von der Finanzverwaltung angeführt – dahingehend zu verstehen ist, dass sich die Frist auf 10 Jahre verlängert, sofern die 5-jährige Frist des Erwerbsvorgangs aus dem Jahr 2018 am 1.7.2021 noch nicht abgelaufen war. In diesem Falle würde der Formwechsel im Jahr 2023 zu einem rückwirkenden Entfall der Steuerbegünstigung führen. Der BFH sieht jedoch einen offensichtlichen **Widerspruch der Übergangsregelung** des § 23 Abs. 24 GrEStG zur Anwendungsregelung des § 23 Abs. 18 GrEStG. Denn § 23 Abs. 18 GrEStG schließe laut BFH für Erwerbsvorgänge, die vor dem 1.7.2021 stattgefunden habe, gerade eine Verlängerung der Nachbehaltensfrist auf 10 Jahre aus. Dem Gesetz sei nicht zu entnehmen, wie sich die Normen zueinander verhalten.

Hinweis

Aufgrund der vom BFH geäußerten Zweifel sollten entsprechende Rechtsschutzmöglichkeiten geprüft werden. Der Ausgang des Hauptsacheverfahrens bleibt abzuwarten.

2.11.5 Rückabwicklung von Erwerbsvorgängen

Scheitern (grunderwerbsteuerlich relevante) Erwerbsvorgänge und werden rückgängig gemacht, gewährt die Norm des § 16 GrEStG unter bestimmten (engen) Voraussetzungen die **Nichtfestsetzung** von bzw. die Aufhebung oder **Änderung bereits festgesetzter Grunderwerbsteuer**. Das betrifft Fälle, in denen ein Erwerbsvorgang entweder rückgängig gemacht wird (Abs. 1), ein Rückerwerb erfolgt (Abs. 2) oder die Gegenleistung nachträglich herabgesetzt wird (Abs. 3). Nach § 16 Abs. 5 GrEStG greifen die Steuerbefreiungen jedoch nur, wenn der Ersterwerb fristgerecht und vollständig angezeigt wurde.

Der dem BFH-Urteil v. 7.5.2025 (II R 16/23, BFH/NV 2025 S. 1514) zugrundeliegende Fall betraf die **Rückabwicklung einer Schenkung** im Zusammenhang mit Gesellschaftsanteilen an einer grundbesitzenden Kapitalgesellschaft (aufgrund einer vorab vereinbarten Rückabwicklungsvereinbarung und einer auflösenden Bedingung). Der Ersterwerb im Rahmen der Schenkung war zunächst nicht steuerbar (§ 3 Nr. 2 GrEStG). Die in der Rückabwicklung liegende Anteilsvereinigung wiederum kann als **Anteilsvereinigung** i.S. des § 1 Abs. 3 Nr. 1 oder 2 GrEStG grunderwerbsteuerbar sein, wenn innerhalb von 10 Jahren mindestens 90 % der Anteile beim Erwerber vereinigt werden. Nach Ansicht des BFH greift für eine derartige Anteilsvereinigung jedoch die Steuerbefreiung des § 16 Abs. 2 Nr. 3 GrEStG, die laut BFH über ihren Wortlaut hinaus auch Erwerbsvorgänge nach § 1 Abs. 3 GrEStG umfasst.

Die Befreiung greift laut BFH auch unabhängig davon, ob der ursprüngliche Erwerbsvorgang steuerbar war oder nicht (wie im Falle einer Schenkung). Eine andere Auslegung widerspreche dem Sinn und Zweck der Norm, wonach weder der vorübergehende Zustand noch die Wiederherstellung des originären Zustands steuerpflichtig sein soll. Auch § 16 Abs. 5 GrEStG (besondere Anzeigepflichten) stehe der Befreiung nicht entgegen. Ist der Ersterwerb (wie im vorliegenden Fall) nicht steuerbar, ist er auch nicht anzeigepflichtig. Auch die fehlende Anzeige des (steuerbaren) Rückerwerbs war für den BFH unschädlich. In solchen Fällen verhindere § 16 Abs. 5 GrEStG nicht die Steuerbefreiung nach § 16 Abs. 1 oder 2 GrEStG, da die Gefahr des Missbrauchs eines zunächst nicht angezeigten steuerbaren Erwerbsvorgangs in diesen Fällen nicht bestehen könne.

Hinweis

In einem weiteren Urteil bejahte der BFH die Steuerbefreiung nach § 16 Abs. 2 Nr. 1 GrEStG ebenfalls unabhängig davon, ob die vorangegangenen Erwerbe steuerbar oder nicht steuerbar waren. Hier hatte der BFH eine **„Rückgängigmachung einer Rückgängigmachung“** zu beurteilen, denen auch Anteilsvereinigungen nach § 1 Abs. 3 Nr. 1 GrEStG zugrunde lagen (BFH, Urteil v. 7.5.2025, II R 26/23, BFH/NV 2025 S. 1516). Dabei wies der BFH darauf hin, dass bei mehreren aufeinanderfolgenden Erwerbsvorgängen jeder einzelne Vorgang gesondert (selbständig auf jeder Vertragsstufe) daraufhin zu prüfen sei, ob die Voraussetzungen für eine Steuerbefreiung i. S. des § 16 Abs. 2 Nr. 1 GrEStG erfüllt seien.

2.12 Verfahrensrecht/Abgabenordnung

2.12.1 Grenzüberschreitende Prüfungszusammenarbeit

2024 hat der Gesetzgeber mit dem Wachstumschancengesetz (BGBl. 2024 I Nr. 108) hinsichtlich der Durchführung der gegenseitigen Amtshilfe in Steuersachen die Vorgaben der DAC7-Richtlinie (Änderung der EU-Amtshilferichtlinie) zu sog. **Joint Audits** („gemeinsame Prüfungen“) in einem neu eingefügten § 12a EU-Amtshilfegesetz (EUAHiG) umgesetzt und die bereits bestehende Regelung des § 12 EUAHiG über die gleichzeitige Prüfung neugefasst. Zudem wurde mit einem neu eingefügten § 117e AO für die Finanzbehörden ein **Rechtsrahmen** zur Inanspruchnahme und Leistung **besonderer Formen der Amtshilfe** (u. a. gleichzeitige und gemeinsame Prüfungen) **im Verhältnis zu Drittstaaten** geschaffen.

Zu der gemeinsamen Prüfung, der gleichzeitigen Prüfung und der Anwesenheit von Bediensteten anderer Staaten oder Gebiete im Inland und Anwesenheit von inländischen Bediensteten im Ausland (sog. sonstige Formen der Verwaltungszusammenarbeit) hat sich nun das BMF mit einer Neufassung seines Merkblatts positioniert (BMF, Schreiben v. 15.5.2025, BStBl 2025 I S. 1181). Teil I des Merkblatts vermittelt einen Überblick über die sonstigen Formen der Verwaltungszusammenarbeit sowie über deren rechtliche Grundlagen, wohingegen der zweite Teil als Leitfaden für die praktische Durchführung der Verwaltungszusammenarbeit dient. Die sonstigen Formen der Verwaltungszusammenarbeit sind laut Merkblatt abzugrenzen von den internationalen Vorabverständigungs-, Risikobewertungs-, und Streitbeilegungsverfahren. Hervorzuheben sind u.a. die Ausführungen des BMF zur Anhörung und des gemeinsamen Prüfungsberichts im Falle von gemeinsamen Prüfungen.

Das BMF weist darauf hin, dass bei gemeinsamen oder gleichzeitigen **Prüfungen mit EU-Mitgliedstaaten** eine vorherige Anhörung der Beteiligten gem. § 117 Abs. 4 Satz 3 AO entsprechend der DAC7-Richtlinie nicht mehr erforderlich ist. Steuerpflichtige werden nunmehr lediglich noch per **Informationsschreiben** über die Entscheidung der Staaten, eine gemeinsame oder gleichzeitige Prüfung durchzuführen, informiert. Dies soll nur dann gelten, wenn bei den prüfenden Behörden im In- und Ausland keine Einwände gegen die Information des Steuerpflichtigen bestehen. Die Entscheidung, ob der Steuerpflichtige über die Durchführung der Prüfung informiert wird, trifft gemäß BMF das **Zentrale Verbindungsbüro des BZSt** nach Interessenabwägung im eigenen Ermessen. Bei gemeinsamen und gleichzeitigen Prüfungen mit Drittstaaten soll eine vorherige Anhörung der Steuerpflichtigen im Gegensatz zu EU-Fällen regelmäßig erfolgen.

Die Information über die Durchführung einer gemeinsamen oder gleichzeitigen Prüfung soll kein Verwaltungsakt sein, d.h. der Steuerpflichtige kann sich nach Auffassung des BMF gegen die Durchführung einer gemeinsamen oder gleichzeitigen Prüfung **rechtlich nicht zur Wehr setzen**.

Die Feststellungen, über die in einer gemeinsamen Prüfung Einigung erzielt worden ist, sind laut Merkblatt in einem **gemeinsamen Prüfungsbericht** festzuhalten. Ein Muster eines Prüfungsberichts findet sich zur Orientierung als Anlage zum Merkblatt. Der Bericht ist in der Sprache zu verfassen, auf den sich die Beteiligten in der zwischenstaatlichen Vereinbarung über die Einzelheiten einer gemeinsamen Prüfung geeinigt haben. Der Steuerpflichtige wird laut Merkblatt innerhalb von 60 Tagen nach der Erstellung des gemeinsamen Prüfungsberichts über das Ergebnis der gemeinsamen Prüfung unterrichtet. Der Unterrichtung ist zudem eine Kopie des gemeinsamen Prüfungsberichts beizufügen.

Hinweis
Das neue Merkblatt ersetzt das Merkblatt über die koordinierte steuerliche Außenprüfung mit Steuerverwaltungen anderer Staaten und Gebiete (BMF-Schreiben vom 9.1.2017) und ergänzt das Merkblatt zur zwischenstaatlichen Amtshilfe durch Informationsaustausch in Steuersachen (BMF-Schreiben vom 29.5.2019, BStBl 2019 I S. 480).

2.12.2 Internationale Verständigungsverfahren

Bei grenzüberschreitenden Sachverhalten spielen internationale Verständigungs- und Schiedsverfahren bei der Vermeidung von Doppelbesteuerungen eine große Rolle. Mit BMF-Schreiben v. 24.9.2025 (BStBl 2025 I S. 1738) überarbeitet das BMF sein bisheriges Merkblatt v. 21.2.2024.

Neu aufgenommen wurden dabei u.a. **Ausführungen für ertragsteuerliche Organschaften.** Danach ist der Antrag zur Einleitung eines Verständigungsverfahrens grundsätzlich von der Organgesellschaft zu stellen (kein Ausschluss der Antragsberechtigung durch Einkommenszurechnung beim Organträger, §§ 14, 15 KStG). Der Organträger ist hingegen antragsberechtigt (und dann nur er), wenn die betreffenden Geschäftsvorfälle ihn unmittelbar betreffen und bei ihm zu eigenen Einkünften führen (Rn. 44b neu). Bei der Umsetzung der Verständigung ist der Rechtsbehelfs- bzw. Teilverzicht auch vom Organträger zu erklären (vgl. Rn. 84 neu).

Änderungen ergeben sich auch bei den **Folgen tatsächlicher Verständigungen.** Danach entfalten tatsächliche Verständigungen, verbindliche Auskünfte (§ 89 AO) und verbindliche Zusagen (§§ 204 ff. AO) keine Bindungswirkung bei der Umsetzung einer Verständigungsvereinbarung nach § 175a Satz 2 AO, soweit sich der zugrunde gelegte Sachverhalt im Streitbeilegungsverfahren abweichend darstellt. Die **abweichenden Informationen und Erkenntnisse** können beim Abschluss sowie der Umsetzung einer Verständigungsvereinbarung oder eines Schiedsspruchs berücksichtigt werden (vgl. Rn. 33 neu).

Hinsichtlich der **Zustimmung des Antragstellers** im Rahmen der Umsetzung der Verständigung wurde ergänzt, dass in **Verrechnungspreisfällen**, denen ausschließlich ein Antrag im Ausland zugrunde liegt, die erforderlichen Erklärungen von dem in Deutschland steuerlich betroffenen verbundenen Unternehmen abzugeben sind (Rn. 84a neu). Bei Einigungen über Gesamthandseinkünfte oder -vermögen (insbesondere bei selbst nicht abkommens- oder übereinkommensberechtigten Personengesellschaften) hat die Zustimmung von allen zur Einlegung von Rechtsbehelfen befugten Personen zu erfolgen, auch wenn diese nicht zu den Antragstellern gehören (Rn. 84b neu). Daneben wurde die bisherige Regelung zur Unterrichtung über die Einigung konkretisiert (vgl. Rn. 85 neu).

Verständigungsvereinbarungen können nach § 175a AO weiterhin unabhängig von der Bestandskraft deutscher Bescheide umgesetzt werden (entsprechend für Verfahren nach dem EU-DBA-SBG, vgl. Rn. 93). Neu aufgenommen wurde, dass die Verständigungsvereinbarung erst dann gegenüber dem Antragsteller nach § 175a AO wirksam wird, wenn alle erforderlichen Erklärungen vorliegen. Erst dann hat laut BMF der Antragsteller einen Umsetzungsanspruch (vgl. Rn 93a neu). Bei gescheiterten Verständigungsverfahren wurden die Ausführungen zu möglichen **Billigkeitsmaßnahmen** nach § 163 AO ergänzt (vgl. Rn. 99 neu). Diese sollen regelmäßig auf den Steuerabzug begrenzt sein.

Vor dem Hintergrund der Umsetzung des Multilateralen Instruments (MLI, vgl. BEPS-MLI-Anwendungsgesetz i. V. m. der Notifikation Deutschlands vom 2.10.2024) aktualisierte das BMF bzgl. Griechenland, Malta, Ungarn und Spanien die Übersichtsanlage zu den DBA-Schiedsklauseln (Anwendung und Einschränkung von DBA-Schiedsverfahren).

Hinweis

Bezüglich dieser Länder können daher keine DBA-Schiedsverfahren mehr geführt werden, wenn die Fälle bereits in den Anwendungsbereich der Streitbeilegungsrichtlinie bzw. der EU-Schiedskonvention fallen.

2.12.3 Keine Mehrfachgebühr bei verbindlicher Auskunft

Die Erteilung einer verbindlichen Auskunft ist mit einer Gebühr verbunden. Wird die verbindliche Auskunft gegenüber **mehreren Antragstellern einheitlich** erteilt, ist nur eine Gebühr zu erheben (§ 89 Abs. 3 Satz 2 AO). In solchen Fällen sind die Antragsteller Gesamtschuldner der Gebühr. Die Finanzverwaltung beschränkt § 89 Abs. 3 Satz 2 AO regelmäßig auf die in § 1 Abs. 2 Nr. 1 bis 5 StAuskV genannten Fälle, im konkreten Fall setzte sie hinsichtlich einer im Auskunftsantrag abgefragten **mehrstufigen Umstrukturierung** gegenüber allen Antragstellern je eine Gebühr fest.

Dem widerspricht der BFH mit Urteil v. 3.7.2025 (IV R 6/23, BFH/NV 2025 S. 1488). Der Gesetzeswortlaut beschränke die Anwendungsfälle für eine einzige Gebühr nicht auf die in § 1 Abs. 2 StAuskV genannten Fälle – eine solche Beschränkung dürfe auch nicht vom BMF durch eine abschließende Regelung der Anwendungsfälle in der StAuskV erfolgen. Darüber hinaus sei das BMF durch § 89 Abs. 2 Satz 6 AO vom Gesetzgeber ohnehin nicht ermächtigt, Gebührenfragen per Rechtsverordnung zu regeln. Vielmehr sei für die Festsetzung nur einer Gebühr darauf abzustellen, ob die verbindliche Auskunft **gegenüber den Antragstellern einheitlich** erteilt wurde. Diese Grundsätze gelten laut BFH auch bei der konkret beurteilten mehrstufigen Umstrukturierung, die von den Antragstellern nur gemeinsam umgesetzt werden konnte und sollte. Daher beabsichtigten sie das Einholen einer verbindlichen Auskunft, die allen Antragstellern gegenüber verbindlich sein sollte. Darüber hinaus stünden die einzelnen Schritte in einem **sachlichen und zeitlichen Zusammenhang** zueinander und bilden ein einheitliches Vorhaben und nicht etwa mehrere Sachverhalte. Der Umstand, dass das zuständige Finanzamt auf den Auskunftsantrag mit acht inhaltsgleichen Bescheiden reagierte, ändere laut BFH nichts daran, dass es sich in der Sache um eine einheitlich erteilte verbindliche Auskunft handelt.

2.12.4 Betriebsprüfung: Vorlage von E-Mails

Grundsätzlich ist der Außenprüfer laut BFH berechtigt, vom Steuerpflichtigen sämtliche E-Mails mit steuerlichem Bezug anzufordern, da E-Mails aufbewahrungspflichtige Handels- und Geschäftsbriefe i. S. von § 147 Abs. 1 Nr. 2 und Nr. 3 AO sein können. Dabei umfasst die steuerrechtliche Aufbewahrungspflicht laut BFH nicht nur den Abschluss, sondern auch die Vorbereitung und Durchführung eines Geschäfts. Davon sind auch E-Mails umfasst, die sog. **Erfüllungshandlungen dokumentieren** (hier konkret zur Erfüllung des konzerninternen Sales and Marketing Services Agreements). Das gelte laut BFH jedenfalls insoweit, als die E-Mails selbst und nicht lediglich ihr Anhang **rechnungslegungsrelevante Informationen** enthalten. Sonst sei jedenfalls der Anhang aufzubewahren.

Ebenso ist laut BFH für (digitale) Unterlagen über Konzernverrechnungspreise der Anwendungsbereich von § 147 Abs. 1 Nr. 5 AO (sonstige Unterlagen) erfüllt und damit (sofern steuerlich relevant) aufbewahrungspflichtig. Der BFH benennt namentlich auch E-Mails, soweit darin Vorgänge enthalten sind, die für die **Verrech-**

nungspreisdokumentation und somit für die Besteuerung von Bedeutung sind. Die sich daraus ergebenden Pflichten seien weder durch § 90 Abs. 3 AO (Anforderungen an eine Verrechnungspreisdokumentation) noch durch die speziell in Außenprüfungen geltende Norm des § 200 AO verdrängt. Die Pflicht zur Vorlage nach § 147 Abs. 6 AO bestehe unabhängig davon, ob die Inhalte bereits in der formellen Verrechnungspreisdokumentation enthalten sind. Vielmehr werden diese Pflichten durch die allgemeinen Aufbewahrungsvorgaben des § 147 AO ergänzt. Dabei wies der BFH auf die Möglichkeit des Steuerpflichtigen hin, nicht steuerlich relevante Daten entsprechend zu selektieren (sog. **Erstqualifikationsrecht**).

Hinweis

Ob die dann vorgelegten E-Mails den gesetzlichen Anforderungen entsprechen oder nicht, dürfte künftig den größten Streitpunkt in der Betriebsprüfung und möglicherweise wieder vor den Gerichten ausmachen.

Als unzulässig stufte der BFH dagegen das Verlangen des Außenprüfers ein, sich das sog. **Gesamtjournal** vorlegen zu lassen (BFH, Beschluss v. 30.4.2025, XI R 15/23, BStBl 2025 II S. 763). Auch § 200 Abs. 1 Satz 2 AO biete hierfür keine rechtliche Grundlage. Zwar könnten nach dieser (eine Vorlagepflicht im Rahmen von Außenprüfungen betreffenden) Vorschrift auch Unterlagen vorzulegen sein, für die keine Aufbewahrungspflicht besteht. Diese Pflicht beziehe sich laut BFH aber lediglich auf tatsächlich vorhandene Unterlagen.

Hinweis

Der Beschluss zeigt einmal mehr, dass Außenprüfungen einer entsprechenden Vorbereitung und Analyse der Unterlagen bedürfen. Auch die laufende Compliance ist gefragt. Das sollte insbesondere die vom BFH angesprochene **Selektion** der steuerlich relevanten von steuerlich nicht relevanten Unterlagen umfassen. Steuerpflichtige sollten zudem Vorlageverlangen der Finanzverwaltung und ggf. gegebene Rechtsschutzmöglichkeiten genau prüfen, weil vermeintliche oder tatsächliche Aufbewahrungsmängel aus der Vergangenheit sonst mit der Außenprüfung schnell in Diskussionen über Mitwirkungspflichtverletzungen, Schätzungen oder sogar Buchführungsmängel münden können.

2.12.5 Betriebsprüfung: Schätzmethoden

Bei fehlender und mangelhafter Buchführung ist die Finanzverwaltung grundsätzlich berechtigt, die Besteuerungsgrundlagen zu schätzen. Bei der Auswahl der Schätzmethode handelt es sich laut BFH grundsätzlich um eine Ermessensentscheidung gem. § 5 AO. Echte Wahlfreiheit bei Auswahl der Methode käme dem Finanzamt aber nur dann zu, wenn mehrere gleich geeignete Schätzungsmethoden zur Auswahl stünden. Ansonsten müsse sich das Finanzamt für diejenige Schätzungsmethode entscheiden, welche die größere **Gewähr** dafür bietet, mit zumutbarem Aufwand das **wahrscheinlichere Ergebnis** zu erzielen.

Finanzämter und Finanzgerichte können grundsätzlich im Rahmen ihres Ermessens sowohl auf den inneren Betriebsvergleich (Kennzahlen innerhalb desselben Betriebs) als auch den äußeren Betriebsvergleich (Vergleich mit ähnlichen Betrieben derselben Branche) zurückgreifen. Generell gelte es zu beachten, dass der **innere Betriebsvergleich** als die grundsätzlich **zuverlässigere Schätzungsmethode** vorzugswürdig sei. Die Schätzung und die ihr zu Grunde gelegte Methode müsse durch das Finanzamt bzw. Finanzgericht nachvollziehbar begründet werden.

Auf den äußeren Betriebsvergleich ist nach Ansicht des BFH zurückzugreifen, wenn andere, tendenziell **genauere Methoden im Einzelfall nicht zur Verfügung** stehen oder mit zumutbarem Aufwand nicht anwendbar sind. Dabei sollen für den Vergleich möglichst Betriebe herangezogen werden, die aus der gleichen Branche stammen und sich auch im Hinblick auf Betriebsgröße, Lage, Organisation und Kundenstamm ähneln (BFH, Urteil v. 18.6.2025, X R 19/21, BFH/NV 2025 S. 1476).

Hinweis

Im konkreten Fall äußerte sich der BFH zur amtlichen **Richtsatzsammlung** des BMF als besondere Form des äußeren Betriebsvergleichs. Diese werde von höchstrichterlicher Rechtsprechung bislang als grundsätzlich zulässig erkannt. Allerdings äußerte der BFH grundlegende Zweifel hinsichtlich der Repräsentativität der erhobenen Daten innerhalb der Sammlung, bspw. wegen des a priori Ausschlusses von Verlustbetrieben aus der Grundgesamtheit. Laut BFH käme eine Schätzung nach amtlichem Richtsatz insofern nur bei Betrieben in Betracht, bei denen Aufzeichnungen derart lückenhaft oder inhaltlich zweifelhaft geführt wurden, dass sie als Grundlage für einen inneren Betriebsvergleich nicht in Betracht kommen.

3 Das betrifft Personengesellschaften

3.1 Berücksichtigung von Betriebsausgaben im Teileinkünfteverfahren

Bei Personengesellschaften (bzw. deren Mitunternehmern), die mit ihren **Beteiligungserträgen** unter das Teileinkünfteverfahren (§ 3 Nr. 40 EStG) fallen, sind damit in wirtschaftlichem Zusammenhang stehende Betriebsausgaben nur in Höhe von 60 % steuerlich abzugsfähig (§ 3c Abs. 2 EStG). Laut BFH greift die **Abzugsbeschränkung** auch für Verwaltungs- und Konzernabschlusskosten einer Holding-KG, die ausschließlich Beteiligungserträge erzielt (BFH, Urteil v. 27.11.2024, IV R 25/22, BStBl 2025 II S. 184).

Im konkreten Fall bezog eine (gewerblich geprägte) GmbH & Co. KG, deren alleiniger Unternehmensgegenstand in der Beteiligung an anderen Gesellschaften lag, ausschließlich Einkünfte aus Dividenden einer Kapitalgesellschaft (100 %-Beteiligung), die dem Teileinkünfteverfahren unterlagen. Als Betriebsausgaben fielen Aufwendungen für die Konzernabschlusserstellung, Rechtsanwaltskosten, IHK-Beiträge sowie Kontoführungsgebühren an.

Durch die Wahl der Rechtsform einer gewerblich geprägten Personengesellschaft erzielt die KG mit den Beteiligungserträgen aus ihrer GmbH-Beteiligung Einkünfte aus Gewerbebetrieb i. S. des § 15 Abs. 3 Nr. 2 EStG. Da sich im vorliegenden Fall die **gewerbliche Tätigkeit** ausschließlich auf das **Halten einer Beteiligung** und der Erzielung von Beteiligungserträgen beschränkte, waren die betroffenen Aufwendungen zwar rechtlich verpflichtend, jedoch laut BFH in der grundlegenden unternehmerischen Entscheidung der KG begründet, Beteiligungen an anderen Gesellschaften zur Erzielung von Beteiligungserträgen zu halten. Dieser mittelbar wirtschaftliche Zusammenhang reichte dem BFH (als sog. „auslösendes Moment“), um den Betriebsausgabenabzug nach § 3c Abs. 2 Satz 1 EStG in Höhe von 40 % zu versagen.

Hinweis

Der BFH folgte damit nicht der Argumentation der KG, dass die betroffenen Ausgaben an das Rechtskleid der Gesellschaft anknüpften und damit nicht durch die Beteiligungserträge (wirtschaftlich) veranlasst seien.

3.2 Korrespondierende Bilanzierung bei Betriebsaufgabe

Laut BFH steht der Umstand, dass eine KG gewerblich geprägt ist, der **Teilwertabschreibung** einer **wertlosen Darlehensforderung** des Gesellschafters gegen die KG vor deren Vollbeendigung nicht entgegen, wenn wegen einer Betriebsaufgabe der KG die Grundsätze korrespondierender Bilanzierung nicht mehr eingreifen (BFH, Urteil v. 12.6.2025, IV R 28/22, BFH/NV 2025 S. 1411).

Im konkreten Fall stellte eine GmbH & Co. KG ihren Betrieb zum 31.8.2012 vollständig ein, die gesellschaftsrechtliche Auflösung erfolgte erst zum 31.12.2014 durch **Austritt** der **kapitalmäßig nicht beteiligten Komplementärin** und Anwachsung auf die alleinige Kommanditistin. Zunächst sah der BFH mit Einstellung des Betriebs zum 31.8.2012 eine Betriebsaufgabe. Infolgedessen sei folgerichtig das zum Zeitpunkt der Betriebsaufgabe bestehende negative Kapitalkonto der Kommanditistin aufzulösen und der hieraus resultierende Aufgabegewinnanteil zu besteuern. Dabei sei der Gewinnanteil mit bestehenden verrechenbaren Verlusten i.S. des § 15a Abs. 4 EStG zu saldieren.

Den Sonderbetriebsverlust aus einer Teilwertabschreibung für eine Darlehensforderung erkannte der BFH bereits im Zeitpunkt der Betriebsaufgabe an. Eine solche Teilwertabschreibung sei vorliegend mit den Grundsätzen der korrespondierenden Bilanzierung vereinbar. Die Darlehensforderung des Gesellschafters gehöre zwar nicht direkt zum Eigenkapital der Gesellschaft, werde durch die Behandlung als Sonderbetriebsvermögen innerhalb der Gesamtbilanz der Mitunternehmerschaft jedoch wie Eigenkapital behandelt. Auch wenn feststehe, dass eine Forderung wertlos sei, käme aufgrund der korrespondierenden Bilanzierung eine Korrektur grundsätzlich erst im Zeitpunkt der Beendigung der Mitunternehmerstellung (also beim Ausscheiden des Gesellschafters oder bei Beendigung der Gesellschaft) in Betracht. Vorliegend erfolgte bereits im **Zeitpunkt der Betriebsaufgabe** im August 2012 und nicht erst bei Vollbeendigung der Gesellschaft zum 31.12.2014 die **Verlustrealisierung im Sonderbetriebsbereich**. Auch stünde der Verlustrealisierung im Zeitpunkt der Betriebsaufgabe der GmbH & Co. KG deren Organisationsform als gewerblich geprägte Personengesellschaft i.S. des § 15 Abs. 3 Nr. 2 EStG nicht entgegen. So entspräche es nicht Sinn und Zweck der Norm, eine durch Betriebsaufgabe beendete mitunternehmerische Tätigkeit als fortbestehend zu fingieren. Eine andere Beurteilung stünde des Weiteren im Widerspruch zur ständigen Rechtsprechung des BFH, wonach es im Falle einer vorherigen Beendigung der gewerblichen Tätigkeit der Gesellschaft auf den Zeitpunkt der Vollbeendigung einer Gesellschaft nicht ankommt.

Hinweis

Zur Klärung, ob, in welcher Höhe und wann die als Sonderbetriebsverlust geltend gemachten Aufwendungen zu berücksichtigen sind, verwies der BFH an die Vorinstanz (FG Münster, Urteil v. 20.7.2022, 9 K 3170/19 F) zurück.

3.3 Übertragung der § 6b EStG-Rücklage und Kapitalkonto nach § 15a EStG

Gem. § 15a Abs. 1 Satz 1 EStG darf der einem Kommanditisten zuzurechnende Anteil am Verlust der KG weder mit anderen Einkünften aus Gewerbebetrieb noch mit Einkünften aus anderen Einkunftsarten ausgeglichen werden, soweit ein negatives Kapitalkonto des Kommanditisten entsteht oder sich erhöht. Bei der Bestimmung des Kapitalkontos des Kommanditisten i. S. des § 15a Abs. 1 Satz 1 EStG sind das Kapitalkonto in der Gesamthandsbilanz der Gesellschaft sowie etwaig vorhandene Ergänzungsbilanzen zu berücksichtigen.

Im zugrunde liegenden Sachverhalt bildete die A GbR für den Veräußerungsgewinn einer Immobilie eine Rücklage nach § 6b Abs. 3 EStG. Im weiteren Verlauf übertrug die A GbR die § 6b EStG-Rücklage anteilig auf die Anschaffungs- und Herstellungskosten eines bebauten Grundstücks der I GmbH & Co. KG (I KG), an der der Gesellschafter der A GbR als alleiniger Kommanditist beteiligt war. Im Streitjahr erzielte die I KG Verluste. Der Kommanditist begehrte, den ihm zugerechneten Anteil am Gesamthandsverlust als ausgleichs- und abzugsfähig zu behandeln.

Laut BFH führt die gesellschafterbezogene und **rechtsträgerübergreifende Übertragung stiller Reserven** gem. § 6b EStG zu einer **Reduzierung des Kapitalkontos** nach § 15a Abs. 1 Satz 1 EStG (BFH, Urteil v. 12.12.2024, IV R 24/22, BStBl 2025 II S. 188). Dies liegt laut BFH daran, dass sich die Anschaffungs- oder Herstellungskosten des Reinvestitionsguts um die Höhe der § 6b EStG-Rücklage reduzieren. Die damit einhergehende Kapitalminderung in der Steuerbilanz der I KG wurde auf einem Sonderkonto verbucht, das ähnlich wie eine Ergänzungsbilanz zur Zuordnung eines Minderkapitals bzw. von Minderanschaffungskosten dient. Dadurch verringern die übertragenen stillen Reserven auch das steuerliche Kapitalkonto. Da Verluste eines Kommanditisten gem. § 15a EStG nur bis zur Höhe seines Kapitalkontos ausgeglichen werden dürfen und der im Streitjahr anteilig dem Kläger zuzurechnende Gesamthandsverlust das negative Kapitalkonto des Kommanditisten

i. S. des § 15a Abs. 1 Satz 1 EStG erhöhte, konnte der Kläger den ihm zugewiesenen Verlust nicht unmittelbar mit anderen Einkünften verrechnen.

Auch erteilt der BFH der Berücksichtigung von nach § 6b EStG übertragenen stillen Reserven bei der Berechnung des Kapitalkontos i. S. des § 15a Abs. 1 Satz 1 EStG eine Absage (Verweis auf BFH-Urteil v. 9.5.1996, IV R 75/93, BStBl 1996 II S. 474, Rn. 11), da über ihr Vorhandensein und ihren Umfang Ungewissheit bestehe.

Hinweis

Laut BFH erhöht ein **Investitionsabzugsbetrag** nach § 7g Abs. 1 EStG nicht ein negatives Kapitalkonto und der Hinzurechnungsbetrag nach § 7g Abs. 2 EStG mindert es nicht. Ein steuerlicher Verlustausgleich erfolgt nur insoweit, als ein Kommanditist wirtschaftlich belastet wird (Regelungszweck des § 15a EStG). Es kommt dabei stets auf die Abgrenzung von inner- und außerbilanziellen Effekten an (BFH, Urteil v. 16.1.2025, IV R 28/23, BStBl 2025 II S. 389).

3.4 Außenhaftung des Kommanditisten

Laut BFH scheidet eine Gewinnhinzurechnung gem. § 15a Abs. 3 Satz 1 EStG in Höhe der Einlageminderung nicht nur aus, soweit aufgrund einer Entnahme die Außenhaftung des Kommanditisten entsteht, sondern auch soweit die Außenhaftung aufgrund der **im Handelsregister eingetragenen Haftsumme** besteht. Für den BFH macht es keinen Unterschied, ob die Haftung besteht, weil Einlagen entnommen werden, keine Einlage geleistet ist oder die Haftung gem. § 171 Abs. 1 HGB besteht (BFH, Urteil v. 16.1.2025, IV R 11/22, BFH/NV 2025 S. 455). Dieses Ergebnis ergebe sich zwar nicht unmittelbar aus dem Wortlaut, sei aber dem Sinn und Zweck der Vorschrift und dessen Zusammenspiel mit § 15a Abs. 1 EStG zu entnehmen.

§ 15a Abs. 3 EStG verhindert die Umgehung der sich aus § 15a Abs. 1 EStG ergebenden **Begrenzung des Verlustausgleichs**, indem ein fiktiver Gewinn in Höhe der Einlageminderung zugerechnet wird und gleichzeitig die früheren ausgleichsfähigen Verluste in einen verrechenbaren Verlust umgeändert werden (§ 15a Abs. 3 Satz 1 und 4 EStG). Vereinfacht gesprochen wird das Ergebnis hergestellt, als wenn von Anfang an eine geringere Einlage geleistet worden wäre und der Verlust nicht ausgleichsfähig gewesen wäre. Dabei bestehe eine inhaltliche und terminologische Nähe der Gewinnhinzurechnung zu § 15a Abs. 1 EStG. Gleiches gelte somit auch für den Verzicht auf eine Gewinnhinzurechnung. Im Rahmen des erweiterten Verlustausgleichs nach § 15a Abs. 1 Satz 2 EStG wird auch eine Außenhaftung gem. § 171 Abs. 1 HGB berücksichtigt. § 15a Abs. 3 EStG soll im Ergebnis ebenfalls sicherstellen, dass ein Verlustausgleich oder -abzug nur zu gewähren ist, soweit der Kommanditist durch den Verlust wirtschaftlich belastet wird (zum Sinn und Zweck des § 15a EStG vgl. BFH, Urteil v. 1.3.2018, IV R 16/15, BStBl 2018 II S. 527 m.w.N).

Hinweis

Da die **Außenhaftung** gem. § 171 Abs. 1 HGB eine wirtschaftliche Belastung des Kommanditisten begründet, ist auch weiterhin der Verlustausgleich gem. § 15a Abs. 1 Satz 2 HGB zu gewähren und es bleibt nach Ansicht des BFH kein Raum für eine Gewinnhinzurechnung gem. § 15a Abs. 3 Satz 1 EStG. Somit könne grundsätzlich auch durch eine Erhöhung der Haftsumme im Jahr der Einlageminderung eine Gewinnhinzurechnung vermieden werden.

3.5 Steuerfreie Sanierungserträge

Betriebsvermögensmehrungen oder Betriebseinnahmen aus einem Schuldenerlass zum Zwecke einer unternehmensbezogenen Sanierung (Sanierungsertrag) sind steuerfrei (§ 3a Abs. 1 Satz 1 EStG). Im BFH-Urteil v. 21.8.2025 (IV R 23/23) äußerte sich der BFH zur Auslegung der einzelnen Tatbestandsmerkmale einer erforderlichen unternehmensbezogenen Sanierung im Falle einer **GmbH & Co. KG**. Diese betrieb einen von einem ihrer Kommanditisten verpachteten Betrieb. Der verpachtete Betrieb einschließlich der Darlehensverbindlichkeiten, auf die der Gläubiger verzichtete, gehörte zum **Sonderbetriebsvermögen des Kommanditisten**.

Sofern der Schuldenerlass im Sonderbetriebsvermögen eines Mitunternehmers anfalle, ist laut BFH entscheidend, dass sich die Mitunternehmerschaft selbst in wirtschaftlicher Schieflage befindet. Die Sanierungsbedürftigkeit bejahte der BFH, da die Darlehen mit dem Betriebsgrundstück besichert waren und bei Zwangsvollstreckung der Verlust der Betriebsgrundlage drohte.

Hinsichtlich der Sanierungsabsicht des Gläubigers behandelte der BFH **selbstnützige Motive** noch als unschädlich, solange eine fremdnützige Sanierungsabsicht nicht fehlt (insoweit strenger aber BFH, Urteil v. 28.2.1989, VIII R 303/84, BStBl 1989 II S. 711, das selbstnützige Motive des Gläubigers als schädlich ansah).

Hinweis

In seinem Urteil wies der BFH auf die enge Verknüpfung der Merkmale der **Sanierungsfähigkeit** und der Sanierungseignung hin. Regelmäßig könne von Sanierungsfähigkeit ausgegangen werden, wenn der Schuldenerlass zur Sanierung geeignet ist. Bei der Auslegung bestätigt der BFH im Wesentlichen seine bisherige Rechtsprechung (vgl. BFH, Urteil v. 12.12.2013, X R 39/10, BStBl 2014 II S. 572), wonach die Geeignetheit zu verneinen ist, wenn der Schuldenerlass zwar den Zusammenbruch verhindert, aber die Ertragsfähigkeit nicht wiederherstellt. Ob im konkreten Fall beide Merkmale erfüllt waren, konnte der BFH mangels ausreichender Feststellungen des FG nicht entscheiden und verwies die Sache zur weiteren Sachverhaltsaufklärung zurück. Zur Frage, ob der Antrag auf steuerfreien Sanierungsertrag als rückwirkendes Ereignis gilt, vgl. BFH, Urteil v. 10.10.2024 (IV R 1/22, BStBl 2025 II S. 294).

3.6 Doppelstöckige PersG I: Gewerbesteuer bei Veräußerung einer Unterbeteiligung

Bei Einräumung einer **atypischen Unterbeteiligung an einem Mitunternehmeranteil**, bei der der Unterbeteiligte Mitunternehmerrisiko trägt und Mitunternehmerinitiative entfalten kann, entsteht steuerrechtlich zwischen dem Hauptbeteiligten der KG und dem Unterbeteiligten eine weitere Mitunternehmerschaft (sog. Unterbeteiligungsgesellschaft) und damit eine doppelstöckige Mitunternehmerschaft. Der Unterbeteiligte qualifiziert dabei im Verhältnis zum Hauptbeteiligten als eigener Mitunternehmer (sog. atypische/mitunternehmerische Unterbeteiligung). Laut BFH gilt nur die Unterbeteiligungsgesellschaft als unmittelbare Mitunternehmerin der Hauptgesellschaft. Sowohl der Hauptbeteiligte als auch die Unterbeteiligten werden zu mittelbaren Mitunternehmern (§ 15 Abs. 1 Satz 1 Nr. 2 Satz 2 EStG) der Hauptgesellschaft (mit Begründung der Unterbeteiligung ist der zivilrechtlich Hauptbeteiligte steuerlich nur noch mittelbar über die Unterbeteiligungsgesellschaft an der Hauptgesellschaft beteiligt).

Veräußert der Hauptbeteiligte seinen Anteil an der Haupt(personen)gesellschaft, ist der Veräußerungsgewinn nach § 7 Satz 2 Nr. 2 GewStG gewerbesteuerpflichtig (BFH, Urteil v. 21.11.2024, IV R 26/22, BStBl 2025 II S. 246). Die Rückausnahme der Norm, dass keine Gewerbesteuerpflicht besteht, soweit der Gewinn auf eine natürliche Person als unmittelbar beteiligter Mitunternehmer entfällt, ist in diesen

Fällen nicht anwendbar. Und zwar auch, soweit der Veräußerungsgewinn auf den unbelasteten Teil des Mitunternehmeranteils des Hauptbeteiligten entfällt. Laut BFH sei der Mitunternehmeranteil in Gänze Betriebsvermögen der Unterbeteiligungsgesellschaft geworden.

Hinweis

Gegen das Ergebnis sprach für den BFH auch nicht, dass es sich bei der Unterbeteiligungsgesellschaft um eine reine Innengesellschaft (ohne Gesellschaftsvermögen) handelte. Das BFH-Urteil zeigt, dass die Einräumung einer Unterbeteiligung auch für natürliche Personen zur gewerbesteuerlichen Verstrickung nach § 7 Satz 2 Nr. 2 GewStG führen kann. Dies ist für entsprechende Strukturierungen gerade im Rahmen der Nachfolgeplanung zu beachten.

3.7 Doppelstöckige PersG II: Weitere Folgen einer Anteilsveräußerung

In seinen Urteilen v. 8.5.2025 (IV R 40/22 und IV R 9/23, BStBl 2025 II S. 603 und 610) äußerte sich der BFH erstmals zur gewerbesteuerlichen Zurechnung des Gewinns aus einer Anteilsveräußerung bei doppelstöckigen Personengesellschaften. Danach handelt es sich bei der Veräußerung eines Anteils an der Oberpersonengesellschaft um einen **einheitlichen Veräußerungsvorgang auf Ebene der Oberpersonengesellschaft**. Der Veräußerungsgewinn ist nicht auf die stillen Reserven der Oberpersonengesellschaft und die stillen Reserven der Unterpersonengesellschaft aufzuteilen. Dies habe auch zur Folge, dass eine Verrechnung von Veräußerungsgewinnen mit auf der Ebene der Unterpersonengesellschaften bestehenden vortragsfähigen Gewerbeverlusten nicht möglich ist.

Zwar können Personengesellschaften grundsätzlich auch Mitunternehmer einer weiteren Personengesellschaft sein. Dies führt aber nicht dazu, dass die Gesellschafter der Oberpersonengesellschaft zugleich Mitunternehmer der Unterpersonengesellschaft sind (vgl. BFH, Beschluss v. 25.2.1991, GrS 7/89, BStBl 1991 II S. 691). D. h. im Falle einer Veräußerung des Anteils an der Oberpersonengesellschaft ist nicht zugleich eine Veräußerung des Anteils an der Unterpersonengesellschaft zu sehen.

Zwar tragen laut BFH bei einer doppelstöckigen Personengesellschaft die stillen Reserven sowohl auf Ebene der Oberpersonengesellschaft als auch der Unterpersonengesellschaft zur **Wertbildung des veräußerten Anteils** bei. Das führe aber nicht dazu, dass die gewerbesteuerrechtliche Sonderregelung des § 7 Satz 2 Nr. 2 GewStG eine „Durchstockung“ des Veräußerungsgewinns auf die verschiedenen Gesellschaftsebenen verlangt. Vielmehr bleibe der Gewinn vollständig auf der Ebene der Oberpersonengesellschaft verhaftet. Auch dass der Erwerb des Anteils an der Oberpersonengesellschaft zur Bildung von Ergänzungsbilanzen auf Ebene der Ober- und Unterpersonengesellschaften führen kann, begründe keine Durchstockung des Veräußerungsgewinns (lediglich Korrekturposten, die nicht in Zusammenhang mit § 7 Abs. 2 Satz 2 GewStG stehen).

Hinweis

Der BFH verneinte auch die Anwendung der Kürzungsvorschrift nach § 9 Nr. 2 Satz 1 GewStG, da der Veräußerungsgewinn aus den oben genannten Gründen auf der Ebene der Oberpersonengesellschaft entstanden ist. Da der Veräußerungsgewinn nicht im Gewerbeertrag der Unterpersonengesellschaft erfasst werde, stelle er auch keinen zu kürzenden Gewinnanteil i. S. von § 9 Nr. 2 GewStG dar.

3.8 (Keine) Abfärbung gewerblicher Beteiligungseinkünfte

Grundsätzlich führen zusätzliche (gewerbliche) Beteiligungseinkünfte einer Personengesellschaft zur Umqualifizierung aller weiteren Einkünfte in Einkünfte aus Gewerbebetrieb (sog. Aufwärtsabfärbung). Dabei sieht der BFH auch keine Geringfügigkeitsgrenze (BFH, Urteil v. 6.6.2019, IV R 30/16, BStBl 2020 II S. 649). Ein Gewerbebetrieb, der nur kraft der **Fiktion** des § 15 Abs. 3 Nr. 1 Alternative 2 EStG als solcher gilt, unterliegt laut BFH allerdings **nicht** der **Gewerbesteuer**. Die verfassungsrechtlich erforderliche Beschränkung der gewerbesteuerlichen Folgen dieser Abfärberegelung erfolge durch entsprechende Auslegung des § 2 Abs. 1 Satz 2 GewStG. Ansonsten käme es zu einer nicht zu rechtfertigenden Schlechterstellung der Personengesellschaft gegenüber einem Einzelunternehmer. Dem folgt nun auch die Finanzverwaltung, die ihren bisherigen **Nichtanwendungserlass** v. 1.10.2020 (BStBl 2020 I S. 1032) nun **aufhebt** (gleich lautende Erlasse der obersten Finanzbehörden der Länder v. 5.11.2025, BStBl 2025 I S. 1838).

Hinweis

Damit sind die gewerbesteuerlichen Grundsätze des o.g. BFH-Urteils in allen offenen Fällen über den entschiedenen Einzelfall hinaus allgemein anzuwenden.

3.9 Thesaurierungsbegünstigung

Personenunternehmen (Einzelunternehmen, Mitunternehmerschaften) können unter den Voraussetzungen des § 34a EStG beantragen, nicht entnommene (sog. thesaurierte) Gewinne begünstigt zu besteuern. Mit BMF-Schreiben v. 12.3.2025 (BStBl 2025 I S. 671) passt das BMF sein umfangreiches Anwendungsschreiben v. 11.8.2008 an.

Durch das Wachstumschancengesetz (WtChancenG) v. 27.3.2024 (BGBl. 2024 I Nr. 108) wurde insbesondere die **Definition** des nicht entnommenen Gewinns (**begünstigungsfähiger Gewinn**) angepasst. Dieser berechnet sich nun als Steuerbilanzgewinn, abzüglich des positiven Saldos aus Entnahmen und Einlagen und (neu) zuzüglich der Gewerbesteuer sowie der Entnahmen für Steuerzahlungen maximal bis zum Saldo der Entnahmen und Einlagen (§ 34a Abs. 2 EStG n.F., vgl. Rn. 12 ff.). Durch die Einbeziehung der Ertragsteuern in die Thesaurierungsbegünstigung wird die effektive Einkommensteuerlast thesaurierter Gewinne auf die „angestrebten" 28,25 % reduziert (vergleichbare Steuerbelastung von Personen- und Kapitalgesellschaften). Auch zur Anwendung dieser gesetzlichen Neuerungen äußert sich das neue Schreiben mit ausführlichen Beispielen (vgl. Rn. 12 ff.).

Auch die mit dem WtChancenG erfolgte **Erweiterung des Nachversteuerungstatbestands** des § 34a Abs. 6 Satz 1 Nr. 3 EStG (Fälle der unentgeltlichen Übertragung eines Betriebs oder Mitunternehmeranteils nach § 6 Abs. 3 EStG) um das Ausscheiden eines Mitunternehmers mit unentgeltlichem Anwachsen auf die verbliebenen Mitunternehmer wurde in das neue Schreiben aufgenommen (vgl. Rn. 50, vgl. zur Anwendung durch das BMF Rn. 60).

Ebenso berücksichtigt ist die mit dem WtChancenG eingeführte **anteilige Nachversteuerung** (§ 34a Abs. 6 Satz 2 EStG, vgl. Rn. 53). Die Regelung des alten Schreibens, dass bei Veräußerung nur eines Teils des Betriebs bzw. des Mitunternehmeranteils keine Nachversteuerung ausgelöst wird, ist damit ersatzlos gestrichen und nun ein Fall der anteiligen Nachversteuerung.

Schließlich äußert sich das neue Schreiben zu dem ebenfalls erweiterten § 34a Abs. 7 EStG zum Übergang des nachversteuerungspflichtigen Betrags auf den Rechtsnachfolger (vgl. Rn. 55 ff.).

Hinweis

Analog zur Gesetzesänderung des § 34a EStG im WtChancenG (§ 52 Abs. 34 Satz 3 EStG) findet das neue Schreiben grundsätzlich ab dem VZ 2024 Anwendung. Die Regelung der Rn. 50 zum (erweiterten) Nachversteuerungstatbestand des § 34a Abs. 6 Satz 1 Nr. 3 EStG (Ausscheiden eines Mitunternehmers mit unentgeltlichem Anwachsen auf die verbliebenen Mitunternehmer) will das BMF dagegen unter Verweis auf § 52 Abs. 34 Satz 2 EStG rückwirkend für Übertragungen nach dem 5.7.2017 anwenden (vgl. Rn. 60). Das neue Anwendungsschreiben ersetzt das bisherige Schreiben v. 11.8.2008 (BStBl 2008 I S. 838), welches letztmalig für den VZ 2023 Anwendung findet (vgl. Rn. 59).

Neben den Änderungen durch das Wachstumschancengesetz wurde in das neue Schreiben u.a. das BFH-Urteil v. 20.3.2017 (X R 65/14, BStBl 2017 II S. 958) eingearbeitet. Darin bestätigte der BFH die bereits von der Finanzverwaltung vertretene Ansicht, dass die Thesaurierungsbegünstigung nach der Gesetzessystematik bei einem **negativen zu versteuernden Einkommen** nicht angewendet werden darf. Die Generierung eines Verlustvortrags nach § 10d EStG ist somit i.R.d. § 34a EStG nicht möglich (vgl. Rn. 1).

Hinsichtlich der **Antragstellung bei Mitunternehmern** stellt das Schreiben für die Antragsgrenze (Mindestbeteiligung mehr als 10 % oder 10.000 EUR) auf den Steuerbilanzgewinn ab und lässt außerbilanzielle Korrekturen unberücksichtigt (Rn. 9).

Das neue Schreiben nimmt nun auch Ausführungen zu den verfahrensrechtlichen Folgen der Antragstellung (vgl. § 34a Abs. 1 Satz 3 EStG) sowie zur Rücknahme eines gestellten Antrags auf. Danach stellen sowohl die Antragstellung als auch die Rücknahme ein **rückwirkendes Ereignis** i.S. des § 175 AO dar (vgl. Rn. 11). Das hat insbesondere Auswirkungen auf den Zinslauf und damit auf die Festsetzung von Nachzahlungs- bzw. Erstattungszinsen. Vgl. zur Erhöhung des Thesaurierungssatzes ab dem VZ 2028 Kapitel Ausblick Tz. 3.3.

3.10 Geschäftsleitende Holding-KG als Organträgerin

Eine Personengesellschaft mit Geschäftsleitung im Inland kann Organträger im Rahmen einer ertragsteuerlichen Organschaft sein, wenn sie eine **gewerbliche Tätigkeit** i. S. des § 15 Abs. 1 Satz 1 Nr. 1 Satz 1 EStG ausübt (§ 14 Abs. 1 Satz 1 Nr. 2 Satz 2 KStG). Laut BFH erfüllt auch eine **Personengesellschaft** diese Anforderung an eine solche gewerbliche Tätigkeit, wenn sie **ausschließlich als geschäftsleitende Holding tätig** ist. Konzerninterne entgeltliche Dienstleistungen oder andere zusätzliche gewerbliche Aktivitäten seien in einem solchen Fall nicht erforderlich (BFH, Urteil v. 27.11.2024, I R 23/21, BFH/NV 2025 S. 774).

Die **geschäftsleitende Tätigkeit** muss jedoch für den BFH **nach außen erkennbar** sein. Nicht ausreichend sei die Tätigkeit eines reinen „Holding-Mantels“, der lediglich Gesellschafterrechte ausübt, aber keine substanzielle Einflussnahme auf das operative Geschäft der Beteiligungsunternehmen erkennen lässt. Ob mit der geschäftsleitenden Tätigkeit die Schwelle der gewerblichen Tätigkeit überschritten wird, ist dabei laut BFH anhand einer Gesamtwürdigung aller Umstände des jeweiligen Einzelfalles zu beurteilen.

Im konkreten Fall, in dem die (Organträger)-KG an insgesamt neun Tochtergesellschaften beteiligt war und weder eigene operative Leistungen erbrachte noch über eigenes Personal verfügte, beanstandete der BFH nicht, dass die Vorinstanz im Rahmen ihrer tatsächlichen Würdigung maßgeblich auf eines der Protokolle der in einem Zeitrhythmus von 14 Tagen abgehaltenen Geschäftsführersitzungen abgestellt hat. Danach seien das Tagesgeschäft erörtert und Maßnahmen festgelegt worden, die der Margenverbesserung und der Ausbildungsanpassung dienen sollten, selbst Einzelheiten des Tagesgeschäfts seien abgestimmt und durchgesetzt worden.

Hinweis

Mit dem Urteil widerspricht der BFH der Finanzverwaltung, die bisher eine eigene über die geschäftsleitende Tätigkeit hinausgehende gewerbliche Tätigkeit fordert (BMF, Schreiben v. 10.11.2005, BStBl 2005 I S. 1038, Rz. 18). Ob eine geschäftsleitende Holding erst bei der Leitung von mindestens zwei Tochtergesellschaften als gewerblich tätig anzusehen ist, ließ er im Urteil ausdrücklich offen.

3.11 Personengesellschaften und CbCR: globale Mindeststeuer

In § 138a AO ist die Behandlung **steuerlich transparenter Personengesellschaften** im Country-by-Country Reporting (CbCR) nicht explizit geregelt. Mit BMF-Schreiben v. 3.4.2025 (BStBl 2025 I S. 970) gibt das BMF erstmals hierzu und zum CbCR-Safe-Harbour der globalen Mindeststeuer (§ 84 MinStG) Hinweise.

Laut BMF gilt eine Personengesellschaft in- oder ausländischer Rechtsform als steuerlich transparent, wenn sie nicht nach § 1a KStG körperschaftsteuerpflichtig ist oder keiner mit § 1a KStG vergleichbaren Steuerpflicht im Ausland unterliegt. Hinsichtlich der Behandlung der steuerlich transparenten Personengesellschaften verweist das BMF grundsätzlich auf Kapitel 3 Abschnitt 2.1 der OECD Guidance zum CbCR aus dem Jahr 2024, geht inhaltlich aber deutlich darüber hinaus. Dabei unterscheidet das BMF vier Fallgruppen:

- Fallgruppe 1 – **Inländische vermögensverwaltende Personengesellschaften:** Diese sind entsprechend der OECD Guidance als staatenlos auszuweisen. Die Angaben der Tabelle 1 des CbCR sind zusätzlich anteilig entsprechend der Beteiligungsquote bei den Gesellschaftern, die einzubeziehende Geschäftseinheiten für Zwecke des CbCR sind, zu berücksichtigen (gruppenzugehörige Gesellschafter). Nur diese, aber nicht die staatenlose Personengesellschaft (s. § 86 Nr. 1 MinStG), können den CbCR-Safe-Harbour gem. § 84 MinStG beantragen.
- Fallgruppe 2 – **Inländische gewerbliche Personengesellschaft mit inländischen Anteilseignern:** Sofern diese über eine Betriebsstätte (oder mehrere) verfügt, werden dieser die Angaben der Tabelle 1 des CbCR zugeordnet (einschließlich der Gewerbesteuer, jedoch mit Ausnahme des Eigenkapitals und der einbehaltenen Gewinne). Zudem wird die Körperschaftsteuer der gruppenzugehörigen Gesellschafter der Betriebsstätte zugeordnet. In Tabelle 2 des CbCR wird insofern eine doppelte Betriebsstätte (zugleich Betriebsstätte der Personengesellschaft und des Mitunternehmers) ausgewiesen. Die Personengesellschaft wird dort als staatenlos erfasst. Bei ihr – und anteilig bei den gruppenzugehörigen Gesellschaftern – werden aber nur das Eigenkapital und der einbehaltene Gewinn berücksichtigt. Sofern keine im Ausland ansässigen gruppenzugehörigen Gesellschafter vorliegen, dürfen die Angaben der Tabelle 1 vereinfachend bei der Personengesellschaft gemacht werden. In diesem Fall entfällt ein Ausweis der staatenlosen Personengesellschaft und der doppelten Betriebsstätte. Da im MinStG eine Betriebsstätte nur im grenzüberschreitenden Fall besteht, sind für den CbCR-Safe-Harbour die Angaben der Personengesellschaft anteilig beim gruppenzugehörigen Gesellschafter zu berücksichtigen.

- Fallgruppe 3 – **Inländische gewerbliche Personengesellschaft mit ausländischen Anteilseignern:** Für das CbCR gelten die gleichen Grundsätze wie bei inländischen gewerblichen Personengesellschaften mit inländischen Anteilseignern (Fallgruppe 2), jedoch ist die Vereinfachungsregelung nicht anwendbar. Für das MinStG besteht im grenzüberschreitenden Fall eine Betriebsstätte, für die der CbCR-Safe-Harbour zu rechnen ist.
- Fallgruppe 4 – **Ausländische Personengesellschaften:** Hier sollen nach dem BMF-Schreiben die o.g. Grundsätze entsprechend gelten. Sofern die ausländische Personengesellschaft jedoch selbst keiner Ertragsbesteuerung (wie in Deutschland mit der Gewerbesteuer) unterliegt oder kein grenzüberschreitender Fall mit einer Betriebsstätte vorliegt, gelten die Grundsätze der Fallgruppe 1 entsprechend und die Personengesellschaft ist als staatenlos zu erfassen.

Hinweis

Das BMF-Schreiben ist auf nach dem 31.12.2023 beginnende Wirtschaftsjahre anzuwenden.

4 Das betrifft Kapitalgesellschaften

4.1 Mindestgewinnbesteuerung bei Definitiveffekten

Nach den Vorschriften zur **Verlustvortragsnutzung** (§ 10d Abs. 2 Satz 1 EStG, über § 8 Abs. 1 KStG für Körperschaften anwendbar, bzw. § 10a Satz 1 und 2 GewStG) ist der zeitlich unbegrenzt nutzbare Verlustvortrag pro Besteuerungsperiode bei **Überschreiten** eines **Sockelbetrags** von **1 Mio. EUR** der Höhe nach auf diesen Betrag zuzüglich weiterer 60 % (derzeit für die VZ 2024 bis 2027 für den körperschaftsteuerlichen Verlustvortrag i.H.v. 70 %) des diesen Betrag übersteigenden Gesamtbetrags der Einkünfte beschränkt. Daraus ergibt sich eine **zeitliche Streckung des Verlustvortrags**. Infolge der dargestellten Verrechnungstechnik verbleibt in der jeweiligen Besteuerungsperiode ein positives, zu besteuerndes Einkommen (sog. Mindestgewinnbesteuerung).

Das BVerfG sieht diese Regelungen zur Mindestgewinnbesteuerung für Körperschaften i.S. des § 1 Abs. 1 Nr. 1 bis 3 KStG bzw. Gewerbebetriebe i.S. des § 2 Abs. 2 Satz 1 GewStG auch in Fällen eines **bilanzsteuerrechtlichen Umkehreffekts** in Verbindung mit einem nachfolgenden Definitiveffekt als mit der Verfassung vereinbar an (BVerfG, Beschluss v. 23.7.2025, 2 BvL 19/14). Dabei erkannte das BVerfG weder einen ungerechtfertigten Verstoß gegen Art. 3 Abs. 1 GG (Gleichheitsgrundsatz) noch gegen Art. 14 GG (Eigentumsgarantie).

Hinsichtlich des Rechtfertigungsgrunds verwies das BVerfG auf das staatliche Interesse an einer **gegenwartsnahen Besteuerung der Unternehmensgewinne** durch eine verstetigende Verteilung der Nutzung vorhandener Verluste über die Besteuerungsperioden. Zudem genüge die Ausgestaltung der Beschränkung in Form des Sockelbetrags und des Abzugsprozentsatzes den verfassungsrechtlichen Anforderungen an typisierende Regelungen. Insbesondere resultiere das durch die zeitliche Streckung der Verlustvorträge begründete Risiko des Wegfalls der Verlustvorträge bzw. Eintritts von Zins- und Liquiditätsnachteilen nicht unmittelbar aus den Regelungen zur Mindestgewinnbesteuerung, sondern ergäbe sich erst mittelbar als Folge anderer Rechtsvorschriften (z.B. des schädlichen Beteiligungserwerbs nach § 8c KStG oder des § 4 Abs. 2 Satz 2 UmwStG) oder aus der Beendigung der Steuerpflicht (vgl. Rn. 99). Insoweit sieht das BVerfG auch eine Parallele zum allgemeinen Unternehmerrisiko des Steuerpflichtigen (vgl. Rn. 146). Im Einzelfall könnten **individuelle Billigkeitsmaßnahmen** nach dem allgemeinen Verfahrensrecht gem. §§ 163, 227 AO getroffen werden (vgl. Rn. 155, 160).

Hinweis

Das BVerfG bejahte damit die grundsätzliche Verfassungsmäßigkeit der körperschaft- und gewerbesteuerlichen Vorschriften zur Mindestgewinnbesteuerung auch in Fällen eines Definitiveffekts. Abzuwarten bleibt, wie das BVerfG den vollständigen Verlustuntergang nach einem schädlichen Anteilserwerb i.S. des § 8c Abs. 1 Satz 1 KStG (mehr als 50 %) verfassungsrechtlich beurteilt. Hierzu ist weiter ein Verfahren beim BVerfG anhängig (2 BvL 19/17).

In Sachen Mindestgewinnbesteuerung ist zudem unter dem Az. 2 BvR 2998/12 eine Verfassungsbeschwerde gegen das BFH-Urteil v. 22.8.2012 (I R 9/11, BStBl 2013 II S. 512) anhängig. Dieser Fall betrifft eine Kapitalgesellschaft, die nach ihrem Geschäftsmodell **hauptsächlich (zu 95 %) steuerfreie Beteiligungseinkünfte** erzielte und deren Geschäftstätigkeit auf 20 Jahre angelegt war. Der BFH sah in diesem Fall keinen tatsächlichen Definitiveffekt und damit auch keine verfassungsrechtlichen Bedenken gegen die Mindestgewinnbesteuerung.

4.2 AdV bei auf § 8c KStG gestützten Bescheiden

Mit Beschluss v. 12.4.2023 (I B 74/22 (AdV), BStBl 2024 II S. 912) gewährte der BFH Aussetzung der Vollziehung (AdV) von Bescheiden, die auf § 8c Abs. 1 Satz 1 KStG gestützt sind (**Beteiligungserwerbe von mehr als 50 %** mit der Folge des **vollständigen Verlustuntergangs**). Er räumte dabei dem Aussetzungsinteresse Vorrang gegenüber dem Interesse am Vollzug des Gesetzes ein. Betroffen war das Streitjahr 2016, in dem die Norm des fortführungsgebundenen Verlustvortrags (§ 8d KStG) zwar schon galt, aber im konkreten Fall nicht anwendbar war. Diesen Beschluss will das BMF für Fälle mit schädlichen Erwerben nach dem 31.12.2015 jedoch nicht über den entschiedenen Einzelfall anwenden (BMF, Schreiben v. 20.11.2024, BStBl 2024 I S. 1640). Laut BMF bestehen aufgrund der Einführung des fortführungsgebundenen Verlustvortrags nach § 8d KStG zum 1.1.2016 keine Zweifel an der Verfassungsmäßigkeit des § 8c Abs. 1 Satz 1 KStG. Anders als der BFH sieht das BMF die Voraussetzungen einer AdV auch nicht für gegeben, wenn die Anwendung von § 8d KStG gem. § 8d Abs. 1 Satz 2 Nr. 2 KStG ausgeschlossen ist.

Für vor dem 1.1.2016 erfolgte schädliche Erwerbe verweist das BMF zwar zunächst auf die Voraussetzungen einer AdV (Darlegen und Glaubhaftmachen eines besonderen berechtigten Interesses an der Aussetzung, das dem öffentlichen Vollzugsinteresse überwiegt). Ein Verweis auf die Ähnlichkeit des § 8c Abs. 1 Satz 1 KStG mit § 8c Satz 1 KStG a. F., der durch das BVerfG bereits als verfassungswidrig eingestuft wurde (vgl. Beschluss v. 29.3.2017, 2 BvL 6/11, BStBl 2017 II S. 1082), lässt das BMF aufgrund der höheren Erwerbsschwelle (mehr als 50 % ggü. 25 % – 50 %) nicht gelten. Auch hier widerspricht das BMF dem BFH.

Hinweis

Beim BVerfG ist derzeit weiter die Frage anhängig, ob § 8c Satz 2 KStG i. d. F. des UntStRefG von 2008 (vollständiger Verlustuntergang bei schädlichen Beteiligungserwerben von mehr als 50 %) mit Art. 3 Abs. 1 GG vereinbar ist (Az. 2 BvL 19/17). Betroffene Verfahren sollten vor diesem Hintergrund weiter offengehalten werden.

4.3 § 8c KStG und Verlustausgleich des Vorjahres

Bei unterjährigen schädlichen Beteiligungserwerben unterliegen negative Einkünfte, die im Wirtschaftsjahr des schädlichen Beteiligungserwerbs vor diesem Zeitpunkt angefallen sind, grundsätzlich laut BFH insoweit der Abzugsbeschränkung nach § 8c KStG, als sie z. B. nicht in die danach folgenden Wirtschaftsjahre vorgetragen werden können. Allerdings schließe § 8c KStG aber nicht aus, solche Einkünfte mit einem **im Vorjahr erwirtschafteten Verlustausgleichsvolumen** (positiver Gesamtbetrag der Einkünfte) steuermindernd zu verrechnen (BFH, Urteil v. 16.7.2025, I R 1/23). Der BFH sah daher bei einem (unterjährigen) schädlichen Beteiligungserwerb i. S. des § 8c KStG einen im VZ bis zum Übertragungszeitpunkt entstehenden Verlust nach den Regeln des § 10d Abs. 1 EStG als rücktragsfähig an und ließ eine Verrechnung mit dem positiven Ergebnis aus dem vorhergehenden Jahr zu.

Hinweis

Damit widersprach der BFH der Finanzverwaltung (vgl. BMF, Schreiben v. 28.11.2017, BStBl 2017 I S. 1645, Tz. 2 und Tz. 31). Bereits 2011 bejahte der BFH eine Verrechnung eines bis zum Übertragungszeitpunkt entstandenen Gewinns mit bestehenden Verlustvorträgen (vgl. BFH, Urteil v. 30.11.2011, I R 14/11, BStBl 2012 II S. 360). Im jetzigen Fall bedurfte es mangels Entscheidungserheblichkeit auch keiner Aussetzung wegen der Frage der Verfassungsgemäßheit von § 8c Abs. 1 KStG (anhängig beim BVerfG unter 2 BvL 19/17).

4.4 § 8c KStG in Organschaftsfällen

In Organschaftsfällen stellen sich bei unterjährigen schädlichen Beteiligungserwerben weitere Fragen hinsichtlich der Folgen aufgrund der besonderen organschaftlichen Ergebnisermittlung bzw. -zurechnung. Laut BMF-Schreiben v. 28.11.2017 (BStBl 2017 I S. 1645, Rz. 37) ist die **Verlustabzugsbeschränkung** des § 8c KStG bei einer steuerlichen Organschaft auf Ebene des Organträgers und auf Ebene der Organgesellschaft **getrennt anzuwenden.** Unterjährige Ergebniskonsolidierungen wären damit ausgeschlossen. Dem widersprach das FG Düsseldorf und ließ im Urteil v. 9.12.2024 (6 K 1772/20) eine unterjährige Ergebniskonsolidierung und damit eine Verrechnung von bis zum schädlichen Erwerb angefallenen Verlusten bzw. Gewinnen einer Organgesellschaft mit dem Gesamtbetrag der Einkünfte (bzw. Verlusten) des Organträgers zu.

Dabei stützte sich das FG Düsseldorf im Wesentlichen auf die BFH-Rechtsprechung zum **stand-alone Fall** (vgl. BFH, Urteil v. 30.11.2011, I R 14/11, BStBl 2012 II S. 360), wonach die in früherer Zeit erwirtschafteten Verluste nach dem Regelungszweck der Verlustabzugsbeschränkung auf die **alte wirtschaftliche Identität der Gesellschaft** und das alte wirtschaftliche Engagement des bisherigen Anteilseigners entfallen.

Mit Blick auf die **gewerbesteuerlichen Fehlbeträge** soll auf den laufenden schädlichen Beteiligungsertrag die Verlustabzugsbeschränkung des § 8c Abs. 1 Satz 1 KStG i.V.m. § 10a Satz 10 GewStG keine Anwendung finden. Denn § 10a Satz 10 GewStG spreche vom „Fehlbetrag" und behandelt nicht den anteiligen laufenden Gewerbeverlust.

Darüber hinaus lehnte das FG die Anwendbarkeit des § 8d KStG ab. Zwar sei eine Organgesellschaft grundsätzlich antragsberechtigt, jedoch schließe die gleichzeitige Organträgereigenschaft die Anwendung nach § 8d Abs. 1 Satz 2 Nr. 2 KStG aus. Eine teleologische Reduktion dieser Ausschlussnorm lehnte das FG unter Hinweis auf den abstrakten Missbrauchsvermeidungszweck der Norm ab.

Hinweis

Gegen die Entscheidung des FG Düsseldorfs wurde Revision eingelegt (Az. beim BFH: I R 11/25).

4.5 Sanierungsklausel des § 8c Abs. 1a KStG

Die Verlustabzugsbeschränkung des § 8c KStG ist u.a. ausgeschlossen, wenn die sog. „Sanierungsklausel" des § 8c Abs. 1a KStG greift, d.h. wenn ein schädlicher Beteiligungserwerb unbeachtlich ist, sofern der **Beteiligungserwerb zum Zweck der Sanierung** des Geschäftsbetriebs der Körperschaft erfolgt. Mit Entwurf eines BMF-Schreibens v. 24.3.2025 äußert sich das BMF erstmals zur Anwendung der Sanierungsklausel. Dabei stimmt der Entwurf in weiten Teilen mit der Verfügung der OFD Nordrhein-Westfalen v. 20.12.2018 zur Anwendung der Sanierungsklausel überein.

Bei den Ausführungen zu den Voraussetzungen eines Beteiligungserwerbs zum Zwecke der Sanierung muss der **Nachweis** eines begünstigten „Sanierungserwerbs" durch geeignete Unterlagen erbracht werden. So ist etwa ein für insolvenzrechtliche Zwecke erstellter **Sanierungsplan** (§§ 217 ff. InsO) oder ein Sanierungsgutachten (bspw. **Sanierungsgutachten** IDW S 6) als Nachweis ausreichend, sofern der Beteiligungserwerb Teilmaßnahme des Sanierungsplans ist. Weitergehende Nachweismöglichkeiten nennt das BMF nicht.

Der Entwurf äußert sich auch zum **Erhalt der wesentlichen Betriebsstrukturen** als zentraler Voraussetzung für die Anwendung der Sanierungsklausel. Der Erhalt der wesentlichen Betriebsstrukturen kann u.a. durch Zuführung von wesentlichem Betriebsvermögen durch Einlagen vollzogen werden. Gem. § 8c Abs. 1a Nr. 3 Satz 2 KStG muss die Zuführung innerhalb von 12 Monaten nach dem Beteiligungserwerb erfolgen und mindestens 25 % des in der Steuerbilanz zum Schluss des dem Beteiligungserwerb vorangegangenen Wirtschaftsjahres enthaltenen Aktivvermögens zu Buchwerten entsprechen. Das BMF vertritt in diesem Zusammenhang die Auffassung, dass

- der Erlass von Verbindlichkeiten als Zuführung von neuem Betriebsvermögen gilt, soweit die Forderung noch werthaltig ist.
- Einbringungen und Umwandlungen bei der Verlustkörperschaft normspezifisch zu berücksichtigen sind. Danach soll bspw. eine Betriebsvermögenszuführung im Rahmen einer Einbringung an den Wertansatz (Buchwert, Zwischenwert oder gemeiner Wert) bei der übernehmenden Gesellschaft gekoppelt sein.

Mit Blick auf die Nichterhaltung der wesentlichen Betriebsstrukturen äußert sich das BMF detailliert zu Leistungen, die den Wert des zugeführten Betriebsvermögens mindern. Neben offenen und verdeckten Gewinnausschüttungen sollen auch Abspaltungen gem. § 15 UmwStG oder das Aufleben einer Verbindlichkeit nach einem Forderungsverzicht gegen Besserungsschein als Leistung i.S. der Vorschrift gelten.

Hinweis

Der Entwurf enthält darüber hinaus auch Ausführungen zu den Rechtsfolgen der Sanierungsklausel und zur Frage, wann aus Verwaltungssicht die Einstellung des Geschäftsbetriebs und ein Branchenwechsel vorliegt (Folge der Versagung der Sanierungsklausel). Abzuwarten bleibt, ob sich im finalen Schreiben noch Änderungen ergeben.

4.6 Ausnahmen von der Zinsschranke

Die Zinsschranke des § 4h EStG ist nicht anzuwenden, wenn ein konzernzugehöriger Betrieb eine um maximal **2 Prozentpunkte niedrigere Eigenkapitalquote** als der Konzern selbst aufweist (§ 4h Abs. 2 Satz 1 Buchst. c EStG; sog. Eigenkapital-Escape). Für Körperschaften greift der Eigenkapitalescape jedoch nur, wenn die Zinsaufwendungen einer konzernangehörigen Gesellschaft an zu mindestens 25 % beteiligte Gesellschafter, diesen nahestehende Personen oder an rückgriffsberechtigte Dritte **nicht mehr als 10 % des negativen Zinssaldos** dieser Gesellschaft betragen und dies nachgewiesen wird (schädliche Gesellschafterfremdfinanzierung zu beachten, § 8a Abs. 3 Satz 1 KStG). Hierbei ist nicht nur auf den inländischen Betrieb, der die Anwendung der Ausnahmeregelung begehrt, sondern auf **jede konzernzugehörige Gesellschaft** abzustellen. Für börsennotierte Gesellschaften mit Anteilen im Streubesitz ist ein Nachweis über das Nichtvorhandensein einer schädlichen Beteiligung i. S. des § 8a Abs. 3 Satz 1 KStG regelmäßig unmöglich zu erbringen.

Das FG Sachsen-Anhalt sah bei einer Gesellschaft, deren Anteile (mittelbar) an der Börse gehandelt werden und sich im **Streubesitz** befinden, die (fehlenden) Registereintragungen bei der (niederländischen) Finanzmarktaufsicht als ausreichenden Beweis für das Fehlen einer entsprechenden Beteiligung an (FG Sachsen-Anhalt, Urteil v. 27.11.2024, 3 K 725/23). Es müsse davon ausgegangen werden, dass Aktionäre ihre Meldepflichten grundsätzlich erfüllten. Eine pauschale Annahme einer Pflichtverletzung dürfe nicht getroffen werden, da von einem pflichtbewussten Anteilseigner auszugehen ist. Auch eine – wie im vorliegenden Fall – **verspätete Veröffentlichung der Konzernabschlüsse** für das betreffende Wirtschaftsjahr in englischer Sprache im deutschen Bundesanzeiger seien für die Anwendung des Eigenkapitalescape unschädlich.

Hinweis

Zwar erging das Urteil noch zu § 8a Abs. 3 Satz 1 KStG a. F.. Nach der Änderung durch das Kreditzweitmarktförderungsgesetz liegt eine schädliche Beteiligung nun bereits bei Erreichen und nicht erst bei Überschreiten der 25 %-Schwelle vor. Für die Bestimmung der 10 %-Grenze gilt nun statt der Einzelbetrachtung eine Gesamtbetrachtung. Somit sind alle Zinsaufwendungen an wesentlich beteiligte Gesellschafter zusammenzurechnen. Damit hat sich der Gesetzgeber der von der Finanzverwaltung bereits zuvor vertretenen Ansicht angeschlossen und diese gesetzlich normiert. Da nach den Vorgaben der niederländischen Finanzaufsicht auch eine Beteiligung von 25 % zu einer Meldepflicht geführt hätte, hätte auch nach neuer Rechtslage der Nachweis geführt werden können, dass keine schädliche Beteiligung vorliegt. Die Revision ist beim BFH unter dem Az. I R 29/24 anhängig. Bis zur endgültigen Entscheidung sollte in vergleichbaren Fällen unter Verweis auf das anhängige Verfahren Einspruch eingelegt und Ruhen des Verfahrens beantragt werden.

4.7 Gewinnminderungen aus Darlehensgewährung: Maßgebliche Beteiligungsquote

Mit Kapitalgesellschaftsanteilen zusammenhängende Gewinnminderungen im Zusammenhang mit Darlehensforderungen dürfen bei der Ermittlung des Einkommens nur abgezogen werden, wenn der darlehensgebende Gesellschafter nicht zu mehr als 25 % mittelbar oder unmittelbar an der Kapitalgesellschaft beteiligt ist (§ 8b Abs. 3 Satz 4 KStG).

In Fällen, in denen die **Beteiligung über eine zwischengeschaltete vermögensverwaltende Personengesellschaft** gehalten wird, ist laut BFH für die maßgebliche Beteiligungsquote nicht auf die Beteiligung der KG an der jeweiligen Tochterkapitalgesellschaft, sondern vielmehr auf deren Gesellschafter abzustellen (BFH, Urteil v. 27.11.2024, I R 21/22, BStBl 2025 II S. 531). Auch wenn zivilrechtlich eine mittelbare Beteiligung vorliege, sei die Beteiligung einer Kapitalgesellschaft an einer anderen Kapitalgesellschaft, die über eine vermögensverwaltende Personengesellschaft gehalten wird, gem. § 39 Abs. 2 Nr. 2 AO (Bruchteilsbetrachtung) steuerrechtlich als unmittelbare Beteiligung anzusehen. Dies entspreche auch der Gesetzessystematik, nach der darlehensgebender Gesellschafter bereits nur eine Körperschaft sein kann, wenn es – wie in § 8b Abs. 3 Satz 4 KStG – um die Einkommensermittlung einer Körperschaft geht. Gleiches gilt laut BFH auch hinsichtlich des vom Gesetzgeber verfolgten Zwecks, Gestaltungen zu adressieren, bei denen statt einer Eigenkapitalfinanzierung fremdunübliche Darlehen zur Finanzierung der Gesellschaft gewählt wurden, um das Abzugsverbot des § 8b Abs. 3 Satz 3 KStG zu umgehen.

4.8 Körperschaftsteuerliche Organschaft: Beteiligung von atypisch stillen Gesellschaftern

Bisher noch nicht eindeutig geklärt sind die Auswirkungen von atypischen Beteiligungen an Organgesellschaften bzw. Organträgern auf die Anerkennung der ertragsteuerlichen Organschaft.

Laut BFH kann eine Kapitalgesellschaft auch dann **Organgesellschaft** im Rahmen einer körperschaftsteuerlichen Organschaft sein, wenn sie einen Gewinnanteil an einen atypisch stillen Gesellschafter abführen muss (BFH, Urteil v. 11.12.2024, I R 33/22, BFH/NV 2025 S. 784, in einem Fall, in dem die Organträgerin selbst atypisch still am gesamten Betrieb der Organgesellschaft beteiligt war).

Hinweis
Mit dem Urteil widersprach der BFH der Finanzverwaltung (BMF, Schreiben v. 20.8.2015, BStBl 2015 I S. 649 und OFD Frankfurt, Verfügung v. 30.1.2013). Vgl. nun aber die geänderte Sicht des BMF durch BMF-Schreiben v. 13.11.2025.

Der BFH begründete dies zunächst damit, dass der in § 14 Abs. 1 Satz 1 KStG vorausgesetzte Gewinnabführungsvertrag nach § 291 Abs. 1 AktG auf das Zivilrecht verweist, weshalb auf einer ersten Stufe eine **zivilrechtliche Betrachtungsweise** geboten ist. Voraussetzung der ertragsteuerlichen Organschaft sind folglich zunächst der wirksame Vertragsabschluss und das Erfüllen der zivilrechtlichen Verpflichtungen (u.a. die Gewinnabführung). Maßgeblicher Anknüpfungspunkt der Gewinnabführung ist der Jahresüberschuss i.S. des § 301 Satz 1 AktG und die nach handelsrechtlichen Grundsätzen erfolgte Gewinnermittlung. Im Rahmen der handelsrechtlichen Gewinnermittlung ist der Gewinnanteil des atypisch stillen Beteiligten als Aufwand zu erfassen. Der danach verbleibende Jahresüberschuss stellt den „ganzen Gewinn" nach § 291 Abs. 1 Satz 1 AktG dar.

Daran ändere laut BFH auch die zivilrechtliche Qualifikation einer atypisch stillen Beteiligung als **Teilgewinnabführungsvertrag** i.S. des § 292 Abs. 1 Nr. 2 AktG (vgl. BGH, Urteil v. 21.7.2003, II ZR 109/02) nichts. Bei diesem handelt es sich im Kern um einen schuldrechtlichen Austauschvertrag, der somit die vorgelagerte Ebene der Gewinnermittlung betreffen würde.

Hinweis

Zu den Auswirkungen auf die **gewerbesteuerliche Organschaft** musste sich der BFH vorliegend nicht äußern. In diesem Zusammenhang vertrat er bisher die Auffassung, dass die atypisch stille Beteiligung an der Organgesellschaft einer Anerkennung der gewerbesteuerlichen Organschaft entgegenstehe (vgl. BFH, Urteil v. 25.10.1995, I R 76/93). Diese pauschale Versagung schränkte der BFH in seinem zweiten Urteil vom 11.12.2024 (I R 17/21) allerdings dahingehend ein, dass eine gewerbesteuerliche Organschaft zumindest möglich sei, wenn sich der atypisch stille Gesellschafter bei Vorliegen mehrerer sachlich hinreichend abgegrenzter Geschäftsbereiche der Organgesellschaft lediglich an einem dieser Geschäftsbereiche beteiligt.

Im Urteil vom 11.12.2024 (I R 17/21, BFH/NV 2025 S. 779) beschäftigte sich der BFH auch mit der atypisch stillen Beteiligung an der **Organträgerin**. Allerdings lag dem BFH dort eine Sonderkonstellation vor (Beteiligung von Partnern an einzelnen Niederlassungen der Organträgerin). Auch wenn er den Fall nicht abschließend beurteilte, steht die atypische Beteiligung an der Organträgerin der ertragsteuerlichen Anerkennung der Organschaft laut BFH wohl nicht grundsätzlich entgegen.

Vorliegend waren die atypisch still Beteiligten nur am Gewinn und Verlust sowie den stillen Reserven der jeweiligen Niederlassungen beteiligt und nicht am „Gesamtunternehmen“ der Organträgerin. D. h. der Organträgerin als Inhaberin des Handelsgewerbes verblieb möglicherweise **weiterhin ein abtrennbarer Geschäftsbereich**, an dem weder zivilrechtlich noch steuerrechtlich andere Personen beteiligt sind. Laut BFH kann einem solchen „freien“ Geschäftsbereich die Beteiligung an der (jeweiligen) Organgesellschaft zugeordnet werden. Das hätte zur Folge:

- Gewinnabführung der Organgesellschaft stünde allein der Organträgerin zu;
- Vorliegen einer organträgertauglichen Vertragspartnerin des Gewinnabführungsvertrages, die als einziges anderes gewerbliches Unternehmen die Gewinnabführung erhält;
- Alleinige finanzielle Eingliederung der Organgesellschaften bei der Organträgerin.

Mit BMF-Schreiben v. 13.11.2025 reagiert das BMF auch insoweit auf die Grundsätze des BFH.

Hinweis

Der BFH konnte das Verfahren nicht abschließend beurteilen und verwies es zur weiteren Klärung an die Vorinstanz zurück. Es fehlen u.a. nähere Feststellungen dazu, ob an sämtlichen Niederlassungen der Organträgerin atypisch stille Beteiligungen bestanden oder ob ein gesonderter Geschäftsbereich bestand, der allein der Organträgerin zuzuordnen ist und zu dem die zahlreichen Organschaftsbeteiligungen gehören. Bei der Frage der atypisch stillen Beteiligung an einer Organträgerin bleiben Unsicherheiten bestehen. Hier gilt es die weiteren Entwicklungen zu beobachten.

4.9 Wirtschaftliche Neugründung einer Kapitalgesellschaft

Bei einer (nur) wirtschaftlichen Neugründung einer Kapitalgesellschaft sind nach der zivilgerichtlichen Rechtsprechung die Gründungsvorschriften, die der Gewährleistung der Kapitalausstattung dienen, entsprechend anzuwenden. Der BFH befasste sich nun mit der steuerlichen Einordnung einer im Zuge einer wirtschaftlichen Neugründung erbrachten Einlage und deren **Auswirkungen auf das steuerliche Einlagekonto**.

Im konkreten Fall war eine AG bilanziell und wirtschaftlich nahezu entleert, mit geringem Bankguthaben, erheblichem Verlustvortrag und ausstehenden Einlagen von 37.500 EUR (75 % des gezeichneten Kapitals). Der operative Geschäftsbetrieb war eingestellt. Ein neuer Aktionär, der sämtliche Aktien erwarb, initiierte eine strukturelle Neuordnung und meldete eine wirtschaftliche Neugründung an. Zur Erfüllung der kapitalbezogenen Anforderungen zahlte er 12.500 EUR mit dem Vermerk „Einlage 25 % Stammkapital“.

Das Finanzamt wertete diese Zahlung als erneute Einzahlung in das Nennkapital und verwies auf die BGH-Rechtsprechung zur wirtschaftlichen Neugründung, wonach bei Wiederaufnahme der Geschäftstätigkeit einer zuvor inaktiven Gesellschaft insbesondere zur Sicherstellung des Gläubigerschutzes ein Kapitalnachweis erforderlich sei (vgl. BGH, Beschluss v. 9.12.2002, II ZB 12/02). Daher wurde die Zahlung nicht bei der Feststellung des steuerlichen Einlagekontos berücksichtigt (§ 27 KStG).

Dem widersprach der BFH und stellte fest, dass die Zahlung nicht zur Begleichung der ausstehenden (ursprünglichen) Einlageverpflichtungen diente, da diese unverändert mit 37.500 EUR in der Bilanz ausgewiesen war. Mit der (Neu-)Einzahlung habe der Neuaktionär lediglich die Voraussetzungen für die Eintragung der wirtschaftlichen Neugründung erfüllen wollen. Eine zuvor erfüllte Einlageverpflichtung könne bei einer wirtschaftlichen Neugründung nicht „wiederaufleben“.

Daher ordnete der BFH die Zahlung der Kapitalrücklage gem. § 272 Abs. 2 Nr. 4 HGB zu. Die Bezeichnung der Zahlung im Überweisungstext („Einlage 25 % Stammkapital“) sei eine unerhebliche Falschbezeichnung. Damit führte die Einlage auch zu einer Erhöhung des steuerlichen Einlagekontos i. S. des § 27 Abs. 1 Satz 1 KStG (BFH, Urteil v. 25.2.2025, VIII R 22/22, BStBl 2025 II S. 575).

4.10 Tantiemezahlungen an den Minderheitsaktionär einer AG

Laut BFH können die Rechtsregeln, die im Zusammenhang mit der steuerrechtlichen Behandlung von Vereinbarungen mit Gesellschafter-Geschäftsführern einer GmbH entwickelt wurden, nicht uneingeschränkt auf den Bereich der AG übertragen werden. Dem stünden strukturelle Unterschiede in den Entscheidungsstrukturen zwischen einer AG und einer GmbH entgegen.

Hinweis

U. a. wird die AG bei Rechtsgeschäften mit ihren Vorstandsmitgliedern von ihrem Aufsichtsrat vertreten, wodurch eine Wahrung der Interessen der Gesellschaft eher gewährleistet ist als bei Verträgen zwischen einer GmbH und ihrem beherrschenden Gesellschafter-Geschäftsführer.

So genügt laut BFH eine **umsatz- oder gewinnabhängige Tantiemen-Vereinbarung** zwischen einer AG und einem Vorstandsmitglied, das zugleich Minderheitsaktionär der AG ist, nur dann nicht dem Fremdvergleich (was ggfs. zu einer vGA führen könnte), wenn die Umstände des Einzelfalles eindeutig darauf schließen lassen, dass sich der Aufsichtsrat bei der Vergütungsvereinbarung **einseitig an den Interessen des Vorstandsmitglieds ausgerichtet** hat. Sofern es sich um einen „unabhängigen“ Aufsichtsrat handelt, der also mit Personen besetzt ist, die dem betreffenden Vorstandsmitglied nicht nahestehen, komme eine vGA daher nur unter besonderen Umständen in Betracht (BFH, Urteil v. 24.10.2024, I R 36/22, BStBl 2025 II S. 332). Im Streitfall hat das Vorstandsmitglied als Minderheitsaktionär den Aufsichtsrat zudem auch nicht beherrschen können.

Hinweis

Bereits in vergangener Rechtsprechung äußerte sich der BFH zur Anwendung der Grundsätze einer vGA im Hinblick auf eine **Vergütungsvereinbarung** einer AG mit ihrem **Mehrheitsaktionär**, der zugleich Vorstandsmitglied der AG ist. Danach sei es im Einzelfall möglich, dass eine vertragliche Vergütungsgestaltung nicht auf einen gerechten Ausgleich der beiderseitigen Interessen von Vorstand und AG ausgerichtet ist. Dann liege auch bei einer AG eine vGA vor. Allerdings könne grundsätzlich erst eine Beherrschungssituation im Aufsichtsrat die Rolle des Aufsichtsrats als eines zur Wahrung der Interessen der AG verpflichteten Gremiums relativieren und eine einseitige Interessenwahrnehmung zugunsten des begünstigten Vorstandsmitglieds als naheliegend erscheinen lassen.

4.11 Disquotale Gesellschaftereinlagen und Schenkungsteuer

Als Schenkung gilt auch eine Werterhöhung von Anteilen an einer Kapitalgesellschaft aufgrund von Leistungen eines anderen Gesellschafters an die Gesellschaft (Schenkungsfiktion des § 7 Abs. 8 ErbStG). Der BFH hat ernstliche Zweifel an einer steuerbaren Werterhöhung, wenn eine Zuordnung der Leistung (Einzahlung in die Kapitalrücklage) zum jeweils leistenden Gesellschafter vereinbart ist. Dafür verlangt der BFH bei seiner summarischen Prüfung keine Satzungsgrundlage (BFH, Beschluss v. 6.6.2025, II B 43/24, AdV, BStBl 2025 II S. 703).

Hinweis

Dafür spricht laut BFH auch die eigene Weisungslage der Finanzverwaltung in R E 7.5 Abs. 11 Satz 13 ErbStR 2019, wonach u.a. „Zusatzabreden", die für den einlegenden Gesellschafter gewährleisten, dass seine Leistung nicht zu einer endgültigen Vermögensverschiebung zugunsten der Mitgesellschafter führt, ausreichend sind, um keine steuerbare Werterhöhung der Anteile der Mitgesellschafter anzunehmen.

Für eine Werterhöhung i.S. des § 7 Abs. 8 Satz 1 ErbStG muss der **gemeine Wert des Anteils** des Bedachten laut BFH nach der Leistung des Zuwendenden an die Gesellschaft **höher** sein **als vor der Leistung**. Die Feststellungslast für eine (immer anhand des Einzelfalls zu prüfende) Werterhöhung sieht der BFH beim Finanzamt (vgl. schon BFH, Urteil v. 10.4.2024, II R 22/21, BStBl 2025 II S. 356). Eine Werterhöhung der Anteile der anderen (nicht einlegenden) Mitgesellschafter sieht der BFH nicht, wenn dem einlegenden Gesellschafter anlässlich seiner Leistung **zusätzliche Rechte** gewährt werden (z.B. Verbesserung seines Gewinnanteils, zusätzliche Anteile an der Gesellschaft oder eine von den Geschäftsanteilen abweichende Verteilung des Vermögens bei späterer Liquidation).

Hinweis

Abzuwarten bleibt nun das Hauptsacheverfahren. Dabei wird sich auch zeigen, ob sich der BFH klar dazu positioniert, ob eine (für § 7 Abs. 8 Satz 1 ErbStG erforderliche) steuerbare Werterhöhung überhaupt vorliegt, wenn die Gesellschafter (wie im vorliegenden Fall) im Verhältnis ihrer Finanzierungsleistungen an (erhöhten) Gewinnausschüttungen partizipieren. In dem vorliegenden summarischen Verfahren konnte er diese Frage noch offenlassen.

4.12 Gesonderte und einheitliche Feststellung bei KGaA

Die hybride Rechtsform der KGaA hat sowohl kapital- als auch personengesellschaftsrechtliche Elemente. Laut BFH ist für eine KGaA und deren persönlich haftende Gesellschafter (phG) eine gesonderte und einheitliche Feststellung von Besteuerungsgrundlagen nach § 180 Abs. 1 Nr. 2 lit. a AO durchzuführen (BFH, Urteil v. 16.10.2024, I R 24/22, BFH/NV 2025 S. 597).

Der BFH sieht aufgrund der transparenten Betrachtungsweise der KGaA für den phG eine **gemeinsame Einkunftsquelle für KGaA und phG**. Selbst wenn der phG vermögensmäßig nicht an der KGaA beteiligt ist und nur eine Tätigkeitsvergütung erhält, sei hiervon nicht abzuweichen. Die Durchführung eines gesonderten und einheitlichen Feststellungsverfahrens entspreche auch dem Zweck der Sicherstellung einer einheitlichen Rechtsanwendung und der Erleichterung des Besteuerungsverfahrens. Hierdurch sei auch die Änderbarkeit der Steuerfestsetzung beim phG nach einer Außenprüfung bei der KGaA gewährleistet. Zum materiell-rechtlichen Inhalt der gesonderten und einheitlichen Feststellung musste sich der BFH im Streitfall nicht äußern.

Hinweis

Im Urteil v. 18.12.2024 (I R 12, I R 13/21, BFH/NV 2025 S. 930) äußerte sich der BFH zur Inanspruchnahme des **abkommensrechtlichen Schachtelprivilegs** durch eine KGaA vor und nach dem Inkrafttreten der besonderen Anti-Treaty-Shopping-Vorschrift des § 50d Abs. 11 EStG. Im konkreten Fall verneinte er die vollständige Freistellung der Ausschüttungen nach dem abkommensrechtlichen Schachtelprivileg (Art. 20 Abs. 2 Satz 3 i.V.m. Satz 1 DBA-Luxemburg 1958/2009).

5 Das betrifft Vermieter und Kapitalanleger

5.1 Immobilien und Kaufpreisaufteilung: AfA-Bemessung

Die Kaufpreisaufteilung beim Erwerb einer vermieteten Immobilie in einen Grund- und Bodenanteil sowie einen Gebäudeanteil ist seit jeher streitanfällig. Im Urteil v. 7.10.2025 (IX R 26/24) bestätigt nun der BFH, dass bei Verkehrswertgutachten seit dem 1.1.2022 die **ImmoWertV 2021** angewendet werden kann, da diese für die Schätzung von Verkehrswerten von Grundstücken anerkannte Grundsätze bereitstelle. Danach sind für die Schätzung von Verkehrswerten das Vergleichswert-, Ertragswert- und Sachwertverfahren oder mehrere dieser Verfahren heranzuziehen.

Im Urteilsfall war streitig, ob das vereinfachte oder das allgemeine Ertragswertverfahren (§ 27 Abs. 5 Nr. 1 bzw. 2 ImmoWertV 2021) heranzuziehen ist. Aus Sicht des Klägers hätte das vereinfachte Ertragswertverfahren ohne Abzug einer Bodenwertverzinsung zu einem Grund- und Bodenanteil von 0 % geführt, da es sich bei dem Gebäude um ein Baudenkmal handelte. Dieses unterliege einem Erhaltungszwang, habe folglich eine „ewige" Restnutzungsdauer und dürfe nicht vom Grund und Boden getrennt werden. Finanzverwaltung und Vorinstanz (FG Köln, Urteil v. 13.11.2024, 2 K 1386/20) sowie ein von der Vorinstanz bestellter gerichtlicher Gutachter kamen unter Anwendung des allgemeinen Ertragswertverfahrens zu einer abweichenden Aufteilung.

Der BFH folgte im Hinblick auf das anzuwendende Verfahren der Vorinstanz. Der nicht der Abschreibung unterfallende Grund- und Bodenanteil sei **auch bei denkmalgeschützten Gebäuden** zu beachten, da er das wesentliche Kriterium der Lage einer Immobilie widerspiegelt. Da sich auch ein Denkmal abnutze, es saniert oder im schlimmsten Fall abgerissen und neu aufgebaut werden müsse, teilt der BFH die

Argumentation des Klägers nicht. Nur im Hinblick auf einen von der Vorinstanz falsch bestimmten AfA-Satz war die Revision teilweise erfolgreich.

Hinweis

Mit der Entscheidung bekräftigt der BFH insgesamt die Anwendung der in der ImmoWertV verankerten Verfahren zum Zweck der Kaufpreisaufteilung. Das ist insbesondere vor dem Hintergrund bedeutsam, dass noch strengere Kriterien an die Kaufpreisaufteilung und Vorgaben für die Nachweise einer abweichenden Gebäudenutzungsdauer (jeweils durch Vorgaben an das Gutachten und die Person des Gutachters) aus dem Regierungsentwurf für die 7. Mantelverordnung wieder gestrichen wurden.

5.2 Fortführung AfA-Bemessungsgrundlage

Bei der Überführung eines im Betriebsvermögen gehaltenen Gebäudes in das Privatvermögen, sei es durch Entnahme oder Betriebsaufgabe, und dessen anschließender Nutzung zur Erzielung von Einnahmen aus Vermietung und Verpachtung, sind nach ständiger Rechtsprechung der Teilwert (§ 6 Abs. 1 Nr. 4 Satz 1 EStG) oder der gemeine Wert (§ 16 Abs. 3 Satz 8 EStG) den Anschaffungskosten gleichzusetzen. Wurden im Rahmen einer **Betriebsaufgabe** bei der Überführung von (weitervermieteten) Wirtschaftsgütern (Immobilien) in das Privatvermögen unzutreffende gemeine Werte angesetzt, sind diese laut BFH dennoch als neue AfA-Bemessungsgrundlage anzusetzen (BFH, Urteil v. 3.6.2025, IX R 18/24, BFH/NV 2025 S. 1409). Damit gibt der BFH seine frühere Rechtsprechung im Urteil v. 29.4.1992 (XI R 5/90, BStBl 1992 II S. 969) ausdrücklich auf, nach der bislang ein fehlerhafter Entnahme-/ Aufgabewert keine Bindungswirkung für die AfA der Folgejahre entfaltete. Da der IX. Senat mittlerweile allein beim BFH für die Beurteilung der Einkünfte aus Vermietung und Verpachtung zuständig ist, bedurfte es auch keiner Anfrage an den XI. Senat.

Hinweis

Im Streitfall vermietete eine KG Immobilien und erzielte zunächst kraft gewerblicher Prägung (§ 15 Abs. 3 Nr. 2 EStG) gewerbliche Einkünfte. Mit Wegfall der Prägung kam es zur Betriebsaufgabe, infolge derer falsche (hier: zu niedrige) gemeine Werte ermittelt wurden.

5.3 Sonderabschreibung für den Mietwohnungsneubau: Neues Anwendungsschreiben

Die Norm des § 7b EStG, die unter bestimmten Voraussetzungen eine Sonder-AfA für die Anschaffung oder Herstellung neuer Mietwohnungen ermöglicht, wurde durch das Jahressteuergesetz 2022 v. 16.12.2022 (BGBl. 2022 I 2294) und durch das Wachstumschancengesetz v. 27.3.2024 (BGBl. 2024 I Nr. 108) angepasst (u.a. verlängerter Anwendungszeitraum, erhöhte Baukostenobergrenze und maximale Bemessungsgrundlage sowie geänderte Nachhaltigkeitserfordernisse). Insbesondere vor diesem Hintergrund überarbeitete das BMF seine bisherigen Anwendungsschreiben zu § 7b EStG mit Schreiben v. 21.5.2025 (BStBl 2025 I S. 1419). Die Überarbeitungen betreffen u.a. die

- **Erweiterung des Anwendungsbereichs:** neben den bisher begünstigten Gebäuden und Wohneinheiten kann die Sonderabschreibung nun grundsätzlich auch für in sich abgeschlossene Wohneinheiten mit separat vermieteten Wohnräumen (Teile der Wohneinheit) und einer in die jeweilige Wohneinheit integrierten Gemeinschaftsküche in einem Seniorenheim oder einer Unterkunft für betreutes Wohnen in Anspruch genommen werden (vgl. Rn. 22).
- Möglichkeit der **Kombination** der Sonderabschreibung nach **§ 7b EStG mit § 7 Abs. 5a EStG** (Abschreibungen für Wohngebäude, die in einem Mitgliedstaat der Europäischen Union oder einem EWR-Staat belegen sind, vgl. Rn. 18 und 65).
- **Konkretisierung** der Fälle, in denen eine unentgeltliche Übertragung innerhalb des 10-jährigen Nutzungszeitraumes zu einer **Rückgängigmachung der Sonderabschreibung** nach § 7b EStG führt: Während die unentgeltliche Übertragung im Wege der Erbfolge begünstigt ist, fingiert das BMF bei einem Tausch und bei einer verdeckten Einlage in eine Körperschaft einen Veräußerungsvorgang (vgl. Rn. 76).

Hinweis

Das neue Schreiben ist ab dem Zeitpunkt seiner Bekanntgabe im Bundessteuerblatt auf alle offenen Fälle anzuwenden. Es ersetzt die BMF-Schreiben v. 7.7.2020 (BStBl 2020 I S. 623), v. 21.9.2021 (BStBl 2021 I S. 1805) sowie v. 29.5.2024 (BStBl 2024 I S. 907).

5.4 Sonderabschreibung für Mietwohnungsneubau: Ersatzneubau gilt nicht als Neubau

Die Sonderabschreibung für Mietwohnungsneubau nach § 7b EStG setzt u.a. voraus, dass neue, **bisher nicht vorhandene Wohnungen** i.S. des § 181 Abs. 9 BewG hergestellt werden. Der BFH äußert sich nun erstmals zur Voraussetzung einer „neuen, bisher nicht vorhandenen" Wohnung i.S. des § 7b EStG. Danach kommt es insbesondere darauf an, dass die Wohnung sowohl „erstmalig" als auch „zusätzlich" geschaffen wird, d.h. der zuvor vorhandene Bestand an Wohnungen auf dem Grundstück auch vermehrt wird. Der Abriss und anschließende Neubau mit derselben Anzahl von Wohnungen ist daher nicht von § 7b EStG erfasst (BFH, Urteil v. 12.8.2025, IX R 24/24, BFH/NV 2025 S. 1670).

Im konkreten Urteilsfall wurde eine Wohnimmobilie im Jahr 2020 abgerissen und im selben Jahr durch eine neue Wohnimmobilie gleicher Bauart ersetzt. Der Abriss erfolgte dabei bereits in der Absicht die neue Immobilie zu errichten. Die vom Steuerpflichtigen beantragte Sonderabschreibung nach § 7b EStG wurde durch die Finanzverwaltung jedoch nicht anerkannt, weil keine neuen Wohnungen i.S. der Tatbestandsvoraussetzungen zusätzlich hergestellt worden seien, sondern nur ursprünglich bereits bestehender Wohnungsbestand neu hergestellt wurde.

Der BFH schließt sich mit seinem Urteil der Auffassung der Finanzverwaltung an. Nach dem Normzweck und dem Willen des Gesetzgebers, dass die steuerlich zu fördernde Baumaßnahme dazu beitragen muss, den **Wohnungsbestand** zu **vermehren** und nicht nur zu ersetzen, sei es vorliegend geboten, dass „neu" im Kontext des § 7b EStG nicht nur eine erstmalig, sondern auch eine zusätzlich geschaffene Wohnung bedeuten müsse. Dies gelte unabhängig von den durchgeführten Maßnahmen (Neubau, Aus- oder Umbau, Aufstockung oder Anbau; vgl. dazu Rz. 26 des BMF-Schreibens v. 21.5.2025, BStBl 2025 I S. 1419).

Eine **Ausnahme** kann nach Ansicht des BFH nur gelten, wenn Abriss und Neubau nicht in einem sachlichen und zeitlichen Zusammenhang zueinander stehen. Dieser sei jedoch gegeben, wenn Abriss und Neubau ohne wesentlichen zeitlichen Abstand erfolgen, der Bauantrag für den Neubau zum Zeitpunkt des Abrisses bereits gestellt wurde oder die Planungen für den Neubau zum Zeitpunkt des Abrisses weit vorangeschritten sind. Wann kein zeitlicher und sachlicher Zusammenhang zwischen Abriss und Neubau mehr bestünde und wieder von einem Wohnungsneubau i.S. des § 7b EStG ausgegangen werden könnte, hat der BFH nicht spezifiziert. Jedenfalls Indizwirkung hat die zeitliche Abfolge von Abriss, Bauplanung und Beginn der Baumaßnahmen für den Neubau.

Offenlassen konnte der BFH, in welchem Umfang eine Sonderabschreibung nach § 7b EStG in Anspruch genommen werden kann, wenn der Fall eines Abrisses und nachfolgenden Neubaus, der zu einer Vermehrung des Wohnungsbestands führt, vorliege (z.B. bei der Ersetzung eines Ein- oder Zweifamilienhauses durch ein Mehrfamilienhaus). Die Motive für einen Neubau sind laut BFH für Zwecke des § 7b EStG irrelevant. Es dürfe für die Anwendung der Sonderabschreibung keine Rolle spielen, ob alternativ eine Sanierung möglich oder wirtschaftlich sinnvoll gewesen wäre.

Hinweis

Das Urteil ist für alle Projektentwickler und Investoren, die Wohnimmobilien zur Vermietung schaffen, von erheblicher Relevanz. Es erging zwar zu § 7b EStG i.d.F. für den VZ 2020, als die neu geschaffenen Wohnungen nicht zusätzlich auch noch die Kriterien eines „Effizienzhaus 40“ mit QNG-Siegel erfüllen mussten. Die Ausführungen des BFH sind jedoch neben offenen Altfällen auch für künftige Fälle von Bedeutung.

5.5 Instandsetzung und Modernisierung von Gebäuden

Erhaltungsaufwendungen sind sofort in voller Höhe abzugsfähig, Anschaffungs- und Herstellungskosten erhöhen dagegen die Bemessungsgrundlage für die AfA und sind daher über die Nutzungsdauer verteilt abzuschreiben. Die von der Finanzverwaltung genutzten Grundsätze zur Abgrenzung regelt insbesondere das BMF-Schreiben v. 18.7.2003 (BStBl 2003 I S. 386) sowie ergänzend das Schreiben vom 20.10.2017 (BStBl 2017 I S. 1447). Am 5.6.2025 gab das BMF ein **Entwurfsschreiben** einer Neufassung in die Verbändeanhörung, welches die entsprechenden Verwaltungsvorgaben überarbeiten und aktualisieren und die beiden bisherigen BMF-Schreiben ersetzen soll. Neben zahlreichen Anpassungen an zwischenzeitlich ergangene Rechtsprechung sind auch Neuerungen geplant. Die geplanten Überarbeitungen betreffen u.a.:

- Rz. 3: Für die Betriebsbereitschaft eines Gebäudes soll auf **objektive** (alle wesentlichen Teile nutzbar) **und subjektive** (konkreter Zweck, Standardhebung und/oder Erweiterung) **Funktionstüchtigkeit** abgestellt werden.
- Rz. 13: Für die **Standardbestimmung** sollen „ausschließlich“ und nicht mehr „vor allem“ der Umfang und die Qualität der Heizungs-, Sanitär-, Elektroinstallation und der Fenster maßgebend sein. Maßnahmen, die nicht diese Aus-

stattungsmerkmale betreffen, sollen nicht in die Standardprüfung einfließen. Interessant ist hierbei, dass eine zusätzliche Wärmedämmung bei der Standardbestimmung nicht zu berücksichtigen ist.

- Rz. 15 ff.: Erweiterung der **Abgrenzungskriterien** zur Standardbestimmung.
- Rz. 22: Der Einbau einer Wärmepumpe oder einer Solarthermieanlage allein führt beim Kriterium der Heizungsanlage noch nicht zu einer Hebung eines mittleren auf einen sehr anspruchsvollen Standard.
- Rz. 28: Bei der Prüfung eines **Gebäudes**, das **unterschiedlich genutzt** wird und daher aus mehreren Wirtschaftsgütern besteht, ist nur auf den entsprechenden Gebäudeteil abzustellen.
- Rz. 30: Wird ein Gebäude so umfassend verändert, dass die neu eingefügten Teile die Nutzung maßgeblich bestimmen und die bisherigen Bauteile bedeutungslos und wertmäßig untergeordnet erscheinen, liegen Herstellungskosten für ein anderes Gebäude vor (bspw. Umwandlung von Wohnungen in eine Arztpraxis unter erheblichem Aufwand).
- Rz. 32 f.: Auch eine geringfügige Erweiterung eines Gebäudes führt zu Herstellungskosten. Deshalb greifen keine Wesentlichkeitsgrenzen bei der Vergrößerung der Nutzfläche (bspw. Dachgaube als Erweiterung) oder einer Substanzmehrung durch Erweiterung der Nutzungsmöglichkeiten.
- Rz. 48: Eine deutliche Verlängerung der **tatsächlichen Gesamtnutzungsdauer** kann auch zu einer deutlichen Erhöhung des Gebrauchswerts und damit zu Herstellungskosten führen.
- Rz. 50: Verkürzung des Zeitraums einer **Sanierung** in Raten von 5 auf 3 Jahre.
- Rz. 53 ff.: Vollständig neue Ausführungen zu **anschaffungsnahen Herstellungskosten**. Demnach können sämtliche Aufwendungen im Rahmen einer Instandsetzung oder Modernisierung innerhalb von 3 Jahren nach Anschaffung (taggenaue Berechnung nach Übergang des wirtschaftlichen Eigentums) anschaffungsnahe Herstellungskosten darstellen, wenn insgesamt 15 % der Anschaffungskosten überschritten werden. Eine Vorhersehbarkeit der Kosten ist unerheblich. Einzubeziehen sind demnach auch Aufwendungen für die Beseitigung verdeckter oder altersüblicher Mängel. Auch hier ist ggf. aufzuteilen und nur auf den entsprechenden Gebäudeteil abzustellen (insoweit bereits umgesetzt durch BMF-Schreiben v. 20.10.2017). Aufwendungen für Erweiterungen, regelmäßig anfallende Wartungsarbeiten oder für Substanzschäden, die nachweislich zu einem späteren Zeitpunkt verursacht wurden (bspw. Beschädigun-

gen durch Dritte / Naturkatastrophen), gehören nicht zu den anschaffungsnahen Herstellungskosten. Aufwendungen sind nur innerhalb des Dreijahreszeitraums zu berücksichtigen. Dauern Maßnahmen länger, sind nur die auf den Zeitraum entfallenden Aufwendungen (ggf. im Wege der Schätzung) zu berücksichtigen. Bei unentgeltlichem Erwerb tritt der Rechtsnachfolger in den Dreijahreszeitraum ein. Ein nachträgliches Über- oder Unterschreiten stellt ein rückwirkendes Ereignis i.S. des § 175 Abs. 1 Nr. 2 AO dar. Die vorangegangenen Bescheide sind entsprechend zu korrigieren.

- **Erweiterung der Beispiele** zur Verdeutlichung der Auslegung der Finanzverwaltung sowie Einarbeitung von zwischenzeitlich ergangener Rechtsprechung.

Hinweis

Es bleibt abzuwarten, ob sich im finalen BMF-Schreiben noch Änderungen ergeben. Zum Redaktionsschluss lag die finale Fassung noch nicht vor.

5.6 Zahlungen in Erhaltungsrücklage einer Wohnungseigentümergemeinschaft

Der BFH bleibt bei seiner bisherigen Sichtweise zur (Nicht-)Abzugsfähigkeit von Zahlungen in die Erhaltungsrücklage einer Wohnungseigentümergemeinschaft (WEG) als **Werbungskosten** im Rahmen der Vermietungseinkünfte. Der Werbungskostenabzug erfolgt danach erst dann, wenn das in der Rücklage gesammelte Geld im Rahmen einer tatsächlichen Erhaltungsmaßnahme verausgabt wird.

Daran ändert für den BFH auch die Reform des Wohnungseigentumsgesetzes nichts, durch welche die Wohnungseigentümergemeinschaft seit 2020 eine eigene Rechtsfähigkeit besitzt (§ 9a WEG). Der Wohnungseigentümer hat zivilrechtlich keinen Zugriff mehr auf die in die Rücklage geleisteten Mittel. Der BFH sieht das „auslösende Moment" für die Zahlung (noch) nicht in den Vermietungseinkünften, sondern in der rechtlichen Verpflichtung zur Zahlung in die Rücklage (etwa im Rahmen des monatlichen Hausgeldes).

Über seine Mitgliedschaft an der Wohnungseigentümergemeinschaft bleibe der Wohnungseigentümer aber zumindest unter wirtschaftlichen Gesichtspunkten am Bestand der Rücklage beteiligt. Die (neue) **rechtliche Separierung des Vermögen**s der WEG ändere daher nichts daran, dass die (spätere) Verausgabung der eingezahlten Mittel (auf wirtschaftliche Rechnung des einzelnen Wohnungseigentümers) die Veranlassung (auslösendes Moment) für die Zuordnung der Aufwendungen zur Erwerbssphäre darstellt (BFH, Urteil v. 14.1.2025, IX R 19/24, BStBl 2025 II S. 291).

Hinweis

Weiter führt der BFH aus, dass die Einlage bzw. der verbundene Werbungskostenabzug weder bei einem **Eigentümerwechsel** noch bei einer **Nutzungsänderung** verloren ist. Im Falle eines Verkaufs bleibt dem Eigentümer zwar der Werbungskostenabzug verwehrt, gleichwohl dürfte dieser jedoch durch einen höheren Verkaufspreis für den Wert seiner geleisteten Zahlungen kompensiert werden.

5.7 Anwendungsfragen zur Abgeltungsteuer

Mit Schreiben v. 14.5.2025 (BStBl 2025 I S. 1330) fasste das BMF sein umfangreiches Anwendungsschreiben zur Abgeltungsteuer neu. Zu den wichtigsten Anpassungen gehören:

- **Wegfall besonderer Verlustverrechnungsbeschränkungen:** Mit dem Jahressteuergesetz 2024 hob der Gesetzgeber rückwirkend die besonderen Verlustverrechnungsbeschränkungen für Termingeschäfte und Forderungsausfälle (§ 20 Abs. 6 Satz 5 und 6 EStG a.F.) auf. Durch den Wegfall sind zahlreiche Regelungen aus dem ursprünglichen Schreiben hinfällig geworden und wurden daher gestrichen.

  Hinweis

  Für Zwecke des Kapitalertragsteuerabzugs gilt bis zum 31.12.2025 eine **Nichtbeanstandungsregelung** (vgl. Rn. 325). Betroffene Banken haben danach noch bis zum 1.1.2026 Zeit, die neuen Verlustverrechnungsregeln umzusetzen. Sofern dem Anleger dadurch auf Bankebene noch nicht verrechnete Verluste entstehen, sind diese über die Veranlagung geltend zu machen.

- **Gezahlter Nutzungsersatz aus der Rückabwicklung von Darlehen:** Das BMF folgt insoweit dem BFH (vgl. Urteile v. 22.5.2024, VIII R 3/22, sowie v. 7.11.2023, VIII R 7/21 und VIII R 16/22), dass gezahlter Nutzungsersatz aus der Rückabwicklung von Darlehen keinen steuerbaren Kapitalertrag darstellt, und strich seine bisherige Auffassung aus dem BMF-Schreiben (alte Rn. 8b, 8c).

- **Zurechnung von Kapitaleinkünften in Nießbrauchsfällen:** Nach einer neuen Rn. 117a sind Einkünfte aus Kapitalvermögen (i. S. des § 20 Abs. 1 Nr. 1 und 2 EStG) im Falle einer Nießbrauchstellung laut BMF dem wirtschaftlichen Eigentümer der Anteile zuzurechnen (Ermittlung nach den allgemeinen Grundsätzen des § 39 Abs. 2 Nr. 1 AO). Das BMF verweist in diesem Zusammenhang auf die Rechtsprechung zu nießbrauchbelasteten GmbH-Geschäftsanteilen (BFH-Urteile v. 14.2.2022, VIII R 29/18 und VIII R 30/18, BStBl 2022 II S. 544 und 548).

Hinweis

Dabei unterscheidet das BMF grundsätzlich nicht danach, ob es sich um Vorbehaltsnießbrauch, Zuwendungsnießbrauch oder um eine andere Form des Nießbrauchs handelt. Nach den von der Rechtsprechung entwickelten Grundsätzen sei wirtschaftlicher Eigentümer, wer Risiko und Chancen (von Wertminderungen bzw. -steigerungen) trägt und die wesentlichen Rechte (insbesondere Gewinnbezugs- und Stimmrecht) innehat.

- **Optionsausübung für das Teileinkünfteverfahren:** Die Option ist möglich bei einer im Privatvermögen gehaltenen Kapitalbeteiligung von mindestens 25 % oder in Höhe von 1 % bei gleichzeitiger maßgeblicher Einflussnahme durch eine berufliche Tätigkeit (§ 32d Abs. 2 Nr. 3 EStG). Nach der geänderten Rn. 139 des BMF-Schreibens bleibt die ausgeübte Option für weitere vier Veranlagungszeiträume gültig, nachdem die beruflichen Voraussetzungen weggefallen sind, die Beteiligung selbst veräußert wurde oder die erforderliche Beteiligungshöhe unterschritten wurde (Reaktion auf BFH-Rechtsprechung, vgl. u. a. BFH, Urteil v. 17.7.2024, VIII R 37/23, BStBl 2024 II S. 745).

Hinweis

Bei Ausübung der Option kommt statt 25 % Abgeltungsteuer ohne Werbungskostenabzug der individuelle Einkommensteuersatz zur Anwendung, wobei 40 % steuerfrei und der Werbungskostenabzug auf 60 % der Aufwendungen begrenzt sind. Aufgrund der Bindung an eine ausgeübte Option sollten im Vorfeld des Antrags die Vor- und Nachteile entsprechend sorgfältig geprüft werden.

- **Erhebung der Kapitalertragsteuer bei Sachwertleistung** i. S. v. § 44 Abs. 1 Satz 7 bis 11 EStG: Systematische Umstellung und Änderung der Rn. 251a bis 251d. So dürfen Banken künftig für die Kapitalertragsteuer-Erhebung auch Fehlbeträge von Referenzkonten des Kunden einziehen, für die eine Zugriffsberechtigung im Konzernverbund hinterlegt ist. In den übrigen Fällen sind die Banken verpflichtet, die Fehlbeträge beim Kunden einzufordern.

Hinweis

Mit BMF-Schreiben v. 16.5.2025 (BStBl 2025 I S. 1388) erfolgte eine Neufassung des BMF-Schreibens zur **Ausstellung von Steuerbescheinigungen** nach § 45a Abs. 2 und 3 EStG unter Berücksichtigung der zwischenzeitlich veröffentlichen Änderungsschreiben. Mit der Neufassung erfolgen nun auch hier insbesondere Änderungen in den Mustern aufgrund des o. g. Wegfalls der beiden besonderen Verlustverrechnungskreise. Für Kapitalerträge, die vor dem 1.1.2026 zufließen, sind die Bescheinigungen noch entsprechend den Mustern des BMF-Schreibens v. 23.5.2022 (BStBl 2022 I S. 860) zu erteilen und es wird nicht beanstandet, wenn in diesem Zusammenhang die bisherigen Ausführungen zu den weggefallenen Verlustverrechnungskreisen angewendet werden (vgl. Rn. 71 des BMF-Schreibens). Des Weiteren berücksichtigen die Muster bereits die infolge des elektronischen Mitteilungsverfahrens für Kapitalertragsteuer auf Dividenden und gleichgestellte Kapitalerträge ab dem 1.1.2027 notwendigen Änderungen, vgl. Kapitel Ausblick, Tz. 2.9.1.

5.8 Antrag auf Günstigerprüfung

Private Kapitalerträge können dem (günstigeren, unter 25 %-Abgeltungssteuersatz liegenden) progressiven Einkommensteuersatz unterworfen werden (Günstigerprüfung, § 32d Abs. 6 EStG). Diese Prüfung ist antragsgebunden, wobei das Gesetz selbst keine Antragsfrist vorsieht. Im BFH-Urteil v. 14.5.2025 (VI R 17/23, BFH/NV 2025 S. 1630) ging es um das Zusammenspiel zwischen **Pflichtveranlagung**, deren Einfluss auf die **Festsetzungsfrist** und die Auswirkungen auf die Günstigerprüfung. Arbeitnehmer müssen eine Steuererklärung nur abgeben, wenn neben dem Arbeitslohn weitere steuerpflichtige Einkünfte vorliegen, die nicht dem Lohnsteuerabzug unterlagen und zusammen mehr als 410 EUR betragen. Kapitalerträge, die bereits der abgeltenden Kapitalertragsteuer unterlagen, führen selbst bei Überschreiten dieser Grenze nicht zur Pflichtveranlagung. Anders ist es bei nicht abgegoltenen

Kapitalerträgen, etwa aus dem Ausland: Überschreiten sie die Freigrenze von 410 EUR, besteht eine Erklärungspflicht.

Die Pflichtveranlagung bestimmt den Beginn der Festsetzungsfrist. Liegt keine Pflicht vor, beginnt die Frist mit Ablauf des Entstehungsjahres der Steuer. Besteht hingegen eine Pflicht zur Abgabe der Steuererklärung, beginnt sie (spätestens) drei Jahre später. Laut BFH begründet die Günstigerprüfung nach § 32d Abs. 6 EStG **keine Pflichtveranlagung** und kann damit auch die Festsetzungsfrist nicht verlängern. Sie kann nur innerhalb der regulären Frist beantragt werden. Wird die Steuererklärung nach deren Ablauf eingereicht, ist die Günstigerprüfung ausgeschlossen.

Hinweis
Im Urteilsfall reichten Erben die Erklärung verspätet ein, sodass keine Günstigerprüfung mehr möglich war. Das Urteil verdeutlicht die Bedeutung einer vollständigen und zeitnahen Erfassung von Kapitalerträgen sowie einer frühzeitigen Prüfung, ob eine Pflichtveranlagung vorliegt, insbesondere bei ausländischen Kapitalerträgen.

5.9 Berechnung der Vorabpauschale

Die grundsätzlich als Investmentertrag zu versteuernde sog. Vorabpauschale (§ 18 InvStG) ist unter Zugrundelegung des durch das BMF bekanntzugebenden **Basiszinssatzes** zu berechnen, der aus der langfristig erzielbaren Rendite öffentlicher Anleihen abgeleitet wird. Auf den Stichtag 2.1.2025 hat die Deutsche Bundesbank einen Zinssatz von 2,53 % für Bundesanleihen mit einer Restlaufzeit von 15 Jahren errechnet. Die Vorabpauschale gilt beim Anleger am ersten Werktag des folgenden Jahres (2.1.2026) als zugeflossen (BMF, Schreiben v. 10.1.2025, BStBl 2025 I S. 273).

5.10 BEAR-Zertifikate und Gold-Warrants

Der Begriff der (sonstigen) Kapitalforderung i. S. des § 20 Abs. 1 Nr. 7 EStG hat u. a. für die **Abgrenzung zu Spekulationsgeschäften** i. S. des § 23 EStG (u. a. Abhängigkeit von Haltedauer sowie kein besonderer Abgeltungsteuersatz) Bedeutung. Laut BFH fallen unter den Begriff der sonstigen Kapitalforderung auch Forderungen, bei denen der Forderungsinhaber die Erfüllung auch in anderer Weise als in Geld verlangen kann (BFH, Urteile v. 3.6.2025, VIII R 5/24, BFH/NV

2025 S. 1642 und VIII R 23/24 NV, BFH/NV 2025 S. 1543 sowie Urteil v. 1.7.2025, VIII R 33/23 NV, BFH/NV 2025 S. 1557).

Der BFH stufte die betroffenen BEAR-Zertifikate Gold, die ein Wahlrecht gewähren, bei entsprechender Entwicklung des Gold-Kurses entweder einen Geldbetrag oder Gold-Warrants zu erhalten, als sonstige Kapitalforderung ein. Die Erfüllung (Einlösung in Gold-Warrants) stellt grundsätzlich einen steuerbaren Vorgang dar (§§ 20 Abs. 2 Satz 1 Nr. 7, Abs. 2 Satz 2 EStG). Der BFH fasste unter den Begriff der Einlösung nach § 20 Abs. 2 Satz 2 EStG auch die Erfüllung einer verbrieften Kapitalforderung in anderer Weise als durch die Zahlung von Geld (weite Auslegung der Ersatzrealisationstatbestände).

Hinweis

Im Urteilsfall blieb die Einlösung der BEAR-Zertifikate in Gold-Warrants aber steuerneutral. Die einen steuerneutralen „Umtausch“ begründende Vorschrift des § 20 Abs. 4a Satz 3 EStG umfasste im Streitjahr 2015 auch noch Wertpapiere (in der jetzigen Fassung nur noch Anteile). Da der BFH die Gold-Warrants als Wertpapiere ansah, gingen die Anschaffungskosten der BEAR-Zertifikate (steuerneutral) auf die erhaltenen Gold-Warrants über. Gleichzeitig galten die Anschaffungskosten der BEAR-Zertifikate als deren Veräußerungspreis (damit Veräußerungsgewinn Null).

Die erhaltenen Gold-Warrants waren (wahlweise) auf eine Geldzahlung oder auf eine Gutschrift von Gold gerichtet. Im konkreten Fall wählte der Forderungsinhaber die Gutschrift von Gold auf seinem Metallkonto. Darin sah der BFH einen steuerpflichtigen Vorgang. Auch die Gold-Warrants stufte er als sonstige Kapitalforderung i.S. des § 20 Abs. 1 Nr. 7 EStG ein. Die Einbuchung der Feinunzen auf dem Metallkonto stellte wiederum eine Realisation i.S. einer Einlösung (§ 20 Abs. 2 Satz 2 EStG) dar. Der BFH sah zum einen den Begriff der Einlösung auch bei **Einräumung eines Sachlieferungsanspruchs** auf physisches Gold als erfüllt an. Zum anderen stufte er die Gold-Warrants nicht als Termingeschäfte (§ 20 Abs. 2 Satz 1 Nr. 3 EStG) ein.

Hinweis

Die im ersten Vorgang noch mögliche Vorschrift des § 20 Abs. 4a Satz 3 EStG (steuerneutraler Umtausch) fand mangels Einlösens in Wertpapiere (oder Anteile) keine Anwendung. Damit entstand ein steuerpflichtiger Veräußerungsgewinn in Höhe der Differenz zwischen dem Kurswert des gutgeschriebenen Goldes und den Anschaffungskosten der Gold-Warrants.

In seinem Urteil v. 16.6.2020 (VIII R 7/17, BStBl 2021 II S. 9) nahm der BFH eine Abgrenzung zu sog. „Gold Bullion Securities" (**Inhaberschuldverschreibungen**) vor. Diese stufte er nicht als sonstige Kapitalforderung i.S. des § 20 Abs. 1 Nr. 7 EStG ein. Dort war der Anspruch laut der dortigen Emissionsbedingungen primär auf die Lieferung physischen Goldes und damit auf eine Sachleistung gerichtet, die mit einer Dienstleistung in Form der Veräußerung des Goldes verbunden war.

Hinweis

In seinen Urteilen v. 3.6.2025 (VIII R 9/22, VIII R 18/23 NV und VIII R 35/23 NV, BFH/NV 2025 S. 1637, 1538 und 1541) äußerte sich der BFH ebenfalls zu den Voraussetzungen des § 20 Abs. 4a Satz 3 EStG (steuerneutraler Umtausch). Laut BFH kommt die Norm nicht zur Anwendung, wenn weder der Emittent noch der Forderungsinhaber nach den Anlagebedingungen das Recht haben, anstelle der Erfüllung der Forderung in Geld, die Erfüllung anders als in Geld zu verlangen.

5.11 Forderungsverzicht gegen Besserungsschein

Der Verlust aus einem Forderungsverzicht gegen Besserungsschein ist laut BFH beim Gesellschafter (in Höhe des nicht werthaltigen Teils der Darlehensforderung) bereits im Zeitpunkt des Verzichts gem. § 20 Abs. 2 EStG bei den Einkünften aus Kapitalvermögen zu berücksichtigen und nicht erst, wenn feststeht, dass die auflösende Bedingung nicht mehr eintreten wird (BFH, Urteil v. 19.11.2024, VIII R 8/22, BFH/NV 2025 S. 441). Der Forderungsverzicht unter Besserungsvorbehalt führt zivilrechtlich zum sofortigen Wegfall der Forderung. Mit der Endgültigkeit des Verzichts erfolge eine **Umqualifikation von Fremd- in Eigenkapital**. Ein ggf. späterer Besserungsfall begründe einen neu zu beurteilenden Sachverhalt.

Hinweis

Damit widersprach der BFH der Auffassung der Finanzverwaltung, wonach die steuerlichen Rechtsfolgen des bedingten Verzichts erst zu berücksichtigen seien, wenn und sobald feststehe, dass die Bedingung nicht mehr eintrete. Insoweit steht das Urteil wohl auch im Widerspruch zum BMF-Schreiben v. 19.5.2022 (BStBl 2022 I S. 742) zu den Einzelfragen der Abgeltungsteuer (Rz. 62), wonach der Verlust erst im Zeitpunkt des endgültigen Verzichts (d.h. Wegfall des Besserungsscheins ohne dass die Besserung eingetreten ist) realisiert wird.

Der Verlust aus dem Forderungsverzicht war laut BFH auch nicht wegen fehlender Einkünfteerzielungsabsicht unbeachtlich. Im Anwendungsbereich der Abgeltungsteuer wird diese widerlegbar vermutet. Im Rahmen einer Gesamtbetrachtung von Gesellschafterdarlehen und Gesellschafterbeteiligung sind neben den Zinseinkünften auch Gewinnchancen aus der Beteiligung zu berücksichtigen (vgl. bereits BFH, Urteil v. 20.6.2023, IX R 2/22, BFH/NV 2023 S. 1257).

Hinweis

Der BFH äußerte sich auch zum **Vorrangverhältnis von § 17 EStG gegenüber § 20 Abs. 2 EStG** unter Berücksichtigung von § 20 Abs. 8 EStG. § 20 Abs. 2 EStG ist demnach nur insoweit gesperrt, als dass sich der Verlust im Rahmen des § 17 EStG auswirkt. Dies setzt nach Ansicht des BFH insbesondere voraus, dass die Tatbestände des § 20 Abs. 2 EStG und des § 17 Abs. 4 EStG im selben VZ verwirklicht werden. Zu § 17 Abs. 2a EStG (nachträgliche Anschaffungskosten) musste der BFH keine Stellung beziehen, da die Vorschrift im Streitjahr (2009) zeitlich noch nicht anwendbar war.

6 Erben und Schenken

6.1 Schenkungsteuer bei niedrig verzinsten Darlehen

Ein Darlehen, dessen Zins unter dem Niveau fremdüblicher Konditionen liegt, ist als **gemischte Schenkung** steuerpflichtig. Um den **Zinsvorteil** zu berechnen, kann gem. § 15 Abs. 1 BewG der gesetzliche Jahreswert der Nutzung einer Geldsumme mit 5,5 % angenommen werden. Das gilt laut BFH aber nur, wenn kein anderer

Wert feststeht. Und diesen muss nicht zwangsläufig der Steuerpflichtige nachweisen, sondern könne sich auch aus Statistiken der deutschen Bundesbank ergeben (BFH, Urteil v. 31.7.2024, II R 20/22, BStBl 2025 II S. 498). Es sei nicht erforderlich, dass der Steuerpflichtige in jedem Fall einen entsprechenden Nachweis (z.B. durch konkrete Vergleichsangebote) führe, da der Gesetzeswortlaut des § 15 Abs. 1 BewG nur vom Feststehen eines anderen Wertes ausgehe.

Für das Erfüllen des subjektiven Tatbestands der **freigebigen Zuwendung** genügte dem BFH das Bewusstsein über die Teilunentgeltlichkeit des Rechtsgeschäfts. Die Ausführung der freigebigen Zuwendung und damit das Entstehen der Schenkungsteuer sah der BFH im Tag des vereinbarten **Auszahlungstermins des Darlehens**.

Hinweis

Bei verbilligten Darlehen im Familien- und Freundeskreis sowie anderen teilunentgeltlichen Rechtsgeschäften sollten schenkungsteuerliche Aspekte immer berücksichtigt werden. Der Vergleichsmaßstab zur Ermittlung des Zinsvorteils ist jedoch nicht allein vom Steuerpflichtigen nachzuweisen. Liegen keine konkreten Nachweise zu fremdüblichen Konditionen vor, kann sich daher auch auf veröffentlichte Vergleichswerte gestützt werden.

6.2 Begünstigung von Betriebsvermögen

Im sog. „Parkhaus-Urteil" sah der BFH Parkplätze, die im Rahmen eines Parkhausbetriebs an Dritte zur Nutzung überlassen wurden, als erbschaftsteuerlich nicht begünstigtes Verwaltungsvermögen an. Dass es sich bei dem Betrieb des Parkhauses nach ertragsteuerlichen Grundsätzen um eine **originär gewerbliche Tätigkeit** handelte, war für den BFH kein Grund, das Parkhaus vom Verwaltungsvermögensbegriff i.S. des § 13b Abs. 4 Nr. 1 ErbStG auszunehmen (BFH, Urteil v. 28.2.2024, II R 27/21, BStBl 2024 II S. 829).

Für die Finanzverwaltung führt dagegen die Überlassung von Grundstücksteilen nicht zu Verwaltungsvermögen, wenn die Tätigkeit (z.B. bei Beherbergungsbetrieben wie Hotels, Pensionen oder Campingplätzen) nach ertragsteuerlichen Gesichtspunkten insgesamt als originär gewerbliche Tätigkeit einzustufen ist. An dieser in R E 13b.13 Satz 3 ErbStR geäußerten Auffassung hält die Finanzverwaltung trotz der anderen Ansicht des BFH weiter fest (Gleich lautende Ländererlasse v. 19.11.2024, BStBl 2024 I S. 1432). Im

Übrigen (auch in Fällen, in denen der Parkhausbetrieb nicht verpachtet ist) will die Finanzverwaltung die Ausführungen des Urteils anwenden.

6.3 Anteilsübertragung zur Sicherung der Unternehmensnachfolge

Verbilligte Anteilsübertragungen an Mitarbeiter führen grundsätzlich zu Arbeitslohn. Erfolgt die schenkweise Übertragung von Anteilen an einer GmbH an einzelne leitende Mitarbeiter der GmbH im Rahmen der Unternehmensnachfolge, führt sie laut BFH jedoch nicht per se zu Arbeitslohn (BFH, Urteil v. 20.11.2024, VI R 21/22, BStBl 2025 II S. 256). Dabei war im konkreten Fall für den BFH entscheidend, dass das **Motiv** für die Übertragung für alle Beteiligten erkennbar die Regelung der **Unternehmensnachfolge** war. Da der Sohn über keine größeren Erfahrungen verfügte, sollten die (erfahrenen) leitenden Angestellten über eine Sperrminorität verfügen und dadurch maßgeblichen Einfluss auf die Unternehmensleitung nehmen können. Für die Sicherung der Unternehmensnachfolge als Motiv und damit gegen Arbeitslohn sprach für den BFH auch die vertraglich **vereinbarte erbschaftsteuerliche Rückfallklausel**. Als (weiteres) maßgebliches Indiz gegen Arbeitslohn sah er zudem an, dass die Anteilsübertragung nicht an den Fortbestand der Arbeitsverhältnisse geknüpft war und der vom Finanzamt angenommene Vorteil im Vergleich zu den Bruttoarbeitslöhnen der Beschenkten deutlich aus dem Rahmen fiel.

Hinweis

Eine Entlohnung der leitenden Mitarbeiter für in der Vergangenheit erbrachte oder in Zukunft zu erbringende Dienste war für den BFH nicht erkennbar. Damit grenzte sich der vorliegende Fall auch von der BFH-Entscheidung v. 30.12.2004 (VI B 67/03) ab. Dort wurde für die Bejahung von Arbeitslohn entscheidend darauf abgestellt, dass es um die zukünftige Bindung und Erprobung des dortigen Erwerbers ging, von dessen Fähigkeiten als Geschäftsführer und Sanierer der Unternehmensgruppe sich die Altgesellschafter erst hätten überzeugen wollen.

6.4 Bewertung von Anteilen nicht börsennotierter Kapitalgesellschaften

Die Bewertung von Anteilen an einer nicht börsennotierten Kapitalgesellschaft erfolgt mit dem **gemeinen Wert** (§ 11 Abs. 2 BewG). Wenn dieser nicht aus Verkäufen unter fremden Dritten, die weniger als ein Jahr zurückliegen, abzuleiten ist, kommen gängige Bewertungsverfahren zur Anwendung. Nach Auffassung der Finanzverwaltung darf dabei jedoch der Substanzwert nicht unterschritten werden. Dem widerspricht nun der BFH in zwei Urteilen, wonach der Substanzwert nicht in jedem Fall die Untergrenze der Bewertung darstellen muss. Nach systematischer und teleologischer Auslegung könne er unterschritten werden, wenn sich der gemeine Wert durch zeitnahe Verkäufe unter fremden Dritten ableiten lässt (BFH, Urteile v. 25.9.2024, II R 15/21, BStBl 2025 II S. 543 und II R 49/22, BStBl 2025 II S. 493).

Hinweis

In dieser Frage widerspricht der BFH der bisherigen Auffassung der Finanzverwaltung. Betroffene sollten bestehende Rechtsschutzmöglichkeiten gegen zu hohe Wertfestsetzungen prüfen.

In beiden Urteilen scheiterte die Ableitung des gemeinen Werts der Kapitalgesellschaftsanteile aus Verkäufen mit fremden Dritten an anderen Umständen. Ein solcher Verkauf erfordert einen Preis, der bei einer Veräußerung im gewöhnlichen Geschäftsverkehr erzielt wurde. Dafür muss sich dieser unter Berücksichtigung von Einzelfallumständen nach marktwirtschaftlichen Grundsätzen von Angebot und Nachfrage gebildet haben. Außerdem müssen die Beteiligten freiwillig und im eigenen Interesse handeln können.

Im **Urteil II R 15/21** fand laut BFH unter Berücksichtigung der Gesamtumstände eine solche Preisbildung nicht statt, weil über Jahre hinweg für die Anteile regelmäßig derselbe Preis mit Bezug auf den Nominalwert zugrunde gelegt wurde. Geänderte Vermögensverhältnisse der Gesellschaft und ihrer Beteiligungsgesellschaften blieben hingegen unberücksichtigt.

Das **Urteil II R 49/22** betraf eine Familienholding, deren **Gesellschaftsvertrag detaillierte Bestimmungen** zum Anteilsverkauf enthielt. Aufgrund dieser nahm der BFH ebenfalls keine Veräußerung im gewöhnlichen Geschäftsverkehr an, da die Vertragsparteien nicht freiwillig und unter Wahrung der eigenen Interessen handeln könnten. Dafür sprach auch der bei der Preisermittlung über mehrere Jahre hinweg vorgenommene gleichbleibende pauschale Holdingabschlag i. H. v. 20 %. Ein solcher sei laut BFH im gewöhnlichen Geschäftsverkehr nicht festzustellen. Vielmehr wären tatsächliche Änderungen des Holdingabschlags notwendig gewesen, um die objektivierte und konkrete Beschaffenheit der verkauften Anteile hinreichend widerzuspiegeln.

6.5 Optionale Vollverschonung: Antrag im Änderungsbescheid

Beim Erwerb von begünstigtem Betriebsvermögen kann unter bestimmten Voraussetzungen gem. § 13a Abs. 1 i.V.m. § 13b Abs. 1 Nr. 2 und Abs. 4 ErbStG ein Verschonungsabschlag von 85 % gewährt werden (Regelverschonung). Zudem besteht gem. § 13a Abs. 10 ErbStG (§ 13a Abs. 8 ErbStG i.d.F. 2013) die Möglichkeit, eine Vollverschonung von 100 % durch eine unwiderrufliche Optionserklärung zu beantragen (**Optionsverschonung**). Für die Ausübung dieser Option ist im Gesetz keine Frist vorgesehen.

Grundsätzlich ist nach der BFH-Rechtsprechung die Ausübung von nicht fristgebundenen Wahlrechten so lange möglich, wie der entsprechende Steuerbescheid nicht formell und materiell bestandskräftig ist. Nach Auffassung der Finanzverwaltung ist ein Antrag bis zum Eintritt der materiellen Bestandskraft möglich (vgl. E 13a.21 Abs. 2 Satz 2 ErbStR). Laut BFH kann auch **nach Bestandskraft** des ursprünglichen Schenkungsteuerbescheids im Rahmen eines **Änderungsverfahrens** (hier aufgrund von § 175 Abs. 1 Satz 1 Nr. 1 AO) erstmals die Option zur Vollverschonung nach § 13a Abs. 8 ErbStG a.F. (in der Fassung von 2013) beantragt werden. Allerdings könne die Optionsverschonung im Rahmen eines späteren Änderungsbescheids nur insoweit berücksichtigt werden, wie die steuerlichen Auswirkungen innerhalb des durch die Änderung eröffneten Rahmens gem. § 351 Abs. 1 AO (Änderungsrahmen) bleiben (BFH, Urteil v. 11.12.2024, II R 44/21, BStBl 2025 II S. 564).

Die Bindungswirkung nach § 351 Abs. 1 AO habe dabei nicht zur Folge, dass die Verschonung, wenn sie den Änderungsrahmen verlässt, insgesamt zu versagen ist. § 351 AO enthalte lediglich eine quantitative Begrenzung und keine qualitative Sperre. Die Optionserklärung könne also teilweise steuerwirksam werden, ohne dass sie insgesamt versagt werden müsste (kein „Alles-oder-nichts-Prinzip").

Hinweis

Das Urteil zeigt erneut, dass bei der Optionsausübung besondere Sorgfalt geboten ist. Insbesondere sind neben der zeitlichen Prüfung des Antrags auch die sachlichen Voraussetzungen der Vollverschonung zu prüfen, um nicht in die sog. Optionsfalle zu geraten. Vgl. auch Gleich lautende Erlasse v. 22.12.2023 (BStBl 2024 I S. 69) zu den komplexen Voraussetzungen und Folgen eines Optionsantrags.

6.6 Widerrufene Schenkungen und Steuervergünstigungen

Schenkungen können unter dem Vorbehalt eines Widerrufs vereinbart werden. Soweit ein Geschenk wegen eines **Rückforderungsrechts** (etwa aufgrund eines vertraglich vereinbarten Widerrufs) herausgegeben werden muss, erlischt rückwirkend die ursprünglich entstandene Schenkungsteuer (§ 29 Abs. 1 Nr. 1 ErbStG). Für den Zeitraum, für den dem Beschenkten die Nutzungen des zugewendeten Vermögens zugestanden haben, ist er **(fiktiv) wie ein Nießbraucher** zu behandeln (§ 29 Abs. 2 ErbStG). Insoweit verbleibt es bei einer (schenkungsteuerbaren) Bereicherung. Für bis zum Widerruf angefallene und beim Beschenkten verbleibende Bereicherungen bejahte der BFH die Weiternutzung von besonderen erbschaftsteuerlichen Begünstigungen (BFH, Urteil v. 19.3.2025, II R 34/22, BStBl 2025 II S. 742).

Hinweis

Im konkreten Fall übertrug der Vater seiner Tochter zunächst im Rahmen der **vorweggenommenen Erbfolge** schenkweise Unterbeteiligungen an seinen KG-Beteiligungen und behielt sich dabei vertraglich ein Widerrufsrecht für bestimmte Fälle vor (Geburt eines weiteren Kindes, erbschaftsteuerliche Gesetzesänderungen). Nach Eintritt beider Widerrufsgründe erklärte der Vater den (teilweisen) Widerruf und vereinbarte die Rückübertragung. Die bis dahin erzielten Nutzungen verblieben bei der Tochter.

Der BFH wandte die ursprünglich gewährte **Begünstigung nach § 13a ErbStG** (Steuerbefreiung für Betriebsvermögen) auch auf die verbleibende Bereicherung aus dem **fiktiven Nießbrauch** an. Die steuerliche Behandlung als fiktive Nießbraucherin führe nicht dazu, dass die zuvor bestehende Mitunternehmerstellung der Tochter als Beschenkte rückwirkend entfällt. Die Norm des § 29 Abs. 2 ErbStG schaffe keinen neuen Erwerbstatbestand, sondern bestimme lediglich, dass die Steuer nach § 29 Abs. 1 ErbStG nur für den Teil entfällt, der tatsächlich zurückgegeben wurde. Insoweit bestehe der ursprüngliche Erwerb einer Mitunternehmerbeteiligung in gemindertem Umfang weiter und damit auch die Begünstigung.

Hinweis

Auch wenn das Urteil zur früheren Gesetzesfassung des § 13a ErbStG erging, dürften die Aussagen auch für die jetzige Fassung und auch auf andere sachliche Begünstigungen übertragbar sein. Abzuwarten bleibt nun, wie die Finanzverwaltung auf das Urteil reagiert. Insbesondere im Rahmen der **Nachfolgeplanung** spielen Widerrufsrechte in Schenkungsverträgen eine Rolle, um auf spätere familiäre oder gesetzliche Veränderungen reagieren zu können.

6.7 Pauschalabfindung eines ehevertraglichen Verzichts

Im Güterstand der Zugewinngemeinschaft ist ein im Falle einer **Scheidung** zu zahlender **Zugewinnausgleich** grundsätzlich schenkungsteuerfrei (§ 5 Abs. 2 ErbStG). Vorsicht ist allerdings bei einem Verzicht auf den Zugewinnausgleichsanspruch geboten. Erhält ein Ehegatte vor der Eheschließung vom anderen Ehegatten als Ausgleich für einen ehevertraglich vereinbarten Verzicht auf den Anspruch auf Zugewinnausgleich, den nachehelichen Unterhalt und die Hausratsaufteilung ein Grundstück, sieht der BFH darin eine (schenkungsteuerpflichtige) freigebige Zuwendung nach § 7 Abs. 1 Nr. 1 ErbStG (BFH, Urteil v. 9.4.2025, II R 48/21, BStBl 2025 II S. 792). Der Verzicht stelle keine die (in der Grundstückserlangung liegenden) Bereicherung mindernde Gegenleistung dar.

Der BFH begründet sein Ergebnis u.a. damit, dass vor der Eheschließung vollkommen ungewiss sei, ob jemals nacheheliche Ansprüche entstehen und wie hoch diese ausfallen. Denn es sei nicht absehbar, ob und wann die Ehe beendet wird. Eine Pauschalabfindung (wie im Streitfall in Form der Grundstücksübertragung) erfolge gerade nicht unter der Bedingung der Beendigung der Ehe. Die vom Ehepartner erfolgte Einordnung des **Verzichts auf die nachehelichen Ansprüche** als eine die Bereicherung ausschließende Gegenleistung ordnete der BFH als unbeachtlichen Subsumtionsirrtum ein. Selbst einem juristischen Laien müsse bewusst sein, dass nacheheliche Ansprüche erst im Zeitpunkt der Beendigung der Ehe entstehen können.

Hinweis

Bei der vertraglichen Ausgestaltung von (nach)ehelichen Ansprüchen sollten daher die schenkungsteuerlichen Auswirkungen im Vorfeld genau analysiert werden. Das gilt i. Ü. auch für mögliche ertragsteuerliche Folgen, wie auch das BFH-Urteil zum Wegfall der Geschäftsgrundlage zeigt.

6.8 Ausländische Stiftungen

6.8.1 Folgen einer Sitzverlegung

Das FG München bejahte nach einer Verlagerung des Verwaltungssitzes einer im EU-/EWR-Ausland rechtswirksam gegründeten Stiftung in das Inland den **Fortbestand der Zivilrechtsfähigkeit** der Stiftung (FG München, Urteil v. 13.8.2025, 4 K 2055/23).

Das FG begründete den Fortbestand insbesondere mit der Niederlassungsfreiheit. Danach sei unabhängig davon, ob eine grenzüberschreitende Sitzverlegung stattgefunden hat, für das Personalstatut einer Stiftung unter Anwendung der Regelungen des Internationalen Gesellschaftsrechts an das Recht des Gründungsstaats anzuknüpfen, wenn dieser Gründungsstaat Mitglied der EU oder des EWR ist. Da die Stiftung u. a. eine **Photovoltaikanlage im Inland** betreibt (d. h. es liegt ein Erwerbszweck vor), sei die Stiftung als „sonstige juristische Person" i. S. des Art. 54 Abs. 2 AEUV anzusehen, die sich auf die Niederlassungsfreiheit berufen könne. Anhaltspunkte für einen Missbrauch der Niederlassungsfreiheit durch die Stiftung sah das FG nicht.

Hinweis

Die Frage der Rechtsfähigkeit einer Stiftung hat u. a. auch Bedeutung für die **schenkungsteuerliche Behandlung von Zuwendungen** an die Stiftung. Abzuwarten bleibt nun, wie sich der BFH zu den Folgen einer Sitzverlegung positioniert. Gegen das Urteil ist Revision vor dem BFH anhängig (II R 41/25).

6.8.2 Familienstiftungen und Steuerklassenprivileg

Vermögensübertragungen an Familienstiftungen sind grundsätzlich schenkungsteuerbar (§ 7 Abs. 1 Nr. 8 ErbStG). Inländischen Familienstiftungen wird dabei das sog. Steuerklassenprivileg gewährt, das auf das günstigere Verwandtschaftsverhältnis des Begünstigten zum Errichter abstellt (§ 15 Abs. 2 ErbStG). Dies führt regelmäßig zur Anwendung einer günstigeren Steuerklasse und zu höheren Steuerfreibeträgen. Nach dem ausdrücklichen Wortlaut gilt dieses Privileg jedoch nur für Stiftungen, die wesentlich im Interesse einer Familie im Inland errichtet sind. Die darin bestehende **Ungleichbehandlung** von (im Wortlaut nicht genannten) **ausländischen Familienstiftungen** (und damit ungünstige Steuerklasse III) sieht der EuGH als grundsätzlich mit der Kapitalverkehrsfreiheit vereinbar an (EuGH, Urteil v. 13.11.2025, C 142/24).

Der EuGH sah die Kapitalverkehrsfreiheit auch für die Errichtung von Familienstiftungen als einschlägig an, auf die sich die Liechtensteiner Stiftung als im EWR-Raum ansässige Stiftung berufen kann. Er sieht auch in der Verwehrung des Steuerklassenprivilegs eine Beschränkung des freien Kapitalverkehrs, diese sei jedoch grundsätzlich gerechtfertigt. Dabei stützt sich der EuGH insbesondere auf den aus seiner Sicht bestehenden Zusammenhang mit der nur für inländische Stiftungen greifenden Erbersatzsteuer (vgl. § 1 Abs. 1 Nr. 4, § 2 Abs. 1 Nr. 2 ErbStG).

Hinweis

Der **Erbersatzsteuer** unterliegen inländische Familienstiftungen nach der BFH-Rechtsprechung grundsätzlich nur, wenn sie **rechtsfähig** sind. Vgl. zur Behandlung einer ausländischen, nach Schweizer Recht gegründeten Stiftung mit Verwaltungssitz in Deutschland und zur Frage des maßgeblichen Rechts bei der Beurteilung des Zuzugs von Stiftungen BFH, Urteil v. 4.6.2025, II R 30/22.

Sein Ergebnis stellte der EuGH jedoch unter den Vorbehalt der Verhältnismäßigkeit im engeren Sinne, deren Prüfung im Einzelfall Sache des vorlegenden Finanzgerichts sei. Eine Unverhältnismäßigkeit könne laut EuGH in einer offensichtlich höheren steuerlichen Belastung ausländischer Familienstiftungen liegen. Darauf deute jedoch aufgrund der nur für inländische Familienstiftungen geltenden Erbersatzsteuer im Normalfall nichts hin.

Hinweis

Damit dürfte zumindest grundsätzlich auch die vom Hessischen FG aufgezeigte Möglichkeit, im Wege einer europarechtskonformen Auslegung das Steuerklassenprivileg des § 15 Abs. 2 ErbStG auch auf ausländische Familienstiftungen anzuwenden, obsolet geworden sein (vgl. Gerichtsbescheid v. 7.3.2019, 10 K 541/17, rkr.). Das Hessische FG hatte anders als das dem EuGH vorlegende FG Köln (vgl. Vorlagebeschluss v. 30.11.2023, 7 K 217/21) keinen Grund einer Vorlage gesehen.

Hinweis

Bei der Frage, auf wen beim Steuerklassenprivileg (Steuersatz und Freibetrag) bei inländischen Familienstiftungen als entferntest Berechtigten i.S. des § 15 Abs. 2 ErbStG abzustellen ist, bezieht der BFH auch die potenziell (nach der Stiftungssatzung möglichen) Berechtigten ein (BFH, Urteil v. 28.2.2024, II R 25/21, BStBl 2025 II S. 48).

7 Gemeinnützigkeit/Öffentliche Hand

7.1 Beteiligungen der öffentlichen Hand an Personengesellschaften

Laut BFH führt die Beteiligung einer juristischen Person des öffentlichen Rechts (jPöR) an einer Mitunternehmerschaft i.S. des § 15 Abs. 1 Satz 1 Nr. 2 EStG zu einem **eigenen Betrieb gewerblicher Art** (BgA) „Beteiligung" (BFH, Urteile v. 25.3.2015, I R 52/13, BStBl 2016 II S. 172 und v. 18.1.2023, I R 16/19, BStBl 2023 II S. 1096). Dabei wird laut BFH auch dann ein BgA vermittelt, wenn die von der Mitunternehmerschaft ausgeübte Tätigkeit keinen BgA begründen würde, wenn sie durch die jPöR selbst ausgeübt würde. Diese Grundsätze der beiden Urteile, die Streitjahre bis einschließlich 2008 betrafen, wendet die Finanzverwaltung für Veranlagungszeiträume bis 2008 über die entschiedenen Einzelfälle hinaus an (BMF, Schreiben v. 5.5.2025, BStBl 2025 I S. 1174).

Hinweis

Für VZ ab 2009 verweist das BMF insoweit hinsichtlich der Beurteilung von Beteiligungen der öffentlichen Hand an Personengesellschaften auf die Anwendung seines Schreibens v. 21.6.2017 (BStBl 2017 I S. 880). Damit hält die Finanzverwaltung ausdrücklich an ihrer Auffassung fest (tätigkeitsbezogene Betrachtungsweise). Somit ist losgelöst von der Einkünftequalifikation im Rahmen der gesonderten und einheitlichen Feststellung der Personengesellschaft auf Ebene der jPöR zu prüfen, welche BgA aus der Beteiligung an einer Personengesellschaft bei der beteiligten jPöR resultieren. Für diese Beteiligungs-BgA gelten die gleichen allgemeinen Einkommensermittlungsgrundsätze wie für selbst betriebene BgA der jPöR.

7.2 Verpachtungs-Betriebe gewerblicher Art

Mit Schreiben vom 15.12.2021 äußerte sich das BMF zu Anwendungsfragen bei der Besteuerung von Betrieben gewerblicher Art (BgA) und Eigengesellschaften der öffentlichen Hand, u.a. aufgrund von BFH-Rechtsprechung zum Vorliegen eines Verpachtungs-BgA. Jedoch wurde es bis zum 31.12.2024 nicht beanstandet, wenn die bisher geltenden Regelungen (vor 15.12.2021) weiter angewandt wurden (BMF, Schreiben v. 26.1.2023, BStBl 2023 I S. 206). Diese Übergangsregelung wird mit BMF-Schreiben vom 14.1.2025 (BStBl 2025 I S. 303) erneut um **weitere zwei Jahre** bis zum 31.12.2026 verlängert.

Hinweis

Zur Vermeidung von Nachteilen beim **Vorsteuerabzug** für die öffentliche Hand wird die Übergangsregelung analog zur Übergangsfrist des § 2b UStG (Verlängerung bis zum 31.12.2026 durch JStG 2024) verlängert. Dies gilt jedoch nur, wenn § 2b UStG noch keine Anwendung findet und für den Verpachtungs-BgA von der bisherigen Übergangsregelung bis zum 31.12.2024 bereits Gebrauch gemacht wurde.

7.3 Zusammenfassung von Betrieben gewerblicher Art

Mehrere von der öffentlichen Hand unterhaltene Betriebe gewerblicher Art (BgA) können nach § 4 Abs. 6 Satz 1 KStG zusammengefasst werden, wenn sie gleichartig sind (Nr. 1), zwischen ihnen nach dem Gesamtbild der tatsächlichen Verhältnisse objektiv eine enge wechselseitige technisch-wirtschaftliche Verflechtung von einigem Gewicht besteht (Nr. 2) oder BgA i.S. des § 4 Abs. 3 KStG (u.a. Versorgungs- und Verkehrsbetriebe) vorliegen (Nr. 3).

Für die Finanzverwaltung reicht es für die technisch-wirtschaftliche Verflechtung (Nr. 2) grundsätzlich aus, wenn die Voraussetzungen nur zwischen dem neuen BgA und einem der bereits zusammengefassten BgA vorliegen (sog. **Kettenzusammenfassung**, vgl. BMF, Schreiben v. 12.11.2009, BStBl 2009 I S. 1303, Rz. 5). Dieser Sichtweise widersprach der BFH. Für ihn kann eine solche Verflechtung (einschränkend) nur vorliegen, wenn die Voraussetzungen nach § 4 Abs. 6 Satz 1 KStG **zwischen allen BgA** vorliegen (BFH, Urteil v. 29.8.2024, V R 43/21). Das BMF blieb jedoch bei seiner Sichtweise und reagierte auf das Urteil mit einem **Nichtanwendungserlass** v. 6.6.2025 (BStBl 2025 I S. 1453). Demnach gelten die Grundsätze aus dem BMF-Schreiben v. 12.11.2009 grundsätzlich weiter. Damit muss eine Verflechtung i.S. des § 4 Abs. 6 Satz 1 Nr. 2 KStG weiterhin entweder zu einem BgA i.S. des § 4 Abs. 1 KStG oder aber zu einem BgA, der erst durch Zusammenfassung nach § 4 Abs. 6 Satz 1 KStG entstanden ist, bestehen.

Hinweis

Die Reaktion des BMF ist für kommunale Betriebe positiv. Die Finanzverwaltung erkennt damit die Zusammenfassung von BgA wie bisher an und ermöglicht so eine Verlustverrechnung zwischen (dauer)defizitären und gewinnbringenden BgA nach den bisherigen Grundsätzen.

Hinweis

Die Finanzverwaltung öffnet den **steuerlichen Querverbund** (auch) für moderne Technologien (BMF, Schreiben v. 10.10.2025, BStBl 2025 I S. 1799). Wärmepumpen, hybride PV-Anlagen und Fernwärme sollen nun die sog. „technisch-wirtschaftliche Verflechtung" begründen können, wodurch die Einbeziehung von Bädern in den steuerlichen Querverbund künftig auch ohne Blockheizkraftwerk möglich wird. Mit dem Schreiben sollen auch die Nachweise vereinfacht werden.

7.4 Gemeinnützigkeit vor dem EuGH

Eine steuerbegünstigte Körperschaft muss nach dem sog. Unmittelbarkeitserfordernis des § 57 Abs. 1 AO ihre steuerbegünstigten satzungsmäßigen Zwecke unmittelbar selbst verwirklichen. Die Unmittelbarkeit liegt auch vor, wenn eine Körperschaft satzungsgemäß durch **planmäßiges Zusammenwirken mit einer steuerbegünstigten Körperschaft** einen steuerbegünstigten Zweck verwirklicht (§ 57 Abs. 3 AO). Somit können Körperschaften, die marktgängige Leistungen erbringen und im Wettbewerb zu privatwirtschaftlichen Unternehmen stehen, dennoch unmittelbar steuerbegünstigte Zwecke verfolgen, wenn sie Leistungen gegenüber steuerbegünstigten Körperschaften erbringen. In der Folge sind die Leistungen an die steuerbegünstigte Körperschaft dann steuerbefreit (§ 5 Abs. 1 Nr. 9 KStG, § 3 Nr. 6 GewStG) und unterliegen dem ermäßigten Umsatzsteuersatz von 7 % (§ 12 Abs. 2 Nr. 8 Buchst. a UStG). Der BFH äußerte ernstliche Zweifel hinsichtlich der **Vereinbarkeit des § 57 Abs. 3 AO mit dem Beihilferecht der Europäischen Union** und sieht die Möglichkeit des Bestehens eines gesonderten selektiven Vorteils (BFH, Beschluss v. 22.5.2025, V R 22/23, BFH/NV 2025 S. 1205). Die Bundesregierung hatte seinerzeit keine Genehmigung seitens der EU für die Einführung des § 57 Abs. 3 AO eingeholt.

Hinweis

Im konkreten Fall wurde in der Stiftungssatzung das planmäßige Zusammenwirken mit der GmbH nicht aufgenommen. Das Finanzamt erkannte die Gemeinnützigkeit durch Zusammenwirken nicht an, da nach Ansicht der Finanzverwaltung ein doppeltes Satzungserfordernis notwendig sei (Nr. 8 AEAO zu § 57 AO). Das FG Hamburg lehnte das doppelte Satzungserfordernis mit Urteil v. 26.9.2023 (5 K 11/23) ab.

Hinweis

Nicht eindeutig geäußert hat sich der BFH hingegen zum **doppelten Satzungserfordernis**, wenngleich er im Fall einer (Alt-)Beihilfe das FG-Urteil als zutreffend empfindet. Es bleibt daher zunächst das Urteil des EuGH abzuwarten, bevor sich der BFH ggf. zu dem von der Finanzverwaltung aufgestellten Erfordernis äußern wird. In vergleichbaren Fällen ist (weiterhin) Einspruch einzulegen und mit Verweis auf das anhängige EuGH-Verfahren das Ruhen des Verfahrens zu beantragen.

Steuerausblick

1 Das betrifft alle Steuerpflichtigen

1.1 Einkommensteuertarif und Kindergeld/-freibetrag

Zur Absenkung des Grund- und Kinderfreibetrags sowie Erhöhung des Kindergelds und der Freigrenze beim Solidaritätszuschlag für VZ 2026 s. Kapitel Rückblick Tz. 1.1.

1.2 Ehrenamtspauschale und Übungsleiterfreibetrag

Die Vergütung für ehrenamtliches Engagement wird steuerlich u.a. durch die Gewährung des Übungsleiterfreibetrags (§ 3 Nr. 26 Satz 1 EStG) bzw. der Ehrenamtspauschale (§ 3 Nr. 26a Satz 1 EStG) steuerlich begünstigt. Mit dem Steueränderungsgesetz 2025 (StÄndG 2025, Stand Bundestagsbeschluss v. 4.12.2025) wird der **Übungsleiterfreibetrag** ab dem VZ 2026 von 3.000 EUR auf **3.300 EUR** angehoben und die **Ehrenamtspauschale** von 840 EUR auf **960 EUR**.

Hinweis

Die Änderungen treten gem. Artikel 12 Abs. 2 StÄndG 2025 am 1.1.2026 in Kraft. Damit gelten die neuen Beträge gem. § 52 Abs. 1 EStG ab dem VZ 2026.

Daneben enthält das StÄndG 2025 eine Anpassung mit Blick auf ein BFH-Urteil v. 8.5.2024 (VIII R 9/21, BFH/NV 2024 S. 1077). Der BFH vertrat entgegen der Verwaltungsauffassung (R 3.26a Abs. 1 EStR) die Ansicht, dass kommunale **Aufsichtsräte** unter die **Steuerbefreiung** des § 3 Nr. 26a EStG fallen können, ohne dass die Förderung gemeinnütziger, mildtätiger oder kirchlicher Zwecke erforderlich sei. Durch eine Umstellung der Formulierung in § 3 Nr. 26 Satz 1 und Nr. 26a Satz 1 EStG kodifiziert der Gesetzgeber die bisherige Verwaltungsauffassung, dass auch eine nebenberufliche Tätigkeit im Dienst oder im Auftrag einer juristischen Person des öffentlichen Rechts nur dann den Befreiungsvorschriften unterliegt, sofern die jeweilige Tätigkeit einen steuerbegünstigen Zweck verfolgt. Die Neuregelung ist grundsätzlich in allen offenen Fällen anzuwenden (§ 52 Abs. 4 Satz 10 EStG neu).

1.3 Anpassung der Höchstbeträge für Parteispenden

Für Mitgliedsbeiträge und Spenden an eine politische Partei, die gem. § 18 Abs. 7 Parteiengesetz nicht von der staatlichen Teilfinanzierung ausgeschlossen ist, wird bis zur Höhe von 1.650 EUR (bzw. 3.300 EUR bei Zusammenveranlagung) eine Tarifermäßigung von 50 % dieser Zuwendungen gewährt (§ 34g Satz 2 EStG). Soweit entsprechende Zuwendungen diesen Höchstbetrag übersteigen, können die verbleibenden Zuwendungen über § 10b Abs. 2 EStG ebenfalls bis zur Höhe von 1.650 EUR (bzw. 3.300 EUR bei Zusammenveranlagung) im Rahmen des Sonderausgabenabzugs geltend gemacht werden. Mit dem Steueränderungsgesetz 2025 (Stand Bundestagsbeschluss v. 4.12.2025) werden diese Höchstbeträge gem. § 34g Satz 2 EStG und § 10b Abs. 2 Satz 1 EStG jeweils verdoppelt auf **3.300 EUR** (bzw. 6.600 EUR bei Zusammenveranlagung).

Die Änderung tritt gem. Artikel 12 Abs. 2 StÄndG 2025 am 1.1.2026 in Kraft und ist über § 52 Abs. 1 EStG erstmals ab dem VZ 2026 anwendbar.

1.4 Bekanntgabe von Verwaltungsakten durch Bereitstellung zum Datenabruf

Durch das Vierte Bürokratieentlastungsgesetz v. 23.10.2024 (BGBl. 2024 I Nr. 323) wurde die Vorschrift § 122a AO eingeführt, die grundsätzlich zum 1.1.2026 in Kraft tritt. Danach soll die Bekanntgabe von Verwaltungsakten durch Bereitstellung zum Datenabruf (elektronische Bekanntgabe) erfolgen, sofern der Beteiligte oder dessen Bevollmächtigter nicht widerspricht und die zugrundeliegende Steuererklärung elektronisch abgegeben wurde (§ 122a Abs. 1 Satz 2 AO).

Mit dem Mindeststeuer-Anpassungsgesetz (MinStAnpG, Stand Bundestagsbeschluss v. 13.11.2025) wird die Anwendungsregelung der vorstehend dargelegten Neuregelung durch eine Änderung an Art. 97 § 28 Abs. 2 EGAO nochmals dergestalt angepasst, dass § 122a Abs. 1 Satz 2 AO (grundsätzliche Verpflichtung der Finanzverwaltung die Bescheide elektronisch bekannt zu geben) erst für Bescheide anwendbar ist, die nach dem 31.12.2026 erlassen worden sind; d.h. sie tritt erst ein Jahr später in Kraft – vorausgesetzt die Zustimmung des Bundesrats erfolgt planmäßig am 19.12.2025. Zudem erfolgt mit dem MinStAnpG für die elektronische **Bekanntgabe an Ehegatten** eine Änderung des § 122 Abs. 7 AO, die es für die Bekanntgabe durch Bereitstellung zum Datenabruf an Ehegatten nach § 122a AO ermöglicht, dass der Bescheid – abweichend von der postalischen Bekanntgabe an eine gemeinsame Anschrift – in das **ELSTER-Konto nur eines Ehegatten/Lebenspartners** bereitgestellt wird. Die nach der aktuellen Rechtslage noch erforderliche Einwilligung in die Bekanntgabe nach § 122a

AO erfolgte bis dato in Form eines einmaligen Einwilligungscodes, den der andere Ehegatte dem Inhaber des „Bekanntgabeaccounts“ zur Verfügung stellen musste. Die Regelung tritt am Tag nach der Verkündung des MinStAnpG in Kraft (Art. 10 Abs. 1 MinStAnpG).

Hinweis
Die Gesetzesänderung überträgt die bisherige Regelung für die postalische Bekanntgabe an Ehegatten auf die elektronische Bekanntgabe. Beteiligte, die keine elektronische Bekanntgabe wünschen, können gem. § 122a Abs. 2 AO widersprechen.

1.5 Kfz-Steuerbefreiung für Elektroautos

Zur Förderung des Umstiegs auf Elektroautos wurde mit dem Siebten Gesetz zur Änderung des Kraftfahrzeugsteuergesetzes v. 16.10.2020 (7. KraftStÄndG, BGBl. 2020 I S. 2184) eine Verlängerung der **zehnjährigen Kraftfahrzeugsteuerbefreiung** für reine Elektrofahrzeuge eingeführt. Die Steuerbefreiung galt zuletzt für bis Ende 2025 erstzugelassene Elektrofahrzeuge, längstens bis 31.12.2030.

Um weitere Anreize für die frühzeitige Anschaffung eines reinen Elektrofahrzeugs zu geben, erfolgt durch das Achte Gesetz zur Änderung des Kraftfahrzeugsteuergesetzes (Stand Bundestagsbeschluss v. 4.12.2025) eine weitere Verlängerung der Steuerbefreiung. Mit der Änderung in § 3d Abs. 1 KraftStG sind nun bis zum 31.12.2030 erstmals zugelassene Elektrofahrzeuge i.S. des § 9 Abs. 2 KaftStG ab dem Tag der erstmaligen Zulassung für 10 Jahre von der Kfz-Steuer befreit. Die Befreiung erfolgt jedoch längstens bis zum 31.12.2035.

Die Verlängerung der Steuerbefreiung für erstzugelassene reine Elektrofahrzeuge soll auch für Fahrzeuge gelten, die komplett auf Elektroantrieb umgerüstet worden sind.

Hinweis
Damit werden die aktuell geltenden Fristen um jeweils 5 Jahre nach hinten verschoben.

2 Das betrifft Unternehmen

2.1 Steuerbilanzrecht

2.1.1 Eigenbetrieblich genutzte Grundstücke von untergeordnetem Wert

Derzeit kann eine **Behandlung als Betriebsvermögen** unterbleiben, wenn der Wert des Grundstückteils nicht mehr als ein Fünftel des gemeinen Werts des gesamten Grundstücks und nicht mehr als 20.500 EUR beträgt. Mit einer Siebten Verordnung zur Änderung steuerlicher Verordnungen (7. MantelVO, Stand Regierungsentwurf v. 5.11.2025) soll dieses **Wahlrecht** nach § 8 EStDV für eigenbetrieblich genutzte Grundstücksteile angepasst werden. Danach soll die bisherige relative Grenze durch eine **Quadratmetergrenze von 30m^2** ersetzt und die **absolute Preisgrenze** von 20.500 auf **40.000 EUR** angehoben werden (§ 8 Satz 1 EStDV-E). Auch das Verhältnis der beiden Grenzwerte soll neu geregelt werden. Während bisher beide Werte zugleich eingehalten werden müssen („und“), solle es künftig ausreichen, wenn einer der beiden Werte eingehalten wird („oder“).

Derzeit sind gem. R 4.7 Abs. 2 Satz 4 EStR **Aufwendungen** für einen **eigenbetrieblich genutzten Grundstücksteil** (einschließlich der AfA) grundsätzlich auch dann Betriebsausgaben, wenn der Grundstücksteil aufgrund seines untergeordneten Werts nicht als Betriebsvermögen behandelt wurde. Nach einem neu in § 8 EStDV geplanten Satz sollen Aufwendungen, die mit dem (nicht als BV behandelten) Grundstücksteil in Zusammenhang stehen, zukünftig nicht mehr abzugsfähig sein (§ 8 Satz 2 EStDV-E).

Hinweis
Laut der Verordnungsbegründung gelte dies jedoch nur hinsichtlich der AfA, während betriebsbezogene Aufwendungen wie Strom und Heizkosten weiterhin abzugsfähig bleiben sollen.

§ 8 Satz 1 EStDV-E (neue Grenzwerte) soll in allen offenen Fällen, Satz 2 (Abzugsverbot) erstmals für Wirtschaftsjahre anzuwenden sein, die nach dem 31.12.2025 beginnen (§ 84 Abs. 1d EStDV-E). Allerdings bleibt noch die erforderliche Zustimmung des Bundesrates abzuwarten.

Hinweis

Ursprünglich war im Rahmen der 7. MantelVO auch geplant, die **Aufteilung eines Gesamtkaufpreises** für bebaute Grundstücke sowie den Nachweis einer kürzeren Nutzungsdauer i.S. von § 7 Abs. 4 Satz 2 EStG zu normieren. Beides ist im aktuellen Regierungsentwurf nicht mehr enthalten. Abzuwarten bleibt jedoch, ob die Punkte (ggf. in anderen Verfahren) doch wieder aufgegriffen werden.

2.1.2 Unterlagen zur Steuererklärung

Mit dem Jahressteuergesetz 2024 (BGBl. 2024 I Nr. 387) wurde der Umfang des zu übersendenden Datensatzes der E-Bilanz um die unverdichteten Kontennachweise mit Kontensalden, den Anlagenspiegel und das diesem zugrundeliegende Anlagenverzeichnis erweitert (§ 5b Abs. 1 EStG). In Härtefällen kann weiterhin eine Übermittlung der Unterlagen in Papierform erfolgen (§ 5b Abs. 2 EStG, vgl. Kapitel Rückblick Tz. 2.1.1).

Mit der 7. MantelVO (Stand: Regierungsentwurf v. 5.11.2025) soll § 60 EStDV hinsichtlich der einer Steuererklärung beizufügenden Unterlagen erweitert werden (§ 60 Abs. 1 EStDV-E sowie § 60 Abs. 3 Satz 1 EStDV-E.) Künftig ist damit, neben Anhang, Lage- und Prüfungsbericht (jeweils soweit vorliegend) der Steuererklärung auch das steuerbilanzielle Wahlrechtsverzeichnis nach § 5 Abs. 1 S. 2 EStG beizufügen.

Hinweis

§ 60 Abs. 1 Satz 1 EStDV-E soll, soweit er sich auf die Übermittlung des Anlagenverzeichnisses bezieht, erstmals für Wirtschaftsjahre anzuwenden sein, die nach dem 31.12.2027 beginnen. Da für die Neuregelung in § 60 Abs. 3 Satz 1 EStDV-E keine besondere Anwendungsregelung vorgesehen ist, würde diese Neuregelung über § 84 (1) EStDV für alle VZ ab 2020 gelten.

2.2 Verbesserungen bei der Forschungszulage

2.2.1 Erhöhte Bemessungsgrundlage

Die Forschungszulage kann nur für einen bestimmten **Höchstbetrag** an förderfähigen Aufwendungen gewährt werden. Nachdem zuletzt durch das Wachstumschançengesetz die Höchstgrenze für nach dem 27.3.2024 entstandene förderfähige Aufwendungen auf 10 Mio. EUR ausgeweitet wurde, erfolgte durch das steuerliche Investitionssofortprogramm v. 14.7.2025 (BGBl. 2025 I Nr. 161) eine weitere Erhöhung für nach dem 31.12.2025 entstandene **förderfähige Aufwendungen** auf **12 Mio. EUR** pro Jahr (§ 3 Abs. 5 FZulG).

Hinweis

Die maximal pro Jahr erzielbare Forschungszulage steigt damit auf 3 Mio. EUR an. Kleinere und mittlere Unternehmen i.S. der KMU-Definition des Anhangs I der Allgemeinen Gruppenfreistellungsverordnung ((EU) Nr. 651/2014) können durch die Anhebung der maximalen Bemessungsgrundlage im Zusammenspiel mit dem im Wachstumschancengesetz eingeführten KMU-Bonus i.H.v. 10 % künftig bis zu 4,2 Mio. EUR Forschungszulage pro Jahr beantragen (§ 4 Abs. 1 Satz 2 FZulG).

Unverändert bleibt die aus dem EU-Beihilferecht resultierende Einschränkung, dass die Summe der für ein Forschungs- und Entwicklungsvorhaben (FuE-Vorhaben) gewährten staatlichen Beihilfen einschließlich der Forschungszulage pro Unternehmen und FuE-Vorhaben über die Dauer des FuE-Vorhabens den Betrag von 15 Mio. EUR nicht überschreiten darf (§ 4 Abs. 3 FZulG).

2.2.2 Neuer pauschaler Aufschlag auf Gemeinkosten

Ebenfalls durch das steuerliche Investitionssofortprogramm v. 14.7.2025 (BGBl. 2025 I Nr. 161) wurde für nach dem 31.12.2025 beginnende Forschungs- und Entwicklungsvorhaben die Möglichkeit eingeführt, auf den förderfähigen Aufwand einen pauschalen Aufschlag für Gemeinkosten und sonstige Betriebskosten von 20 % anzuwenden (§ 3 Abs. 3b FZulG). Dies gilt für alle förderfähigen Aufwendungen, im Einzelnen für die

- Personalaufwendungen (§ 3 Abs. 1 und 2 FZulG),
- Eigenleistungen eines Einzelunternehmers oder Mitunternehmers (§ 3 Abs. 3 FZulG),
- Sachaufwendungen für abnutzbare, bewegliche Wirtschaftsgüter (§ 3 Abs. 3a FZulG) sowie
- Entgelte für Auftragsforschung (§ 3 Abs. 4 FZulG).

Hinweis

Macht ein Steuerpflichtiger z.B. 1 Mio. EUR förderfähigen Personalaufwand geltend, würde dieser durch den Aufschlag künftig mit einem Wert von 1,2 Mio. EUR in die Berechnung der Forschungszulage eingehen (wobei bei höheren Werten die maximale Bemessungsgrundlage nicht überschritten werden kann).

2.2.3 Eigenleistungen und Tätigkeitsvergütungen

Eigenleistungen des selbst forschenden Einzelunternehmers können grundsätzlich im Rahmen einer **fiktiven Stundenlohnpauschale** als förderfähige Aufwendungen berücksichtigt werden (§ 3 Abs. 3 Satz 2 FZulG). Diese Begünstigung gilt entsprechend auch für die Tätigkeitsvergütung von Mitunternehmern, die begünstigten Forschungs- und Entwicklungstätigkeiten nachgehen (§ 3 Abs. 3 Satz 3 FZulG). Der dafür maßgebliche berücksichtigungsfähige Stundenlohn wurde mit dem steuerlichen Investitionssofortprogramm v. 14.7.2025 (BGBl. 2025 I Nr. 161) ab dem 1.1.2026 jeweils von 70 EUR auf 100 EUR pro Stunde angehoben.

Hinweis

Der Höhe nach bleibt die Vergütung in beiden Fällen weiterhin auf maximal 40 Stunden pro Woche begrenzt.

Hinweis

Das sich derzeit in der Überarbeitung befindliche ausführliche Anwendungsschreiben (vgl. Kapitel Rückblick Tz. 2.10) enthält noch keine Ausführungen zu den neuen Gesetzesänderungen.

2.3 Änderungen im Investmentsteuerrecht

Mit dem Standortfördergesetz (Stand Regierungsentwurf v. 3.11.2025) sollen insbesondere die investmentsteuerlichen Rahmenbedingungen (durch Anpassungen bei den Anlagemöglichkeiten von Investmentfonds in gewerbliche Personengesellschaften und Infrastruktur-Projektgesellschaften) verbessert sowie Investitionen von Investmentfonds in Erneuerbare-Energien-Anlagen (EEG) und direkte Investitionen in Erneuerbare-Energien-Anlagen erleichtert werden. Zu den Maßnahmen zählen u. a.

- Neuer § 1 Abs. 2 Satz 2 InvStG-E: Investmentvermögen i. S. des § 1 Abs. 1 KAGB sollen ihre **steuerliche Qualifikation als Investmentfonds** i. S. des § 1 Abs. 2 Satz 1 InvStG und damit die Anwendbarkeit des InvStG nicht dadurch gefährden, dass sie in gewerblich tätige Personengesellschaften investieren und ihre Vermögensgegenstände aktiv unternehmerisch bewirtschaften.
- **Erweiterung der Anlagemöglichkeiten** für Spezialinvestmentfonds, u. a.:
  - Investitionen in alle in § 231 Abs. 3 KAGB-E genannten Gegenstände (z. B. EE-Anlagen, Ladeinfrastruktur);
  - Beteiligung an geschlossenen oder offenen in- und ausländischen Investmentfonds und Investmentvermögen (damit u. a. in PE-/VC-Fonds in der Rechtsform einer Personengesellschaft sowie in Infrastrukturfonds, § 26 Nr. 4 Buchst. h InvStG-E);
  - Erwerb von bis zu 100 % an Kapitalgesellschaften für EE-Bewirtschaftung.
- **Spezial-Investmentfonds** sollen unbegrenzt Einnahmen aus der Bewirtschaftung von erneuerbaren Energien nach § 1 Abs. 19 Nr. 6a KAGB sowie aus der Bewirtschaftung von Ladestationen für Elektromobilität, die jeweils im Zusammenhang mit der Vermietung und Verpachtung von Immobilien stehen, sowie aus Beteiligungen an Gesellschaften nach § 15 Abs. 2 Satz 2 InvStG-E und Anteilen an Investmentfonds und -vermögen nach § 26 Nr. 4 Buchst. h InvStG-E erzielen dürfen (§ 26 Nr. 7a Satz 2 InvStG-E).
- Anpassungen bei **inländischen Beteiligungseinnahmen, Immobilienerträgen und sonstigen inländischen Einkünften**, die grundsätzlich der Besteuerung auf Fondsebene unterliegen (§§ 6 Abs. 2, 29 Abs. 1 InvStG), und den Steuerbefreiungsmöglichkeiten in §§ 8, 10, 30, 33 InvStG, um insbesondere für gewerbliche Einkünfte im Rahmen der sonstigen inländischen Einkünfte (vor allem aus dem Betreiben von EE-Anlagen) eine weitgehendere Gleichbehandlung der Investition über einen Investmentfonds mit der Direktanlage zu erreichen.
- Erweiterung der Gewerbesteuerfreiheit auf Einnahmen aus bestimmten Beteiligungen, z. B. EE-Projekte, ÖPP- und Infrastruktur-Projektgesellschaften (§ 15 Abs. 2 Satz 2 InvStG-E).

Hinweis

Der Bundestagsbeschluss ist für den 19.12.2025 geplant. Der Bundesrat soll erst im Januar 2026 zustimmen, so dass das Gesetzgebungsverfahren erst in 2026 abgeschlossen sein wird.

Steuerneutraler Roll-Over, § 6b Abs. 10 EStG

Ebenfalls mit dem Standortfördergesetz soll der **Höchstbetrag** für die Übertragung von Gewinnen aus der Veräußerung von Anteilen an Kapitalgesellschaften auf bestimmte begünstigte Wirtschaftsgüter (Anteile an Kapitalgesellschaften, Gebäude, abnutzbare bewegliche Wirtschaftsgüter) von 500.000 EUR auf **2.000.000 EUR** erhöht werden (§ 6b Abs. 10 Satz 1 EStG-E). Demnach sollen **natürliche Personen** (Veräußerung durch natürliche Person selbst oder bei Veräußerung durch Personengesellschaft bei entsprechender Zurechnung) künftig die Möglichkeit haben, das Vierfache an stillen Reserven im Wege des sog. steuerneutralen Roll-Overs unter den Voraussetzungen des § 6b Abs. 10 EStG zu übertragen.

Hinweis

Bei der Nutzung des Höchstbetrags ist hinsichtlich der Art der begünstigten Reinvestition zu unterscheiden (bei Gebäuden und beweglichen Wirtschaftsgütern Beschränkung auf steuerpflichtigen Anteil des Veräußerungsgewinns, vgl. BFH, Urteil v. 10.5.2022, IV B 47/21, BFH/NV 2022 S. 807).

2.4 Internationales Steuerrecht

2.4.1 Multilaterales Instrument

Das Multilaterale Instrument der OECD (MLI) dient der **Modifikation bestehender DBA**, um diese an die DBA-bezogenen Standards des BEPS-Projekts (Abschlussberichte aus dem Jahr 2015) anzupassen. Der sich in Deutschland seitdem und über zwei Umsetzungsgesetze (MLI-Umsetzungsgesetz und BEPSMLI-Anwendungsgesetz) hinziehende Prozess zur Umsetzung des **MLI in neun DBA** ist mit der Notifikation der DBA mit Japan und Tschechien bei der OECD am 1.6.2025 zu einem vorläufigen Abschluss gekommen. Die damit verbundenen DBA-Modifikationen sind somit ab dem 1.1.2026 anzuwenden. Zum besseren Verständnis der

Änderungen hat das BMF zu den neun notifizierten DBA sog. **synthetisierte Fassungen der betroffenen DBAs** auf seiner Internetseite veröffentlicht. In diesen sind die anzuwendenden MLI-Artikel direkt an der entsprechenden Stelle eingebettet.

Hinweis

Darüber hinaus bahnt sich eine umfassende Ausweitung der Nutzung des MLI durch Deutschland an. Ein neuer Entwurf für ein Gesetz zur Änderung des MLI-Umsetzungsgesetzes (Stand Referentenentwurf v. 9.10.2025) bereitet die Möglichkeit vor, 62 weitere Doppelbesteuerungsabkommen auf den BEPS-Mindeststandard zu heben. Mit dem Entwurf stiege die Zahl der von Deutschland zum MLI gemeldeten DBA auf 76, darunter die DBA mit den USA, China und Indien. Dabei hat sich das BMF entschieden, auch die derzeit ausgesetzten DBA mit Russland und Belarus in den Referentenentwurf aufzunehmen. Auch für die neu hinzugekommenen DBA ist von deutscher Seite ein **zweistufiges Umsetzungsverfahren** notwendig, bevor das MLI für diese Wirkung entfalten kann. Sobald das nationale Gesetzgebungsverfahren zum vorliegenden Änderungsgesetz abgeschlossen ist, kann die Bundesregierung die Ratifizierungsunterlagen zum MLI bei der OECD entsprechend erweitern. Bevor die Änderungen tatsächlich wirksam werden, bedarf es jedoch der zusätzlichen Anpassung des BEPS-MLI-Anwendungsgesetzes. In diesem müssen die Modifikationen, die sich unter Berücksichtigung der MLI-Wahloptionen Deutschlands und des jeweiligen Vertragspartners für die erfassten DBA ergeben, spezifiziert werden. Daher wird das MLI voraussichtlich nicht vor dem 1.1.2027, ggf. auch erst später, auf die neu hinzukommenden DBA anwendbar sein. Zusätzlich hängen die konkreten MLI-Auswirkungen auf jedes DBA davon ab, ob die jeweiligen Staaten das DBA ebenfalls bei der OECD für das MLI angemeldet haben und welche der Wahlentscheidungen die anderen Staaten getroffen haben.

2.4.2 DBA Niederlande und DBA Schweiz

Das am 14.4.2025 unterzeichnete Änderungsprotokoll zum DBA Niederlande sowie das bereits am 21.8.2023 unterzeichnete Änderungsprotokoll zum DBA Schweiz enthalten neue Regelungen hinsichtlich der Behandlung von grenzüberschreitend erfolgenden **Homeoffice**-Tätigkeiten.

Im DBA Schweiz wurde darüber hinaus u.a. die Pflicht zur Gegenberichtigung von Gewinnkorrekturen festgeschrieben.

Im DBA Niederlande sieht das Änderungsprotokoll auch Regelungen für Vergütungen im Rahmen einer Arbeitsfreistellung nach Kündigung vor. In den Begriffsbestimmungen ist erstmalig die Aufnahme des Ausdrucks „Organismus für gemeinsame Anlagen“ vorgesehen, worunter u.a. deutsche Investmentfonds und Spezial-Investmentfonds fallen. Änderungen ergaben sich auch hinsichtlich des Dividendenartikels (Artikel 10 DBA-NL).

Hinweis

Beide DBA-Änderungsprotokolle wurden im Rahmen eines Umsetzungsgesetzes in nationales Recht überführt. Die entsprechenden Ratifikationsurkunden hat Deutschland am 27.11.2025 mit der Schweiz und am 28.11.2025 mit den Niederlanden ausgetauscht, sodass die vereinbarten Änderungen grundsätzlich zum 1.1.2026 Anwendung finden.

2.4.3 DBA Schweiz: Konsultationsvereinbarung zu leitenden Angestellten

Die Sonderregelung in Artikel 15 Abs. 4 DBA Schweiz erfasst in einem Staat ansässige Personen, die im anderen Staat als Vorstand, Direktor, Geschäftsführer oder Prokurist einer dort ansässigen Kapitalgesellschaft tätig und keine Grenzgänger im Sinne des Abkommens sind. Liegen die Voraussetzungen vor, hat in der Regel der Sitzstaat der betreffenden Kapitalgesellschaft das Besteuerungsrecht für diese Einkünfte, sofern die Tätigkeiten nicht nur Aufgaben außerhalb dieses Staates umfasst. Zudem ist ein Rückfall des Besteuerungsrechts vorgesehen, wenn der Sitzstaat die betreffenden Einkünfte nicht besteuert. In Zusammenhang mit der Regelung haben die zuständigen Behörden in Deutschland und der Schweiz eine befristete Konsultationsvereinbarung abgeschlossen. Diese sieht insbesondere vor, dass eine Eintragung im Handelsregister für die Erfassung nicht zwingend erforderlich ist und der Anwendungsbereich insofern auf Personen in vergleichbaren Positionen zu erweitern ist.

Die ursprünglich bis Ende 2025 geltende Vereinbarung wurde laut BMF-Schreiben v. 16.10.2025 (BStBl 2025 I S. 1771) bis zum 31.12.2027 verlängert.

2.5 Außensteuerrecht

2.5.1 Einkünfte mit Kapitalanlagecharakter

Aufgrund einer Änderung durch das Mindeststeuer-Anpassungsgesetz (Stand Bundestagsbeschluss v. 13.11.2025) ist § 13 AStG künftig nicht anzuwenden, wenn die Einkünfte mit Kapitalanlagecharakter nicht mehr als ein Drittel (bisher 10 %) der gesamten Einkünfte, für die die ausländische Gesellschaft Zwischengesellschaft ist, betragen und diese außer Ansatz zu lassenden Beträge 100.000 EUR (bisher 80.000 EUR) nicht übersteigen (§ 13 Abs. 1 Satz 3 AStG neu). Beide Grenzwerte, d.h. auch die bisher gesellschafterbezogene absolute Freigrenze, sind künftig gesellschaftsbezogen anzuwenden.

Hinweis

Anders als die neue Beteiligungsgrenze (vgl. Kapitel Rückblick Tz. 2.8.3) sind die neuen Freigrenzen erstmals für VZ/EZ anzuwenden, für die Einkünfte mit Kapitalanlagecharakter hinzuzurechnen sind, die in einem Wirtschaftsjahr der Zwischengesellschaft oder Betriebsstätte entstanden sind, das nach dem 31.12.2025 beginnt (§ 21 Abs. 9 AStG neu).

2.5.2 Gemischte Einkünfte

Bei der Hinzurechnungsbesteuerung sind Einkünfte, für die eine ausländische Gesellschaft Zwischengesellschaft ist, außer Ansatz zu lassen, wenn die Einkünfte nicht mehr als 10 % der gesamten Einkünfte der ausländischen Gesellschaft betragen (relative Grenze), vorausgesetzt, dass die bei einem Steuerpflichtigen hiernach außer Ansatz zu lassenden Beträge insgesamt 80.000 EUR (absolute Grenze) nicht übersteigen (§ 9 AStG). Durch das Mindeststeuer-Anpassungsgesetz (Stand Bundestagsbeschluss v. 13.11.2025) erfolgt auch hier eine Anpassung dieser Freigrenzen. Die relative Freigrenze beträgt künftig „nicht mehr als ein Drittel" und die absolute Freigrenze künftig bis zu 100.000 EUR.

Hinweis

Die neuen Freigrenzen des § 9 AStG gelten erstmals für VZ/EZ, für die Zwischeneinkünfte hinzuzurechnen sind, die in einem Wirtschaftsjahr der Zwischengesellschaft oder der Betriebsstätte entstanden sind, das nach dem 31.12.2025 beginnt (§ 21 Abs. 9 Satz 1 AStG neu).

2.5.3 Änderung für Spezial-Investmentfonds

Ebenfalls aufgrund einer Änderung durch das Mindeststeuer-Anpassungsgesetz (Stand Bundestagsbeschluss v. 13.11.2025) werden zur Vermeidung des bisher doppelten Ansatzes von Hinzurechnungsbeträgen bei Spezial-Investmentfonds Hinzurechnungsbeträge nach § 10 AStG künftig nicht in die Einkünfteermittlung nach § 37 Abs. 1 Satz 1 InvStG einbezogen (§ 37 Abs. 1 Satz 3 InvStG neu).

Hinweis

Laut Gesetzesbegründung soll dies der Gleichstellung mit der Direktanlage, der administrativen Vereinfachung und der Vermeidung einer Schlechterstellung gegenüber ausländischen Spezial-Investmentfonds dienen.

Die Änderung ist erstmals für Geschäftsjahre, die nach dem Tag der Verkündung beginnen, anwendbar (§ 57 Abs. 11 InvStG neu).

2.5.4 Neue Zurechnungsbesteuerung für ausländische Familienstiftungen und Trusts

Im Rahmen der Zurechnungsbesteuerung (§ 15 AStG) werden einem in Deutschland unbeschränkt steuerpflichtigen Stifter, subsidiär den unbeschränkt steuerpflichtigen Begünstigten der Familienstiftung die Einkünfte der Stiftung zugerechnet. Die Stiftung verliert dadurch ihre steuerliche Abschirmwirkung. Steuern, die die Stiftung auf ihre Einkünfte gezahlt hat, sind anzurechnen und nachfolgende tatsächliche Ausschüttungen sind steuerfrei, sodass es grundsätzlich nicht zu einer Doppelbesteuerung kommt. Die Regelung gilt auch für Trusts. Nach bisheriger Rechtslage, zuletzt konkretisiert durch den BFH mit Urteil v. 3.12.2024 (IX R 32/22, BFH/NV 2025 S. 718; vgl. Kapitel Rückblick Tz. 2.8.5), besteht eine Ausnahme von der Zurechnungsbesteuerung für Stiftungen und Trusts, soweit das Vermögen rechtlich und tatsächlich der Verfügungsmacht des Stifters und der Begünstigten sowie deren Angehörigen entzogen ist (§ 15 Abs. 6 AStG).

Das BMF legte am 18.11.2025 den Entwurf einer **Neufassung** für die Zurechnungsbesteuerung für ausländische Familienstiftungen nach § 15 AStG-E vor. Im Wesentlichen sind folgende Änderungen geplant:

- Der vollständig überarbeitete Absatz 1 soll unter Verweis auf § 8 Abs. 5 AStG dessen **Niedrigsteuergrenze von 15 %** nun auch für die Zurechnungsbesteuerung einführen. Zudem sollen sowohl unmittelbar als auch mittelbar Bezugs- und Anfallsberechtigte zusätzlich als Zurechnungsempfänger gelten.
- Für den **zuzurechnenden Anteil** ist für die Stifter der gemeine Wert des übertragenen Vermögens und für die Bezugs- und Anfallsberechtigten (nachrangig) der gemeine Wert der Berechtigung maßgebend. Die bisherige Zurechnung des Vermögens der Stiftung entfällt, da es derzeit keine Vermögensbesteuerung gibt.
- Die **Definition einer ausländischen Familienstiftung** soll zukünftig auch nahestehende Personen der Stifter, der Angehörigen sowie der Abkömmlinge umfassen und ebenfalls mittelbare Bezugs- und Anfallsberechtigte einbeziehen.
- Der **neue Absatz 3** sieht unter Verweis auf § 8 Abs. 4 AStG eine Weiterentwicklung des **Entlastungsnachweises** des bisherigen Abs. 6 vor. Insbesondere soll es sich zukünftig nicht mehr um eine Familienstiftung mit Sitz oder Ort der Geschäftsleitung in der EU oder dem EWR handeln müssen. Vielmehr sind alle Länder von der Möglichkeit erfasst. Es muss insofern nachgewiesen werden, dass die Einschaltung einer ausländischen Familienstiftung nicht auf einer künstlichen Gestaltung beruht. Die **Exkulpation** soll nicht für Einkünfte aus der Stiftung nachgeschalteten ausländischen Zwischengesellschaften i. S. des § 7 Abs. 1 Satz 1 AStG gelten (Abs. 6) sowie für Einkünfte aus nachgeschalteten niedrig besteuerten ausländischen Familienstiftungen (Abs. 7). Die neuen Absätze 6 und 7 entsprechen dabei weitestgehend den bisherigen Absätzen 9 und 10.
- Die dem Zurechnungsbetrag zugrunde liegenden Einkünfte sind nach Absatz 5 in entsprechender Anwendung des deutschen Steuerrechts zu ermitteln. Der korrespondierende bisherige Absatz 7 verweist nur auf die Vorschriften des Körperschaft- und Einkommensteuergesetzes.

Hinweis

Insgesamt nähert sich die Zurechnungsbesteuerung des § 15 AStG dadurch weiter an die Hinzurechnungsbesteuerung der §§ 7 ff. AStG an. Sollte der Entwurf in dieser Form umgesetzt werden, hätte dies auf entsprechende Stiftungen und Trusts weitreichende Auswirkungen. Die Verbände können bis zum 15.1.2026 zum Entwurf Stellung nehmen. Derzeit ist unklar, ob der Entwurf im Rahmen eines zukünftigen Gesetzgebungsverfahren wie z. B. einem Jahressteuergesetz oder als Einzelgesetz umgesetzt werden soll.

2.5.5 Inländische Betriebsstätten ausländischer Versicherungsunternehmen

Hat ein ausländisches Versicherungsunternehmen eine inländische Betriebsstätte, muss gem. § 1 Abs. 5 AStG eine Einkommenszurechnung nach dem **Fremdvergleichsgrundsatz** erfolgen und der inländischen Betriebsstätte ist ein angemessenes Eigenkapital zuzuordnen (sog. Dotationskapital). Das Dotationskapital ist maßgeblich für die (fiktive) Zuordnung der Vermögenswerte (insbesondere Kapitalanlagen) und der daraus resultierenden Kapitalerträge. Für die Zuordnung des Dotationskapitals sieht die Verordnung derzeit zwei Methoden vor: die modifizierte Kapitalausstattungsmethode und die Mindestkapitalausstattungsmethode. Der Verwaltungsauffassung zufolge sollte das nach der Mindestkapitalausstattungsmethode ermittelte Eigenkapital auch bei Anwendung der modifizierten Kapitalausstattungsmethode als Untergrenze für das Dotationskapital gelten. Dies kann zur Zuordnung zusätzlicher Vermögenswerte und der daraus resultierenden Kapitalerträge zur deutschen Betriebsstätte und somit zur Doppelbesteuerung führen. Dem widersprach der BFH (Urteil v. 5.6.2024, I R 3/22, BFH/NV 2024 S. 1366).

Mit der 7. MantelVO (Stand Regierungsentwurf v. 5.11.2025) soll § 25 BsGaV (Aufteilungsmethoden) angepasst und damit laut VO-Begründung sichergestellt werden, dass das versicherungsaufsichtsrechtliche Mindestkapital weiterhin nicht unterschritten werden dürfe.

Zukünftig soll daher die **Mindestkapitalanforderung** die Untergrenze für die Zurechnung von Dotationskapital sowie von Kapitalanlagen und Kapitalerträgen bilden, unabhängig von der verwendeten Methode (§ 25 Abs. 4 Satz 1 BsGaV-E). Als Untergrenze für das Dotationskapital einer inländischen Betriebstätte soll das nach deutschem Versicherungsaufsichtsrecht erforderliche Mindestkapital zzgl. 20 % gelten (§ 25 Abs. 4 Satz 2 und 3 BsGaV-E). Ein niedriger Zuschlag sei nur dann zulässig, sofern dies dem Fremdvergleichsgrundsatz eher entspräche. Sofern das in der Handelsbilanz ausgewiesene Kapital den nach der Vorschrift ermittelten Betrag übersteige, sei dieser als Dotationskapital anzusetzen (§ 25 Abs. 5 BsGaV-E).

Hinweis
Die Änderungen sollen am Tag nach der Verkündung in Kraft treten (Artikel 15 Abs. 1 der 7. MantelVO-E). Vgl. zu der zurückgenommenen Verkürzung von Aufbewahrungspflichten für Unternehmen der Finanzbranche auch Kapitel Rückblick Tz. 2.9.6.

2.6 Lohnsteuer

2.6.1 Vorsorgepauschale im Lohnsteuerabzugsverfahren

Ein für alle Steuerklassen einheitlicher Pauschalbetrag für bestimmte Vorsorgeleistungen (Renten-, Kranken-, Pflege- und Arbeitslosenversicherung) wird im Lohnsteuerabzugsverfahren automatisch berücksichtigt (Vorsorgepauschale). Durch sie werden Arbeitnehmer bereits während des Jahres steuerlich für bestimmte Vorsorgeaufwendungen entlastet. Ab dem 1.1.2026 werden die **privaten Kranken- und Pflegepflichtversicherungsbeiträge** entsprechend der tatsächlichen Gegebenheiten (§ 39b Abs. 2 Satz 5 Nr. 3 Buchst. d) EStG) und die Arbeitnehmerbeiträge zur **Arbeitslosenversicherung** in pauschalierter Weise über die jeweiligen Teilbeträge der Vorsorgepauschale berücksichtigt (§ 39b Abs. 2 Satz 5 Nr. 3 Buchst. e EStG). Hierdurch sollen die tatsächlichen Versicherungsverhältnisse der Arbeitnehmer berücksichtigt und eine individuellere steuerliche Entlastung schon beim Lohnsteuerabzug erreicht werden. Die bisherige Mindestvorsorgepauschale entfällt ab 2026 (vgl. § 39b Abs. 2 Satz 5 Nr. 3, 3. Teilsatz EStG).

Mit BMF-Schreiben v. 14.8.2025 (BStBl 2025 I S. 1628) passte das BMF sein bisheriges Anwendungsschreiben v. 26.11.2013 zur Vorsorgepauschale im Lohnsteuerabzugsverfahren an. Die erfolgten Änderungen zur Behandlung des geldwerten Vorteils aus **Mitarbeiterbeteiligungen** nach § 19a EStG (vgl. Rn. 5) werden hierin ebenfalls aufgegriffen. Weitere Änderungen beruhen auch auf sozialrechtlichen Änderungen (z.B. Beitragszuschläge für Kinderlose bzw. Abschläge für Kinder im Rahmen der Pflegeversicherung).

Hinweis
Beiträge zur gesetzlichen Kranken-, Pflege- und Arbeitslosenversicherung müssen künftig noch genauer in der Lohnsteuerbescheinigung des Arbeitgebers ausgewiesen werden. So sind unter Nr. 27 der Lohnsteuerbescheinigung Beiträge des Arbeitnehmers zur Arbeitslosenversicherung zu bescheinigen (auch bei Beitragszahlungen an ausländische Sozialversicherungsträger, vgl. Rn. 24).

Das neue BMF-Schreiben ist grundsätzlich ab dem 1.1.2026 anzuwenden und ersetzt dann das bisherige Anwendungsschreiben.

Hinweis

Mit BMF-Schreiben v. 28.11.2025 äußert sich das BMF zur Behandlung der seit dem 1.7.2023 geltenden **Differenzierung nach der Zahl der berücksichtigungsfähigen Kinder** bei der Beitragshöhe für die soziale Pflegeversicherung (sog. Kinderabschlag, vgl. Pflegeunterstützungs- und -entlastungsgesetz v. 8.6.2023). Diese ist auch bei der Ermittlung der Vorsorgepauschale beim Lohnsteuerabzug zu berücksichtigen (§ 39b Abs. 2 Satz 5 Nr. 3 Buchst. c EStG). Seit dem 1.7.2025 steht ein digitales Datenaustauschverfahren (DaBPV, § 55 Abs. 3c SGB XI) zur Verfügung. Bis zum 31.12.2025 müssen Arbeitgeber den erforderlichen **Initialabruf über das DaBPV** für alle Beschäftigten vornehmen, die schon vor dem 1.7.2025 bei ihnen beschäftigt waren. Bei unzutreffend berücksichtigter Kinderanzahl kann der Arbeitgeber vom Sozialversicherungsträger zu einer (ab 2023) rückwirkenden Korrektur des Pflegeversicherungsbeitrags verpflichtet werden. Dies zieht laut BMF keine Änderung beim Lohnsteuerabzug für 2023 und 2024 nach sich (insoweit keine Anzeigepflicht des Arbeitgebers nach § 41c Abs. 4 EStG). Für 2025 ist bis zur Übermittlung der Lohnsteuerbescheinigung grundsätzlich auch der Lohnsteuerabzug zu korrigieren. Das BMF weist auf erforderliche **Dokumentationen in der Lohnsteuerbescheinigung** hin.

2.6.2 Zweites Betriebsrentenstärkungsgesetz

Mit einem Zweiten Gesetz zur Stärkung der betrieblichen Altersversorgung und zur Änderung anderer Gesetze (Zweites Betriebsrentenstärkungsgesetz, Stand Bundestagsbeschluss v. 5.12.2025) wird das Ziel verfolgt, die Verbreitung der betrieblichen Altersvorsorge weiter zu steigern.

Eine in § 3 Abs. 2a BetrAVG enthaltene **Erweiterung der Abfindungsregelung bei Kleinanwartschaften** wird entsprechend durch eine Steuerfreistellung flankiert (§ 3 Nr. 55c Satz 2 Buchst. b EStG neu). Mit Wirkung ab Januar 2027 werden zudem der berücksichtigungsfähige **Förderbetrag zur betrieblichen Altersversorgung** beschäftigter Arbeitnehmer mit geringem Einkommen von 288 EUR auf **360 EUR** erhöht (§§ 100 Abs. 2 Satz 1 und Abs. 6 S. 1 EStG neu) und die Arbeitslohnhöchstbeträge dynamisch an die Beitragsbemessungsgrenze in der Rentenversicherung gekoppelt (§ 100 Abs. 3 Nr. 3 EStG neu).

Hinweis

Die abschließende Zustimmung im Bundesrat war bei Redaktionsschluss noch nicht erfolgt. Diese war für den 19.12.2025 erwartet.

2.6.3 Pauschalierung von Arbeitslohn aus Betriebsveranstaltungen

Laut BFH ist eine Lohnsteuerpauschalierung von Arbeitslohn aus Anlass einer Betriebsveranstaltung i.S. des § 40 Abs. 2 Satz 1 Nr. 2 EStG auch dann möglich, wenn die Veranstaltung nicht allen Angehörigen eines Betriebs oder eines Betriebsteils offensteht (BFH, Urteil v. 27.3.2024, VI R 5/22, BStBl 2024 II S. 748; im Urteilsfall waren nur die Vorstandsmitglieder eingeladen). Der BFH begründet dies damit, dass das Tatbestandsmerkmal „Betriebsveranstaltung" in § 40 Abs. 2 Satz 1 Nr. 2 EStG der Legaldefinition in § 19 Abs. 1 Satz 1 Nr. 1a Satz 1 EStG entspreche und Begriffe, die in verschiedenen Vorschriften desselben Gesetzes verwendet werden, grundsätzlich einheitlich auszulegen seien.

Da der Gesetzgeber mit der Einführung des § 19 Abs. 1 Satz 1 Nr. 1a EStG nicht den Anwendungsbereich der Pauschalierungsmöglichkeit ausweiten, sondern vor allem die Rechtslage wiederherstellen wollte, wie sie vor Ergehen der (rechtsprechungsändernden) BFH-Urteile v. 16.5.2013 (VI R 94/10 und VI R 7/11) bestand – für Veranstaltungen, die nicht allen Betriebsangehörigen offenstanden, war die Anwendung des § 40 Abs. 2 Satz 1 Nr. 2 EStG eindeutig nicht eröffnet – wird auf Empfehlung des Bundesrats im Rahmen des Steueränderungsgesetzes 2025 (Stand Bundestagsbeschluss v. 4.12.2025) die Definition von Betriebsveranstaltungen i.S. von § 40 Abs. 2 Satz 1 Nr. 2 EStG entsprechend erweitert, dass eine solche Veranstaltung **allen Angehörigen des Betriebs oder eines Betriebsteils offenstehen muss**, damit die Lohnsteuer im Rahmen der Pauschalierung abgeführt werden kann.

Hinweis

Damit wird die vor dem BFH-Urteil von der Finanzverwaltung angewandte Praxis gesetzlich normiert. Die Neuregelung ist erstmals auf den laufenden Arbeitslohn anzuwenden, der für einen nach dem 31.12.2025 endenden Lohnzahlungszeitraum gezahlt wird, und auf sonstige Bezüge, die nach dem 31.12.2025 zufließen (§ 52 Abs. 1 EStG neu).

2.6.4 Zu übermittelnde Daten bei Lohnsteueraußenprüfungen

Aufgrund einer Neufassung des § 4a Abs. 2a LStDV durch die 7. Mantelverordnung (Stand Regierungsentwurf v. 5.11.2025) sollen Arbeitgeber im Rahmen von Lohnsteueraußenprüfungen künftig neben der Übermittlung der Lohnkonten über die Digitale LohnSchnittstelle (DLS) auch die sog. Vor- und Nebensysteme als einheitlichen Datenbestand an das Finanzamt übermitteln (§ 4 Abs. 2a Satz 1 LStDV-E). Mit **Vor- und Nebensystemen** sind hier beispielsweise elektronische Zeiterfassungs- und Reisekostenabrechnungssysteme und elektronische Fahrtenbücher gemeint. Daneben soll festgelegt werden, dass die Daten einer Betriebsstätte zukünftig grundsätzlich zusammengefasst in einem Datenbestand je Haupt-, Vor- und Nebensystem zu übertragen sind (§ 4 Abs. 2a Satz 2 LStDV-E).

Hinweis

Die Neufassung des § 4a Abs. 2a LStDV soll erstmals für die ab dem 1.1.2027 im Lohnkonto aufzuzeichnenden Daten anzuwenden sein (§ 8 Abs. 3 LStDV-E).

2.7 Umsatzsteuer

2.7.1 Vorsteuervergütung für im Ausland ansässige Unternehmer

Im Ausland ansässige Unternehmer können sich die deutsche Vorsteuer im Rahmen des Vorsteuervergütungsverfahrens wiederholen. Das (streng fristgebundene) Antragsverfahren unterliegt dabei hohen materiellen Anforderungen. Aufgrund von Änderungen durch die 7. MantelVO (Stand Regierungsentwurf v. 5.11.2025) sollen **Rechnungen und Einfuhrbelege** als Nachweis der Vorsteuerbeträge bei Gesamtbetrag der Rechnung oder des Einfuhrbelegs von mehr als 250 EUR künftig grundsätzlich **nur noch digital** eingereicht werden können (grundsätzlich über das Onlineportal des BZSt und nur ausnahmsweise auf Speichermedien), § 61a Abs. 2 Satz 3 UStDV-E. In **begründeten Einzelfällen** soll das BZSt weiterhin verlangen können, dass die Vorsteuerbeträge durch Vorlage von Rechnungen und Einfuhrbelegen **im Original** nachgewiesen werden (§ 61 Abs. 3 Satz 4 UStDV-E). In diesen Fällen soll der Schwellenwert von 250 EUR nicht gelten.

Darüber hinaus sind Anpassungen bei der Zustellung von Vorsteuer-Vergütungsbescheiden an ausländische Unternehmer vorgesehen. Auch hier soll zukünftig verstärkt auf die **Bekanntgabe durch Bereitstellung zum Datenabruf** nach § 122a AO gesetzt werden.

Für im **Gemeinschaftsgebiet** ansässige Unternehmer sollen die Vorsteuer-Vergütungsbescheide künftig auch **ohne ausdrückliche Einwilligung** durch Bereitstellung zum Datenabruf bekannt gegeben werden können, sofern dieser Bescheid auf einer nach § 87a Abs. 6 AO elektronisch übermittelten Steuererklärung beruht und diese vom Beteiligten selbst über ein von der Finanzverwaltung bereitgestelltes Nutzerkonto übermittelt worden ist (§ 61 Abs. 4 UStDV-E). Dies soll der Verordnungsbegründung zufolge auch gelten, sofern ein in der EU ansässiges Unternehmen einen Antrag auf Vorsteuer-Vergütung über den jeweiligen Ansässigkeitsstaat stellt, aber auch über ein **Nutzerkonto im Online-Portal** des BZSt verfügt. Sofern die Übermittlung eines Antrags auf Vorsteuer-Vergütung über den jeweiligen Ansässigkeitsstaat erfolgt und kein Nutzerkonto im Online-Portal des BZSt vorliegt, soll sich die Bekanntgabe weiter nach § 122 AO richten.

Für nicht im Gemeinschaftsgebiet ansässige Unternehmer soll die Bekanntgabe künftig grundsätzlich nur durch Bereitstellung zum Datenabruf nach § 122a AO erfolgen. Eine postalische Bekanntgabe soll nur noch in Härtefällen ermöglicht werden (§ 61a Abs. 1 Satz 4 und 5 UStDV-E).

Hinweis

Die Änderungen im Vorsteuervergütungsverfahren sollen am 1.1.2026 in Kraft treten (Artikel 15 Abs. 3 der 7. MantelVO-E).

2.7.2 Reduzierung der Umsatzsteuer für Restaurant- und Verpflegungsleistungen

Bereits vom 1.7.2020 bis zum 31.12.2023 wurden Restaurant- und Verpflegungsdienstleistungen mit dem ermäßigten Umsatzsteuersatz in Höhe von 7 % besteuert, um die Auswirkungen der Corona-Pandemie abzufedern.

Durch das Steueränderungsgesetz 2025 (Stand Bundestagsbeschluss v. 4.12.2025) werden – wie im Koalitionsvertrag vorgesehen – Restaurant- und Verpflegungsleistungen ab dem 1.1.2026 nun **dauerhaft** mit dem **reduzierten Umsatzsteuersatz** besteuert (§ 12 Abs. 2 Nr. 15 UStG neu). Ausgenommen von der Umsatzsteuersenkung bleibt auch weiterhin die Abgabe von Getränken.

Hinweis

Ziel der Maßnahme ist die wirtschaftliche Unterstützung der Gastronomiebranche. Damit entfällt (wieder) die bislang notwendige Abgrenzung zu gelieferten oder mitgenommenen Speisen.

2.7.3 Sonderregelung bei der Nutzung der zentralen Zollabwicklung – CCI

Mit der Einführung einer Zentralen Zollabwicklung bei der Einfuhr (neuer § 21b UStG) durch das Steueränderungsgesetz 2025 (Stand Bundestagsbeschluss v. 4.12.2025) wird die im Zollkodex der Union (UZK) vorgesehene mitgliedstaatübergreifende Entkoppelung des Gestellungsorts und des Orts der Abgabe der Zollanmeldung im Umsatzsteuerrecht umgesetzt. Die Regelung sieht vor, dass alle Importanmeldungen eines Unternehmens in einem zentralen überwachenden Zollamt am Sitz des Unternehmens zusammenlaufen, unabhängig davon, an welchem Zollamt in der EU die Ware ankommt. Das überwachende Zollamt ist zentraler Ansprechpartner für alle Fragen im Zusammenhang mit der Einfuhr. Die für die Freigabe der Ware erforderlichen Daten werden von den Grenzzollstellen und überwachenden Zollstellen austauscht.

Hinweis

In der Folge schulden nicht im Inland ansässige Unternehmer, denen die Teilnahme an der mitgliedstaatübergreifenden zentralen Zollabwicklung gem. Artikel 179 Abs. 1 UZK bewilligt ist und die im Inland steuerliche Umsätze nach § 1 Abs. 1 Nr. 4 UStG erbringen, für diese Umsätze im Inland die Einfuhrumsatzsteuer und sind nach inländischen Maßgaben dafür erklärungspflichtig.

Die neue Regelung gilt ab 1.1.2026.

2.7.4 Abschaffung der 150-Euro-Zollfreigrenze

Am 13.11.2025 sind die Finanzminister der EU-Mitgliedstaaten im Rat der EU (ECOFIN) zu einer politischen Einigung auf die Abschaffung der Zollfreigrenze von 150 EUR gekommen. Bislang wurden für Importe mit einem Warenwert unterhalb dieser Schwelle keine Zölle erhoben.

Der Rat hat sich zudem verpflichtet, in 2026 schnellstmöglich eine **Übergangslösung** zur Erhebung von Zöllen auf Waren unter 150 EUR einzuführen. Diese Regelung soll gelten, bis der geplante „EU Customs Data Hub" in Betrieb geht. Dabei handelt es sich um eine **zentrale Plattform**, die den Zollbehörden einen Überblick über Lieferketten und Warenbewegung geben soll. Die Einführung ist für 2028 vorgesehen.

Die Abschaffung der Freigrenze war ursprünglich Teil des Reformpakets des Unionszollkodex (UCC). Das Paket wurde jedoch bislang nicht vollständig verabschiedet. Es beinhaltet auch ein sog. „duty bucketing system", in dem Waren in einheitliche Zollsatzgruppen eingeteilt werden sollen. Inwiefern diese Pläne wieder aufgegriffen werden, bleibt offen.

Hinweis

Bereits im Februar 2025 veröffentlichte die Kommission eine Mitteilung zum Thema E-Commerce, in der auch eine mögliche Bearbeitungsgebühr für den Online-Handel thematisiert wurde. Betroffene E-Commerce-Unternehmen sollten daher die Entwicklung des Übergangssystems genau verfolgen.

2.8 Entfristung der Energie- und Stromsteuerentlastung für Unternehmen des produzierenden Gewerbes

Mit dem „Dritten Gesetz zur Änderung des Energie- und Stromsteuergesetzes" wird u.a. die bestehende Steuerentlastung für Unternehmen des produzierenden Gewerbes und der Land- und Forstwirtschaft entfristet. Der Steuersatz wird damit dauerhaft auf den EU-weiten **Mindeststeuersatz von 0,50 EUR pro Megawattstunde** abgesenkt. Die Abwicklung erfolgt weiterhin über die bekannten Anträge nach § 9b StromStG.

Hinweis

Der Bundestag hat das Gesetz am 13.11.2025 beschlossen, der Bundesrat befasst sich mit dem grundsätzlich nicht zustimmungspflichtigen Gesetz am 19.12.2025. Ein Inkrafttreten noch im Jahr 2025 ist damit zu erwarten.

2.9 Verfahrensrecht

2.9.1 Datenübermittlung beim Kapitalertragsteuerabzug

Durch die §§ 45b u. 45c EStG a.F. wurde ein umfassendes Meldeverfahren für deutsche **Dividenden** und gleichgestellte Zinserträge aus hybriden Anleihen deutscher Emittenten eingeführt. Mit dem Jahressteuergesetz 2024 wurde dieses Meldeverfahren noch vor der ursprünglich für 2025 geplanten Erstanwendung an die Meldepflichten unter der mittlerweile in Kraft getretenen EU FASTER-Richtlinie (2025/50) inhaltlich und verfahrenstechnisch angepasst und die Anwendung um zwei Jahre auf den 1.1.2027 verschoben. Die inhaltliche Anpassung umfasste eine Überarbeitung des Meldedatenkatalogs, der Meldeprozesse und -zuständigkeiten sowie eine Ergänzung der bestehenden Haftungsregeln. Mit Schreiben v. 22.4.2025 (BStBl 2025 I S. 987) äußerte sich das BMF zu der neuen Rechtslage der §§ 45b u. 45c EStG.

Hinweis
Das neue Meldeverfahren sowie das BMF-Schreiben v. 22.4.2025 sind erstmalig auf Kapitalerträge anzuwenden, die dem Gläubiger nach dem 31.12.2026 zufließen (§ 52 Abs. 44b u. 44c EStG, vgl. Rn. 126 des BMF-Schreibens).

Wie das (nun überholte) Vorgängerschreiben v. 6.11.2023 (BStBl 2023 I S. 1947) enthält das neue Schreiben umfassende Erläuterungen zum **Meldedatensatz** nach § 45b Abs. 2 EStG, der in Zukunft auch für EU FASTER-Zwecke von den deutschen depotführenden Finanzinstituten an das Bundeszentralamt für Steuern zu melden sein wird. Das bisherige Schreiben v. 6.11.2023 wird in der Neufassung konsolidiert und sowohl um weitere Klärungen (z.B. zu Depotüberträgen) als auch um die neuen, auf der EU FASTER-Richtlinie basierenden Meldeinhalte (z.B. zu Finanzvereinbarungen) ergänzt.

Dabei stehen nach Anpassung an die EU FASTER-Meldepflichten nicht mehr allein Wertpapierleih- und Wertpapierpensionsgeschäfte im Fokus, sondern die weiter gefassten sog. „**Finanzvereinbarungen**“. Darunter sind depotübergreifend alle Wertpapiergeschäfte zu verstehen, bei denen es zu einer Verteilung des wirtschaftlichen Risikos oder zu einem Dividendenausgleich kommt. Dazu zählen künftig auch Derivate, Termingeschäfte und Sicherheitsgestellungen.

Depotführende Stellen werden umfassende **Sorgfaltspflichten** beachten müssen. Dabei hält das BMF an dem Sorgfaltsgrundsatz des ordentlichen Kaufmanns fest, demgemäß für die Meldung alle Informationen zu berücksichtigen sind, von denen eine depotführende Stelle aus der laufenden Geschäftsbeziehung und der Abwicklung der Kapitalerträge Kenntnis erlangt hat. Dies schließt auch die Überprüfung der im Fall von grenzüberschreitenden Zahlungen durch ausländische Zwischen- oder Endverwahrstellen zugelieferten Meldedaten ein.

Hinweis

Das BMF legt auch in seinem neuen Schreiben und den darin enthaltenen Beispielen weiterhin **grundsätzlich Basisfälle** zugrunde, bei denen die geforderten Melde- und insbesondere Transaktionsdaten mit geringem Aufwand aus den bestehenden IT-Systemen **extrahierbar** sind. Es fehlt damit nach wie vor an einer praxisnahen Anleitung im Fall von z.B. institutionellen Anlegern oder Verwahrstellen, die die Transaktionen nicht selbst für den Kunden ausgeführt haben.

2.9.2 Meldepflichten bei Kryptowerten

Mit dem Gesetz zur Umsetzung der EU-Richtlinie 2023/2226 („DAC8") (Stand Bundestagsbeschluss v. 6.11.2025) werden die Meldepflichten für digitale Finanzprodukte und der Informationsaustausch zwischen den Behörden deutlich ausgeweitet. Das darin enthaltene neue Kryptowerte-Steuertransparenz-Gesetz (KStTG) verpflichtet u.a. Anbieter von Kryptowerte-Dienstleistungen zur **Meldung relevanter Transaktionen ihrer Nutzer** an die Finanzverwaltung und erweitert bestehende Meldepflichten des Finanzkonten-Informationsaustauschgesetzes auf **E-Geld** sowie **digitales Zentralbankgeld**.

Von der Ausweitung der Meldepflicht betroffen sind **Anbieter von Krypto-Dienstleistungen**, die in einem EU-Mitgliedstaat zugelassen sind, sowie „Kryptowert-Betreiber", die ihre Tätigkeiten innerhalb der EU ausüben bzw. solche, deren Nutzer in der EU ansässig sind. Diese müssen sich dann in einem Mitgliedstaat registrieren. Somit werden auch Betreiber außerhalb der EU für den Informationsaustausch erfasst.

Zu den erfassten Dienstleistungen gehören u.a. die Verwahrung von Kryptowerten für Dritte, der Betrieb einer Handelsplattform für Kryptowerte und der Tausch von Kryptowerten gegen andere Kryptowerte und gesetzliche Zahlungsmittel. Eine

Meldepflicht ergibt sich aber nur dann, wenn die beschriebenen Personen auch meldepflichtige Nutzer sind, also in der EU ansässig und Kunden eines Anbieters für Krypto-Dienstleistungen.

Für die Rechtsanwendung ist bedeutend, welche **meldepflichtigen Informationen** weitergegeben werden müssen. Hierunter zählen die allgemeinen personenbezogenen Daten sowie die Steueridentifikationsnummer. Neben der Anzahl der transferierten Einheiten und der Transaktionen sind auch die beizulegenden Zeitwerte (Fair Market Values) anzugeben. Bei Tausch von Kryptowerten gegen Nominalgeld ist zusätzlich über das zu meldende Jahr hinweg der gesamte Wert anzugeben.

Hinweis

Von den erweiterten Meldepflichten sind insbesondere Anbieter von Kryptowerte-Dienstleistungen und Finanzinstitute betroffen. Für ihre Nutzer bedeutet dies, dass ihre Krypto-Transaktionen für das Finanzamt nachvollziehbar werden. Entsprechend sollte auf eine vollständige Dokumentation und Deklaration geachtet werden.

Mit dem Kryptowerte-Steuertransparenz-Gesetz werden zusätzlich bereits etablierte Formen der zwischenstaatlichen Zusammenarbeit und des Informationsaustauschs der Finanzbehörden der EU-Mitgliedstaaten weiterentwickelt und die maßgeblichen Rechtsvorschriften zu ihrer Durchführung klarer gefasst.

Im Plattformen-Steuertransparenzgesetz (PStTG), mit dem die DAC7 in Deutschland umgesetzt wurde, wird die **Definition des Identifizierungsdienstes** präzisiert und festgelegt, dass Plattformbetreiber bei Nutzung eines solchen elektronischen Verfahrens zur **Feststellung der Identität und steuerlichen Ansässigkeit eines Anbieters** bestimmte Meldepflichten vereinfacht erfüllen können (§ 6 Abs. 9 PStTG; § 9 Abs. 3 PStTG). Dafür müssen sie künftig die Kennung und den ausstellenden Mitgliedstaat des Identifizierungsdienstes melden (§ 14 Abs. 2 Nr. 12 PStTG).

Hinweis

Mit diesem Umsetzungsgesetz werden auch Regelungen zur Mitteilungspflicht für grenzüberschreitende Steuergestaltungen (DAC6) angepasst. So wird es ab dem 1.1.2026 verpflichtend, neben einer abstrakten Beschreibung der Geschäftstätigkeit und der Gestaltung auch „alle sonstigen Informationen, die den zuständigen Behörden bei der Beurteilung eines Steuerrisikos helfen könnten", anzugeben (§ 138f Abs. 3 Satz 1 Nr. 5b AO). In § 379 Abs. 2 Nr. 1e AO wird zudem die bislang fehlende Möglichkeit zur Sanktionierung einer „nicht richtigen" Mitteilung ergänzt.

Die noch erforderliche Zustimmung des Bundesrates zum DAC8-Umsetzungsgesetz wird für den 19.12.2025 erwartet. Das Gesetz soll grundsätzlich am 1.1.2026 in Kraft treten.

3 Das betrifft Kapital- und Personengesellschaften

3.1 Stufenweise Senkung des Körperschaftsteuersatzes ab 2028

Mit dem Gesetz für ein steuerliches Investitionssofortprogramm zur Stärkung des Wirtschaftsstandorts Deutschland (Investitionssofortprogramm) v. 14.7.2025 (BGBl. I 2025 Nr. 161) wurde eine zeitlich gestreckte Senkung des Körperschaftsteuersatzes von derzeit 15 % umgesetzt. Danach verringert sich der Körperschaftsteuersatz **ab dem VZ 2028** im Verlauf von fünf Jahren um je einen Prozentpunkt pro Jahr (§ 23 Abs. 1 KStG). Ab dem VZ 2032 beträgt er dann 10 %.

Hinweis

Da dem Solidaritätszuschlag die festgesetzte Körperschaftsteuer als Bemessungsgrundlage zugrunde liegt (§ 3 SolZG), ergibt sich folgend auch eine Entlastung beim Solidaritätszuschlag, der trotz der Rückführung bei Kapitalgesellschaften weiter erhoben wird. Derzeit ist kein Gesetzgebungsverfahren bekannt, das eine Abschaffung des Solidaritätszuschlags zum Gegenstand hat.

3.2 Auswirkungen der Steuersatzsenkung auf latente Steuern

Die stufenweise Senkung des Körperschaftsteuersatzes hat auch Einfluss auf den handelsrechtlichen Jahresabschluss und die Abschlüsse nach den IFRS Accounting Standards hinsichtlich latenter Steuern.

Latente Steuer entstehen, wenn sich Wertansätze in Handels- bzw. IFRS-Bilanz und Steuerbilanz unterscheiden, sich dieser Unterschied in späteren Geschäftsjahren aber voraussichtlich abbaut. **Aktive latente Steuern** stehen für erwartete Steuerentlastungen und sind nach § 274 Abs. 1 Satz 2 HGB optional anzusetzen, wenn sich insgesamt ein Überhang an aktiven latenten Steuern ergibt. Passive latente Steuern bilden künftige (Mehrsteuer-)Belastungen ab und sind nach § 274 Abs. 1 Satz 1 HGB verpflichtend zu berücksichtigen, sofern sich im Saldo ein Überhang in diese Richtung ergibt. Nach IFRS ist der Ansatz beider Arten von latenten Steuern Pflicht, sofern die Voraussetzungen für einen Ansatz nach IAS 12 erfüllt sind.

Da die Bewertung latenter Steuern grundsätzlich mit den unternehmensindividuellen Steuersätzen im Zeitpunkt des Abbaus der Differenzen zu erfolgen hat (§ 274 Abs. 2 Satz 1 HGB bzw. IAS 12.47 ff.), müssen latente Steuern grundsätzlich auch neu bewertet werden.

Hinweis

Im Vergleich zum Status quo ist eine deutliche Komplexitätserhöhung der Berechnung latenter Steuern in der Praxis zu erwarten. Die **Anpassungen** sind auch schon **kurzfristig** vorzunehmen, denn für HGB/IFRS sind die latenten Steuern in Abschlüssen mit Bilanzstichtag ab dem 11.7.2025 (Zustimmung des Bundesrats) neu zu bewerten. Die erforderliche Umbewertung von bestehenden temporären Differenzen mit einem zukünftigen niedrigeren Steuersatz verzerrt damit die Steuerquote in denjenigen Berichtsperioden, die den 11. Juli 2025 umfassen. Die Steuerquote für Jahre bis zum Erreichen des letzten Steuersatzsenkungsjahres ist somit schwer prognostizierbar, da die Umkehrzeitpunkte bestimmt / geschätzt und dann die Steuersätze im Umkehrzeitpunkt zugeordnet werden müssen. Im Jahr der Entstehung von temporären Differenzen verzeichnet die effektive Steuerquote einen „Einmaleffekt" resultierend aus dem Unterschiedsbetrag der laufenden Steuerbe- bzw. -entlastung zur Ent- bzw. Belastung mit latenten Steuern in Folge der Absenkung des Steuersatzes. Je niedriger der Gewinn im Verhältnis zur Umbewertung der latenten Steuern ist, desto höher können die Auswirkungen auf die Steuerquote ausfallen. Das Vorzeichen der Änderung richtet sich danach, ob aus der Umbewertung latenter Steueraufwand oder -ertrag entsteht. Erfolgt eine Umkehr von temporären Differenzen über mehrere Jahre, können mehrere Steuersätze zur Bewertung heranzuziehen sein. Die Berechnung wird in der Praxis dadurch deutlich anspruchsvoller. Vereinfachungen der Ermittlung können unter Wahrung des Wesentlichkeitsgrundsatzes im konkreten Einzelfall akzeptabel sein (Abstimmung mit dem Wirtschaftsprüfer dringend empfohlen).

3.3 Anpassung der Thesaurierungsbegünstigung

Die Thesaurierungsbegünstigung in § 34a EStG soll eine mit Kapitalgesellschaften vergleichbare tarifliche Belastung von Gewinneinkünften von Einzel- und Mitunternehmern ermöglichen (rechtsformneutrale Besteuerung). Um nicht entnommene Gewinne von Personenunternehmen korrespondierend zur Körperschaftsteuersenkung zu entlasten, erfolgt ab 2028 durch das Investitionssofortprogramm v. 14.7.2025 (BGBl. I 2025 Nr. 161) parallel eine **Senkung des Thesaurierungssteuersatzes.**

Aus Vereinfachungsgründen und da die Thesaurierungsbegünstigung nicht im Vorauszahlungsverfahren nach § 37 Abs. 3 S. 5 EStG berücksichtigt wird, ist die **Absenkung** hier über **drei Stufen** (statt fünf Stufen) vorgesehen.

Gemäß § 34a Abs. 1 Satz 1 EStG wird der Thesaurierungssteuersatz von derzeit 28,25 %

- für VZ 2028 und 2029 auf **27 %,**
- für VZ 2030 und 2031 auf **26 %,**
- und ab VZ 2032 auf **25 %**

abgesenkt.

Hinweis
Bei Überschreiten der relevanten Einkommensschwellen (§ 3 Abs. 3 SolZG) tritt eine (zusätzliche) Belastung mit Solidaritätszuschlag ein.

4 Das betrifft Arbeitnehmer

4.1 Steuerfreie Aktivrente

Mit einem Gesetz zur steuerlichen Förderung von Arbeitnehmerinnen und Arbeitnehmern im Rentenalter (Aktivrentengesetz, Stand Bundestagsbeschluss v. 5.12.2025) wird ein neuer **Steuerfreibetrag** für sozialversicherungspflichtige Einnahmen aus nichtselbstständiger Beschäftigung im Rentenalter eingeführt (§ 3 Nr. 21 EStG). Danach sind künftig laufende und einmalige Einnahmen aus nichtselbstständiger Arbeit i. S. des § 19 Abs. 1 Satz 1 Nr. 1 EStG bis zu einem Betrag i. H. v. **24.000 EUR** pro Jahr, die **nach Erreichen der Regelaltersgrenze** erzielt werden, grundsätzlich steuerfrei (Ausgestaltung als Freibetrag).

Hinweis

Aufgrund des Verweises auf 19 Abs. 1 Satz 1 Nr. 1 EStG sind alle anderen Arten von Einnahmen aus nichtselbstständiger Arbeit (§ 19 Abs. 1 Satz Nr. 1a bis 3 EStG) nicht erfasst. Selbständige, Gewerbetreibende und Freiberufler können von der Aktivrente nicht profitieren, ebenso wenig Beamte und geringfügig Beschäftigte.

Der Freibetrag ermäßigt sich anteilig um jeden Monat, in dem die Voraussetzungen nicht vorgelegen haben (§ 3 Nr. 21 Satz 3 EStG). Damit ist eine **monatsbezogene Betrachtung** maßgeblich, etwaige nicht verbrauchte Freibeträge können daher auch nicht in andere Monate übertragen werden. Der steuerfreie Hinzuverdienst von 2.000 EUR pro Monat ist erstmalig ab dem Monat möglich, der auf das Erreichen der Regelaltersgrenze folgt.

Die steuerfreien Einkünfte unterliegen nicht dem Progressionsvorbehalt nach § 32b EStG. Im Hinblick auf einen (über den Werbungskostenpauschbetrag hinausgehenden) Werbungskostenabzug im Zusammenhang mit der steuerfreien Aktivrente ist § 3c EStG zu beachten.

Hinweis

Die Steuerfreiheit wird bereits im Lohnsteuerabzugsverfahren berücksichtigt. Unabhängig von der einkommensteuerlichen Freistellung laufen die sozialversicherungsrechtlichen Abgabepflichten grundsätzlich weiter. Den Arbeitgeber treffen verschiedene Dokumentationspflichten, vgl. § 41 Abs. 1 Satz 4 EStG neu und § 41b Abs. 1 Satz 2 Nr. 5 EStG neu.

4.2 Anhebung der Entfernungspauschale und Entfristung der Mobilitätsprämie

Die Entfernungspauschale für die Wege zwischen Wohnung und erster Tätigkeitsstätte eines Arbeitnehmers beträgt derzeit 0,30 EUR je vollen Kilometer (§ 9 Abs. 1 Satz 3 Nr. 4 Satz 2 EStG). Für sog. **Fernpendler** erhöht sich dieser Betrag ab dem 21. Kilometer auf 0,38 EUR, bisher befristet für die Jahre 2022 bis 2026 (§ 9 Abs. 1 Satz 3 Nr. 4 Satz 8 EStG).

Mit dem Steueränderungsgesetz 2025 (Stand Bundestagsbeschluss v. 4.12.2025) wird der Grundbetrag auf 0,38 EUR einheitlich (ab dem ersten Kilometer) erhöht und damit die Sonderregelung für Fernpendler gestrichen.

Ebenso wird die Kilometerpauschale im Fall einer **doppelten Haushaltsführung** für Fahrten zwischen Ort des eigenen Hausstands und Ort der ersten Tätigkeitsstätte ab dem ersten Kilometer einheitlich 0,38 EUR betragen (§ 9 Abs. 1 Satz 3 Nr. 5 Satz 6 EStG neu).

Darüber hinaus wird die Befristung der seit dem Veranlagungszeitraum 2021 für **Geringverdiener** anstelle der Entfernungspauschale verfügbaren **Mobilitätsprämie**, die nach aktuellem Recht letztmalig für den Veranlagungszeitraum 2026 gilt, aufgehoben (§ 101 Satz 1 EStG neu).

Hinweis

Ein Anspruch auf Mobilitätsprämie besteht, soweit das zu versteuernde Einkommen, welches sich unter Berücksichtigung der Entfernungspauschale ergibt, unterhalb des Grundfreibetrags i. S. des § 32a EStG liegt. Die Mobilitätsprämie muss beantragt werden und wird in einem Prämienbescheid festgesetzt. Sie gehört nicht zu den steuerpflichtigen Einnahmen i. S. des EStG.

Hinweis

Die Änderungen treten gem. Artikel 12 Abs. 2 StÄndG 2025 am 1.1.2026 in Kraft und sind über § 52 Abs. 1 EStG erstmals ab dem VZ 2026 anwendbar.

4.3 Ausländische Wohnung bei doppelter Haushaltsführung

In Reaktion auf ein BFH-Urteil v. 9.8.2023 (VI R 20/21, BFH/NV 2024 S. 86) erfolgt durch das Steueränderungsgesetz 2025 (Stand Bundestagsbeschluss v. 4.12.2025) eine Anpassung hinsichtlich der notwendigen Aufwendungen im Rahmen einer doppelten Haushaltsführung im Ausland.

Laut BMF-Schreiben v. 25.11.2020 (BStBl 2020 I S. 1228, Rz. 1228) gelten die Aufwendungen in tatsächlicher Höhe als notwendig, soweit sie die **ortsübliche Miete** für eine nach Lage und Ausstattung durchschnittliche Wohnung am Ort der ersten Tätigkeitsstätte mit einer Wohnfläche bis zu 60 qm nicht überschreiten. Dieser Typisierung widersprach der BFH und forderte stattdessen eine Einzelfallprüfung.

Nun werden in § 9 Abs. 1 Satz 3 Nr. 5 Satz 4 EStG die berücksichtigungsfähigen Aufwendungen für eine Auslandswohnung auf einen **Höchstbetrag i.H.v. 2.000 EUR pro Monat** gedeckelt. Lediglich wenn eine Dienst- oder Werkswohnung im Ausland verpflichtend und zweckgebunden genutzt werden muss, gilt die Begrenzung nicht. Die Gesetzesänderung erfolgt auf Vorschlag des Bundesrats, dem die Bundesregierung in ihrer Gegenäußerung zustimmte.

Hinweis

Die Änderungen treten gem. Artikel 12 Abs. 2 StÄndG 2025 am 1.1.2026 in Kraft und sind über § 52 Abs. 1 EStG erstmals ab dem VZ 2026 anwendbar.

4.4 Gewerkschaftsbeiträge als Werbungskosten

Entsprechend der Vereinbarung im Koalitionsvertrag wird mit dem Steueränderungsgesetz (Stand Bundestagsbeschluss v. 4.12.2025) ein neuer § 9a Satz 3 EStG eingeführt. Danach können Beitragszahlungen an Gewerkschaften als Beiträge zu Berufsständen und sonstigen Berufsverbänden, deren Zweck nicht auf einen wirtschaftlichen Geschäftsbetrieb gerichtet ist, zukünftig als Werbungskosten **neben** dem Arbeitnehmer-Pauschbetrag (§ 9a Satz 1 EStG) berücksichtigt werden.

Die Änderungen treten gem. Artikel 12 Abs. 2 StÄndG 2025 am 1.1.2026 in Kraft und sind über § 52 Abs. 1 EStG erstmals ab dem VZ 2026 anwendbar.

5 Gemeinnützigkeit / Öffentliche Hand

Mit dem Steueränderungsgesetz 2025 (Stand Bundestagsbeschluss v. 4.12.2025) werden verschiedene Verbesserungen hinsichtlich der steuerlichen Regeln zur Gemeinnützigkeit auf den Weg gebracht.

5.1 Einnahmengrenze bei der Verpflichtung zur zeitnahen Mittelverwendung

Steuerbegünstigte Körperschaften sind grundsätzlich dazu verpflichtet, ihre Mittel zeitnah für die satzungsmäßigen steuerbegünstigten Zwecke zu verwenden. Dies gilt aktuell nicht für Körperschaften, deren **Einnahmen** nicht mehr als 45.000 EUR pro Jahr betragen. Dieser Betrag wird ab 1.1.2026 auf **100.000 EUR** erhöht (§ 55 Abs. 1 Nr. 5 Satz 4 AO neu).

Hinweis

Die Pflicht zur zeitnahen Mittelverwendung beinhaltet die gesetzliche Verpflichtung, Mittel (z. B. Spenden, Beiträge, Erträge aus wirtschaftlichen Geschäftsbetrieben oder der Vermögensverwaltung) nicht dauerhaft im Vermögen der Körperschaft zu belassen, sondern möglichst zügig für steuerbegünstigte Satzungszwecke auszugeben. Steuerbegünstigte Körperschaften müssen die zeitnahe Mittelverwendung innerhalb ihrer Rechnungslegung zweckmäßigerweise über eine Mittelverwendungsrechnung nachweisen.

5.2 E-Sport als neuer gemeinnütziger Zweck

Mit dem Steueränderungsgesetz 2025 (Stand Bundestagsbeschluss v. 4.12.2025) wird sog. E-Sport („elektronischer Sport") ab dem 1.1.2026 in den Katalog der gemeinnützigen Zwecke aufgenommen (§ 52 Abs. 2 Satz 1 Nr. 21 AO neu).

Entsprechend der Vorgaben in der Gesetzesbegründung muss es sich bei dem als gemeinnützig förderfähigen E-Sport um einen sportlichen, digitalen Wettkampf handeln, bei dem Menschen mit Hilfe physischer Kontrollelemente (Controller, Tastatur, etc.) Videospiele am Computer oder einer Spielkonsole gegeneinander spielen. Die motorischen Fähigkeiten der spielenden Personen müssen dabei maßgeblichen Einfluss auf den **Spielerfolg** haben, der **nicht lediglich vom Zufall abhängen** darf.

Hinweis

In der Gesetzesbegründung wird explizit das Spielen von **Online-Glücksspiel ausgeschlossen.** Weiterhin ist es mit dem Grundsatz der Förderung der Allgemeinheit nicht vereinbar, wenn in einem Spiel der Einsatz von Geld über den Erwerb des Spiels hinaus wettbewerbsrelevante Vorteile verschafft (z. B. „EA FC – Ultimate Team"). Ebenso werden die E-Sport anbietenden Körperschaften verpflichtet, sich an die Vorgaben des Jugendschutzes zu halten. Spiele ohne Alterskennzeichnung der Unterhaltungssoftware Selbstkontrolle (USK) sowie Computerspiele mit gewaltverherrlichenden Inhalten oder Spiele, die in anderer Weise die Würde des Menschen verletzen, sind mit dem Grundsatz der Förderung der Allgemeinheit nicht vereinbar.

5.3 Unschädliche Errichtung und Betrieb von EE-Anlagen durch gemeinnützige Körperschaften

Die Errichtung und der Betrieb von Photovoltaikanlagen und anderen Anlagen nach dem EEG ist ab 1.1.2026 für die steuerliche Gemeinnützigkeit einer Körperschaft unschädlich, sofern es sich dabei nicht um den Hauptzweck der Körperschaft handelt (§ 58 Nr. 11 AO neu). Laut Gesetzesbegründung soll die Einspeisung von nicht selbst verbrauchtem Strom weiterhin unter den allgemeinen Voraussetzungen einen steuerpflichtigen wirtschaftlichen Geschäftsbetrieb begründen können, wenn die Einnahmen aus allen steuerpflichtigen Tätigkeiten die Besteuerungsgrenze nach § 64 Abs. 3 AO übersteigen.

Hinweis

Sollten Gewinne aus der Photovoltaikanlage erzielt werden, sind diese grundsätzlich steuerpflichtig. Jedoch können besondere Steuerbefreiungen, insbesondere § 3 Nr. 72 EStG, in Betracht kommen.

5.4 Erhöhung der Besteuerungsgrenze für steuerpflichtige wirtschaftliche Geschäftsbetriebe steuerbegünstigter Körperschaften

Wirtschaftliche Geschäftsbetriebe von steuerbegünstigten Körperschaften sind grundsätzlich als steuerpflichtig zu behandeln, soweit es sich nicht um einen Zweckbetrieb i. S. von §§ 65 bis 68 AO handelt. Aus Vereinfachungsgründen wird Körperschaftsteuer und Gewerbesteuer jedoch nicht erhoben, sofern die Einnahmen aus solchen Betrieben nicht mehr als 45.000 EUR betragen. Diese **Besteuerungsgrenze** wird zukünftig auf **50.000 EUR** erhöht (§ 64 Abs. 3 Satz 1 AO neu).

Zudem wird ein neuer Satz 2 in § 64 Abs. 3 AO eingefügt, demzufolge eine Überprüfung der Voraussetzungen eines Zweckbetriebs nach §§ 65 bis 68 AO dann nicht mehr erforderlich wird, falls die Einnahmen aus sämtlichen wirtschaftlichen Geschäftsbetrieben, die Gewinne erzielen, nicht mehr als 50.000 EUR betragen.

Dies soll laut Gesetzesbegründung für kleine Vereine zu einer Entlastung von Bürokratie beitragen, da unter den genannten Voraussetzungen **keine Sphärenzuordnung mehr** erforderlich sei.

Hinweis

Die Änderungen treten am 1.1.2026 in Kraft (Artikel 12 Abs. 2 StÄndG 2025). Für **sportliche Veranstaltungen** eines Sportvereins (steuerlicher Zweckbetrieb) ist im Steueränderungsgesetz 2025 eine Erhöhung der derzeit geltenden Freigrenze von 45.000 auf **50.000 EUR** vorgesehen (§ 67a Abs. 1 Satz 1 AO n.F.). Die Freigrenze des § 64 Abs. 3 Satz 1 AO gilt für steuerpflichtige wirtschaftliche Geschäftsbetriebe unabhängig von der Freigrenze des § 67a Abs. 1 Satz 1 AO.

Stichwortverzeichnis

Abgeltungsteuer
Anwendungsschreiben 149
AfA-Bemessung
Fortführung bei Betriebsaufgabe 143
Kaufpreisaufteilung Immobilien 142
kürzere Rest-ND Gebäude 24
Aktivrente 195
Anteilsbewertung 157
Anteilskauf, GrESt 100
Anteilsübertragung, verbilligte 157
Arbeitslohn
DBA 37
Arithmetisch-degressive AfA 24
Aufbewahrungspflicht
E-Mails 113
E-Rechnung 77
Rechnung 91
Ausfuhr
Nachweis, USt 91
Außenprüfung
Digitale LohnSchnittstelle 186
Joint Audits 109
Außensteuerrecht
Blacklist 55
Eink. Kapitalanlagecharakter . . . 72, 179
EU-Greylist 55
Gemischte Einkünfte 179
Spezial-Investmentfonds 180
Switch-Over-Klausel 73
Vorzugsbesteuerung 71
VP-Dokumentation 65
Wegzugsbesteuerung 71
Zurechnungsbesteuerung Stiftung . . . 75
Beteiligung
Abfärbung Einkünfte 123
Abzugsverbot § 8b (3) KStG 135
atypische, Organschaft 136
BgA, jPöR 164
Börsenklausel 61
doppelstöckige PersG 121
erw. Hinzurechnungsbest. AStG 72
Verlängerung Beteiligungskette 103
Beteiligungserwerb
Verlustuntergang, AdV 130
Betrieb gewerblicher Art
Bäderquerverbund 166
jPöR 164
Kettenzusammenfassung 165
Verpachtungs-Betrieb 165
Betriebliche Altersversorgung
Förderbetrag 184
Betriebsaufgabe
korresp. Bilanzierung PersG 117
Betriebsausgaben
Teileinkünfteverfahren 116
Zinsswap 33
Betriebsprüfung
Digitale LohnSchnittstelle 186
E-Mail-Vorlage 113
Schätzmethoden 115
Betriebsstätte, ausl.
DBA-Staaten 62
Überführung WG 63
Betriebsveranstaltung
LSt-Pauschalierung 185
Betriebsvermögen
Grundstückszuordnung 171
Betriebsvorrichtung
erw. Grundstückskürzung, GewSt 43
Mitvermietung, USt 87
Bewirtungskosten, Nachweisführung USt 78
E-Bilanz
Steuererklärungs-Unterlagen 172
unverdichteter Kontennachweis 22
Bildungsleistung, USt 93
Blacklist 55
Darlehen
Rückabwicklung 149
Degressive Abschreibung 23
Dienstwagen
E-Fahrzeug 34
Ladestrom E-Auto 35
Dividende
Bruttobesteuerung 55
Definitivbelastung 57
Meldeverfahren 190
Mutter-Tochter-Richtlinie 57

Doppelbesteuerungsabkommen
Belarus 54
BEPS-Maßnahmen 53
Lettland 53
Modifikation MLI 176
Niederlande 177
Russland 54
Schweiz 177
Doppelstöckige PersG
Anteilsverkauf, GewSt 122
Gewerbesteuer 121
Doppelte Haushaltsführung
Entfernungspauschale 197
Höchstbetrag 197
Dotationskapital, inl. Versicherungsbetriebsstätte 182
Ehrenamtspauschale 168
Einfuhr-Umsatzsteuer
zentrale Zollabwicklung 188
Einlage
Außenhaftung Kommanditist 119
disquotale 140
Wirtschaftl. Neugründung 138
Entfernungspauschale 196
Erbschaftsteuer
Anteilsbewertung 157
Anteilsübertragung 157
Optionsverschonung BV 159
Steuerklassenprivileg 163
Verwaltungsvermögen 156
Erhaltungsaufwand
Gebäude 146
Erhaltungsrücklage WEG 148
Erweiterte Grundstückskürzung
Betriebsvorrichtung 43
Drei-Objekt-Grenze 42
Flüchtlingsunterbringung 16
zeitliche Voraussetzungen 42
E-Fahrzeug
Arithmetisch-degressive AfA 24
Dienstwagen 34
Kfz-Steuerbefreiung 170
Ladestrom, LSt 35
Forderungsverzicht 154
Forschungszulage 98
Bemessungsgrundlage 172
Eigenleistungen 174
Gemeinkosten-Aufschlag 173
Freistellungsbescheinigung 59
Fünftelungsregelung 18
Gebäude
Erhaltungsaufwand 146
Restnutzungsdauer 24
Gemeinnützigkeit
Betrieb EE-Anlage 200
EuGH-Verfahren 166
E-Sport 199
wirtschaftl. Geschäftsbetrieb 200
zeitnahe Mittelverwendung 198
Gemischte Schenkung
Zinsvorteil Darlehen 155
Geschäftsveräußerung im Ganzen 83
Gesonderte einheitliche Feststellung, KGaA 141
Gewerbesteuer
Abzug ausl. Steuer 45
Doppelstöckige PersG 121
Erw. Grundstückskürzung 42
Heberecht Windpark 46
Hinzurechnung Außenwerbung 40
Hinzurechnung Sponsoring 39
GoBD
E-Rechnung 78
Greylist der EU 55
Grunderwerbsteuer
Ausgliederung zur Neugründung 104
Konzernklausel 104
Nachbehaltensfrist 107
Rückabwicklung Erwerb 108
Signing/Closing 100
Verlängerung Beteiligungskette 103, 106
wirtschaftl. Neugründung 105
Grundfreibetrag 13, 168
Grundsteuer 18
Grundstück
BV-Zuordnung 171
Kaufpreisaufteilung 142
Hinzurechnungsbesteuerung
erweiterte 72
Gemischte Einkünfte 179
Spezial-Investmentfond 180
Homeoffice
DBA Niederlande 177
DBA Schweiz 177

Immobilien
Kaufpreisaufteilung 142
In-App-Käufe, USt 97
Internationales Steuerrecht
Betriebsstätte 62
Bruttobesteuerung Dividende 55
DBA Belarus 54
DBA Lettland 53
DBA Russland 54
Entstrickung 63
KESt Drittstaat 57
KESt-Entlastung 59
Lizenzschranke 64
Multilaterales Instrument 53, 176
Mutter-Tochter-Richtlinie 57
Quellensteuer Dividende, Verlustfall . . 55
Internationales Verständigungsverfahren 111
Investitionssofortprogramm
Arithmetisch-degressive AfA 24
Degressive AfA 23
Forschungszulage 172
KSt-Senkung 193
Thesaurierungsbegünstigung 195
Investmentertrag
Vorabpauschale 152
Investmentsteuer
Änderungen, Standortfördergesetz . . 174
Kapitaleinkünfte
Abgeltungsteuer 149
Abgrenzung Spekulationsgeschäft . . . 152
Günstigerprüfung 151
Roll-Over § 6b EStG 176
Verlust Forderungsverzicht 154
Kapitalertragsteuer
Anrechnung Drittstaat 57
Entlastung 59
Steuerbescheinigung 151
Kapitalgesellschaft
Beteiligungsquote § 8b (3) KStG 135
GuE, KGaA 141
§ 8c KStG, AdV 130
§ 8c KStG, Organschaft 131
§ 8c KStG, Sanierungsklausel 132
§ 8c KStG, Verlustausgleich VJ 130
Latente Steuern 193
Mindestgewinnbesteuerung 128
Senkung KSt-Satz 193
Tantieme Minderheitsaktionär 139
Werterhöhung Anteile 140
Wirtschaftl. Neugründung 138
Zinsschranke 134
Kaufpreisaufteilung
Immobilien 142
Kinderbetreuungskosten 14
Kinderfreibetrag 13, 168
Kindergelderhöhung 13, 168
Kleinunternehmer 79
Wechsel Regelbest. 81
Körperschaftsteuersatz
Senkung 193
Kraftfahrzeugsteuer
Elektrofahrzeug 170
Kryptowerte
Anwendungsschreiben 20
Meldepflicht 191
Ladestrom
Stfr. AN-Vorteil 37
Latente Steuern
gestreckte KSt-Senkung 193
Leiharbeitnehmer
erste Tätigkeitsstätte 38
Lizenzschranke 64
Lohnsteuer
Aktivrente 195
Arbeitslohn DBA 37
BAV-Förderbetrag 184
Betriebsveranstaltung 185
Dienstwagen 34
Digitale LohnSchnittstelle 186
Ladestrom E-Fahrzeug 35
Tätigkeitsstätte Leiharbeitnehmer 38
Vorsorgepauschale 183
MantelVO, 7.
Digitale LohnSchnittstelle 186
Dotationskapital Versicherung 182
Grundstück als BV 171
Steuererklärungs-Unterlagen 172
Vorsteuervergütung ausl. U 186
Meldeverfahren
Dividenden 190
Kryptowerte 191
Mietwohnungsneubau
Ersatzneubau 145
Sonderabschreibung 144

Mindestgewinnbesteuerung 128
Mindeststeuer-Anpassungsgesetz
Abschaffung Lizenzschranke 64
Änderungen MindeststeuerG 67
Beteiligung Zwischengesellsch. 72
Datenabruf Verwaltungsakt 169
Gemischte Einkünfte 179
Spezial-Investmentfond 180
Mindeststeuerbericht 70
Mindeststeuer, globale 127
Mindeststeuer-Bericht-Verordnung . . . 69
MLI-Umsetzungsgesetz, Änderung . . . 177
Multilaterales Instrument 53, 176
Mutter-Tochter-Richtlinie
ausl. Dividende 57
Nießbrauch
Abgeltungsteuer 150
fiktiver 160
Online-Veranstaltung
USt-Befreiung 92
Organschaft
atypische Beteiligung 136
Gewerbesteuer 45
Holding-KG Organträger 126
Internationale Verständigung 111
Körperschaftsteuer, § 8c 131
Umsatzsteuer 82
UmwStE 48
Parkhaus-Urteil 156
Parteispende 169
Pensionsrückstellung
Rechnungszinsfuß 29
Pensionsverpflichtung
Übertragung 25
Pensionszusage
Übernahme AN 27
wertpapiergebunden 26
Personengesellschaft
Abfärbung Beteiligungseinkünfte . . . 123
Außenhaftung Kommanditist 119
CbCR 127
doppelstöckig, Anteilsverkauf 121
Holding-KG Organträger 126
Kapitalkonto § 15a 118
Sanierungsertrag 120
Teileinkünfteverfahren 116
Thesaurierungsbegünstigung . . 124, 195
Wertberichtigung Darlehensford 117
Photovoltaikanlage
Direktverbrauch 88
Quellensteuer
Anti-Treaty-Vorschrift 59
Bruttodividende 55
GewSt-Organkreis 45
Verlustfall 55
Rechnung
Aufbewahrungsfrist 91
Bewirtungsbeleg 78
Kleinunternehmer 79
E-Rechnung 76
unrichtiger Steuerausweis 86, 92
Remittance basis taxation 71
Rücklage, § 6b
fehlerhafte Bildung 30
Gewinnzuschlag 30
Übertragung PersG 118
Rücklage, Pensionszusage 27
Sanierungsertrag, GmbH & Co.KG . . . 120
Sanierungsklausel, KSt 132
Schenkungsteuer
ausl. Stiftung 162
Disquotale Einlage 140
Optionsverschonung BV 159
Verzicht Zugewinnausgleich 161
Widerruf Schenkung 160
Zinsvorteil Darlehen 155
Solidaritätszuschlag
Freigrenze 13
Verfassungsmäßigkeit 17
Sonderabschreibung
Degressive AfA 23
E-Fahrzeuge 24
Mietwohnungsneubau 144, 145
Sonderausgabe
Kinderbetreuungskosten 14
Parteispende 169
Spende
Partei 169
Ukraine-Krieg 16
Sperrfrist, Formwechsel UmwSt 49
Spezial-Investmentfonds
Mindeststeuer-Anpassungsgesetz . . . 180
Standortfördergesetz 174

Sponsoring
GewSt-Hinzurechnung 39
E-Sport
gemeinnütziger Zweck 199
Standortfördergesetz
Anpassung Investmentsteuer 174
Roll-Over § 6b EStG 176
Steueränderungsgesetz 2025
Betriebsveranstaltung 185
doppelte Haushaltsführung 197
Ehrenamtspauschale 168
Einfuhr-Sonderregelung 188
Entfernungspauschale 196
gemeinnützigkeits-unschädliche
EE-Anlage 200
Mobilitätsprämie 197
Parteispende 169
E-Sport, gemeinnützig 199
Übungsleiterfreibetrag 168
USt-Satz Gastronomie 187
wirtschaftl. Geschäftsbetrieb 200
WK-Abzug Gewerkschaftsbeitrag . . . 198
zeitnahe Mittelverwendung
gemeinnützige Körpersch. 198
Stiftung
Erbersatzsteuer 163
Sitzverlegung 162
Zurechnungsbesteuerung AStG . 75, 180
Strom-Direktverbrauch, USt 88
Stromsteuer, ProdGew 189
Switch-Over-Klausel 73
Tankkartensystem, USt 84
Tantieme Minderheitsaktionär 139
Tauschähnlicher Umsatz 84
Teileinkünfteverfahren
Betriebsausgaben PersG 116
Optionsausübung 150
Thesaurierungsbegünstigung
Anwendungsschreiben 124
Senkung Steuersatz 195
Übungsleiter-Freibetrag 168
Ukraine-Krieg
Billigkeitsmaßnahmen 16
Umsatzsteuer
Anwendungserlass 91
Ausfuhr-Nachweis 91
Bewirtungskostennachweis 78
Bildungsleistung 93
Entgelt-Aufteilung 89
Geschäftsveräußerung 83
Identifikationsnummer 90
In-App-Käufe 97
Kleinunternehmer 79
Organschaft 82
E-Rechnung 76
Steuerbefr. Onlineveranstaltung 92
Steuersatz Gastronomie 187
Strom-Direktverbrauch 88
Tankkartensystem 84
Tauschähnlicher Umsatz 84
unrichtiger Ausweis 86, 92
Vermietung Betriebsvorrichtung 87
Voranmeldung, Schwellenwert 92
Vorsteuervergütung ausl. U 186
VoSt-Aufteilung 82
VoSt-Vergütungsverfahren 86
VP-Ausgleichszahlung 95
Wechsel Regelbest. 81
zentrale Zollabwicklung 188
Zollfreigrenze 188
Umwandlungssteuer
Anwendungserlass 47
Formwechsel 49, 52
Frist Buchwertantrag 51
Verlustrücktrag Verschmelzung 48
Unterhalt
Banküberweisung 14
Höchstbetrag 14
Verbindliche Auskunft
Mehrfachgebühr 112
Verdeckte Gewinnausschüttung
Tantieme Minderheitsaktionär 139
Verlustabzugsbeschränkung
Kapitaleinkünfte 149
Organschaft, KSt 131
Sanierungsklausel 132
schädl. Beteiligungserwerb I 130
schädl. Beteiligungserwerb II 130
Verlustrücktrag
Verschmelzung, UmwSt 48
Vermietungseinkünfte
Erhaltungsrücklage WEG 148
Sonder-AfA Mietwohnungsneubau . . 144

Verrechnungspreise
Transaktionsmatrix 65
Umsatzsteuerbare Leistung 95
Verwaltungsakt
Bekanntgabe, Datenabruf 169
Vorabpauschale 152
Vorsorgepauschale, LSt 183
Vorsteueraufteilung Grundstück 82
Vorsteuervergütungsverfahren
Anzahlungsrechnung 86
Ausl. Unternehmer 186
E-Rechnung 77
Wegzugsbesteuerung
Rückwirkung Altfälle 71
Werbungskosten
Gewerkschaftsbeitrag 198
Vermietungseinkünfte WEG 148
wirtschaftlicher Geschäftsbetrieb
Besteuerungsgrenze 200
Zinsschranke 31, 134
Zinsswap, Betriebsausgaben 33
Zollfreigrenze 188
Zollwertermittlung 96
Zurechnungsbesteuerung
ausl. Stiftung 180
Stiftung 75